Customs Declaration Practice

高等院校经济管理类新形态系列教材

报关实务

（附微课）

□ 马艳秋 熊正平　主编
□ 李淑华 阮旭艳　副主编

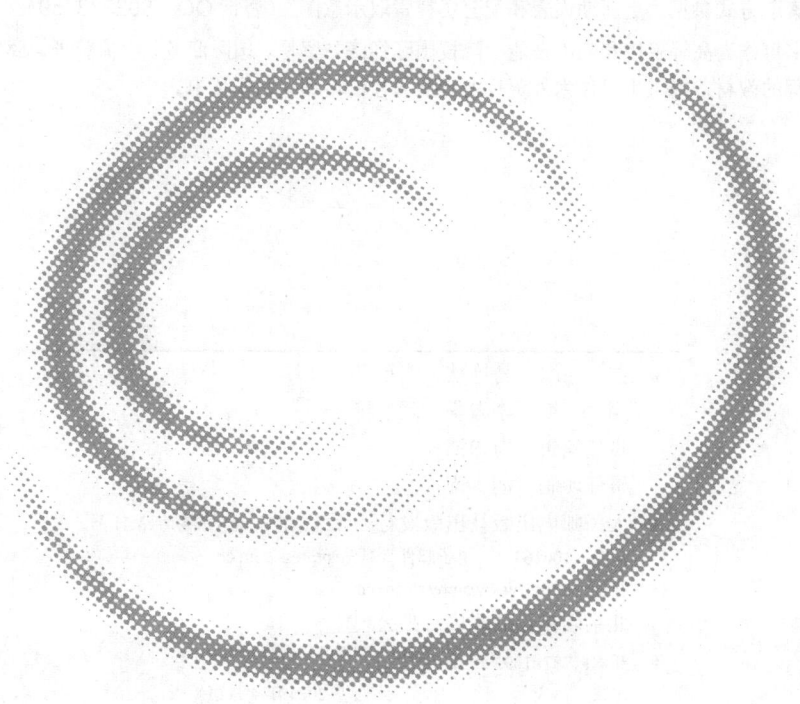

人民邮电出版社
北　京

U0725188

图书在版编目（CIP）数据

报关实务：附微课 / 马艳秋，熊正平 主编. --
北京 ：人民邮电出版社，2024.4
高等院校经济管理类新形态系列教材
ISBN 978-7-115-63809-0

Ⅰ．①报… Ⅱ．①马… ②熊… Ⅲ．①进出口贸易－
海关手续－中国－高等学校－教材 Ⅳ．①F752.5

中国国家版本馆CIP数据核字(2024)第042153号

内 容 提 要

本书以报关人和报检人的视角，遵循进出口货物通关各环节的操作顺序，从实用角度出发，系统阐述了报关与报检的基本理论和方法，主要内容包括进出口贸易管制，报关与海关，进出口商品归类，货物、动植物及产品报检，运输工具及其他检疫物报检，进出口税费计算，一般进出口货物报关，保税货物报关，特殊形式下进出口货物报关，进出口货物报关单及其填报等。

扫描本书中的二维码可查看随时更新的相关法律法规、单证实物高清图片、各章补充习题及实训、自测试卷及答案等内容。

本书配套的电子课件、电子教案、授课计划、教学大纲、视频案例、习题答案、模拟试卷及答案等资料的索取方式参见"更新勘误表和配套资料索取示意图"（咨询 QQ：602983359）。

本书可作为高等院校和应用技能型院校国际经济与贸易、国际商务、物流管理、商务英语等专业的相关课程的教材，同时也可作为外贸行业专业人才的培训和自学用书。

◆ 主　编　马艳秋　熊正平
　　副 主 编　李淑华　阮旭艳
　　责任编辑　万国清
　　责任印制　胡　南

◆ 人民邮电出版社出版发行　北京市丰台区成寿寺路 11 号
　　邮编　100164　电子邮件　315@ptpress.com.cn
　　网址　https://www.ptpress.com.cn
　　北京隆昌伟业印刷有限公司印刷

◆ 开本：787×1092　1/16
　　印张：13.5　　　　　　　　　　2024 年 4 月第 1 版
　　字数：327 千字　　　　　　　　2024 年 4 月北京第 1 次印刷

定价：49.80 元

读者服务热线：(010)81055256　印装质量热线：(010)81055316
反盗版热线：(010)81055315
广告经营许可证：京东市监广登字 20170147 号

前　言

本书按照高等院校应用技能型人才培养目标和培养模式的要求来编写，即注重理论联系实际，从提高学生的应用能力、实践能力和创新能力的培养入手，坚持理论知识够用、实务案例同步、实训操作到位的原则，并且充分结合最新的通关政策及改革变化，努力做到与时俱进，贴近实际操作，以便于学生在理解通关理论的基础上，掌握进出口货物通关的实际操作。

本书共十章。在编排上，以通关工作流程为导向，并且结合教材内容安排了"职场训练"等小版块，语言平实凝练、表述通俗易懂，使读者在学习每一部分内容时都能做到有的放矢，增强学习效果，提升学习兴趣，充分了解海关对报关从业人员的综合素质和业务水平的要求。本书主要具有以下特色。

（1）内容全面、流程导向。本书对通关的基本理论进行了深入的讲解，具体包括进出口贸易管制，报关与海关，进出口商品归类，货物、动植物及产品报检，运输工具及其他检疫物报检，进出口税费计算，一般进出口货物报关，保税货物报关，特殊形式下进出口货物报关，进出口货物报关单及其填报。书中内容涵盖了通关的基本业务，完整地体现了通关的工作流程及操作环节。

（2）讲练结合、学以致用。为激发学生的学习兴趣和学习热情，每章开篇都有清晰的知识目标、技能目标、素养目标、引例；每章都设置了能够增强学生对专业知识的理解和实际动手能力的小版块、配套练习；章后设置了旨在提高学习效率的练习题。通过"学中做，做中学"，边学理论，边将理论知识加以应用，可以让学生做到学、思、用贯通，知行合一。

（3）立德树人、培根铸魂。为积极贯彻党的二十大精神，落实立德树人这一根本任务，旗帜鲜明地坚持正确的政治方向、舆论导向和价值取向，每一章都设有"素养目标"，并通过"警钟长鸣"专栏挖掘报关、报检领域的价值教育元素，将社会主义核心价值观、法治意识和职业道德等要求贯穿始终。

本书配套的电子课件、电子教案、授课计划、教学大纲、视频案例、习题答案、模拟试卷及答案等资料的索取方式参见"更新勘误表和配套资料索取示意图"（咨询 QQ：602983359）。

本书由马艳秋和熊正平担任主编，李淑华、阮旭艳担任副主编，具体分工如下：熊正平编写第一章至第五章，马艳秋编写第六章至第八章，李淑华编写第九章，阮旭艳编写第十章。

我们在本书的编写过程中参阅了很多文献，并得到了有关领导、专家的支持，在此一并表示衷心的感谢！

编者

目　录

第一章

进出口贸易管制

【学习目标】

知识目标：熟知我国进出口贸易管制的内容、手段与方式；掌握我国进出口贸易管制过程中所涉及的货物类别、商品范围及报关规范。

技能目标：能在通关实践中严格遵守各项进出口贸易管制制度，具备办理进出口货物相关手续的实际工作能力。

素养目标：拓宽国际视野并培养国家安全意识；遵守国际国内贸易法律法规，维护国家和企业利益；提升职业道德和社会公德。

【引　　例】

大连海关所属大窑湾海关查获国家禁止进口的洋垃圾

（海关发布公众号 2023 年 7 月 14 日消息）近日，大连海关所属大窑湾海关在对一票申报为"铝电解电容器"的进口货物查验时发现，该批货物部分包装破损严重，存在散漏情况，伴有强烈的刺激性气味，共计 19.02 吨。经鉴定，该批货物无统一包装、无产品说明书、无产品合格证，为已使用的电容器与未使用的电容器混装，并混有明显杂物，属于国家禁止进口的洋垃圾。目前，该案已移交海关处置部门进一步处理。《中华人民共和国固体废物污染环境防治法》（以下简称《固体废物污染环境防治法》①）明确规定，我国禁止以任何方式进口洋垃圾。

思考讨论：

1．我国为什么要禁止洋垃圾入境？

2．什么是进出口贸易管制？我国进出口贸易管制的内容有哪些？管制的程度如何？

3．我国进出口贸易管制应用的是什么手段？采取了哪些管制措施？

对进出口货物（技术）的贸易管制也称进出口货物（技术）的国家管制，是一国政府从国家的宏观经济利益和国内外政策需要出发，在遵循国际贸易有关规则的基础上，为对本国的对外贸易活动实施有效管理而实行的各种贸易政策、制度或措施的总称，简称"贸易管制"。

进出口贸易管制是一国对外贸易管理形式之一，是政府的一种强制性行政行为，属于非关税措施。它涉及的法律、行政法规、部门规章都是强制性的法律文件。因此，对外贸易经营者或代理人在报关活动中必须严格遵守这些法律、行政法规、部门规章，并按照相应的管理要求办理进出口手续，以维护国家利益不受侵害。

---

① 本书涉及我国众多国家机构、法律法规和相关证书，简洁起见，如无特殊情况均使用简称。

第一节　我国进出口贸易管制概述

一、进出口贸易管制的内容

进出口贸易管制制度的内容体系可简要概括为"准""证""检""核""救"五个字。

1. 准

准，即对外贸易经营者资格准入。从事对外贸易的经营者必须是依法办理工商登记或者其他执业手续，依照对外贸易经营法和其他有关法律、行政法规的规定从事对外贸易经营活动的法人、其他组织或者个人。

为有效地对关系到国计民生的重要进出口货物实行宏观管理，国务院商务主管部门对部分进出口货物实行国营贸易资格管理。截至 2023 年年底，属于进口国营贸易经营资格管理的货物包括小麦、玉米、大米、食糖、烟草及其制品、原油、成品油、化肥、棉花等。进口上述货物的对外贸易经营者须先取得进口国营贸易经营资格或非国营贸易允许量，再申领自动进口许可证。属于出口国营贸易经营资格管理的货物包括玉米、大米、烟草及其制品、钨及钨制品、锑及锑制品、煤炭、原油、成品油、棉花、白银等。出口上述货物的对外贸易经营者须先取得出口国营贸易经营资格或非国营贸易允许量，再申领自动出口许可证。

2. 证

证，即货物、技术进出口的许可证件。它主要是指进出口许可证件，即法律、行政法规规定的各种具有许可进出口性质的证明、文件。进出口许可证件是我国进出口许可制度中的重要内容。进出口许可证件是货物或技术进出口的记录文件，既是我国贸易管制的最基本手段，同时又是我国有关行政管理机构执行贸易管制与监督职能的重要依据。进出口许可证制度作为一项非关税措施，是各国管理进出口贸易的常见手段，在国际贸易中长期存在并广泛应用。

3. 检

检，即出入境检验检疫制度。出入境检验检疫制度是指由海关依据我国有关法律和行政法规及我国政府所缔结或者参加的国际条约、协定，对出入境货物、物品及其包装物、交通运输工具、运输设备和出入境人员实施检验检疫、监督管理的法律依据和行政手段的具体体现的总和。出入境检验检疫制度包括进出口商品检验检疫管理制度、进出境动植物检疫管理制度、卫生检疫监督管理制度和食品安全监督管理制度。

📚 知识链接

检验与检疫

检验是指通过观察和判断，辅以测量、测试、度量所进行的符合型评价。世界贸易组织发布的《技术性贸易壁垒协定》对检验的用语是"合格评价"，是指在合格评价中通过测量、测试、度量等手段，判定某个产品、过程或服务符合规定要求的程度。

检疫是以法律为依据，包括世界贸易组织通行规则和国家法律与法规的规定，由国家授权的特定机关对有关生物及其产品和其他相关商品实施科学检验、鉴定与处理，以防止有害生物在国内蔓延和在国际间传播的一项强制性行政措施，或是为了防止人类疾病的传播所采取的防范管理措施。

4. 核

核，即对进出口企业结汇、用汇的监督管理。对外贸易经营者在对外贸易经营活动中，应依照国家"谁出口谁收汇，谁进口谁付汇"的规定结汇、用汇。国家外汇管理局依据《外汇管理条例》及其他有关规定，对经常项目外汇业务、资本项目外汇业务、金融机构外汇业务、人民币汇率生成机制和外汇市场等领域实施监督管理。国家外汇管理局对企业的贸易外汇管理方式为非现场总量核查。国家外汇管理局通过货物贸易外汇监测系统，根据企业进出口和贸易外汇收支数据，结合其贸易信贷报告等信息，设定总量差额、总量差额比率、资金货物比率、贸易信贷报告余额比率等总量核查指标，衡量企业一定期间内资金流与货物流的偏离和贸易信贷余额变化等情况，将总量核查指标超过一定范围的企业列入重点监测范围。

5. 救

救，即贸易管制中的救济措施。根据世界贸易组织的有关规定，任何一个世界贸易组织成员都可以为维护自身经济贸易利益、防止或阻止本国产业受到侵害和损害而采取救济措施。在对进出口贸易实行管制的过程中，我国根据国际公认的规则所采取的对外贸易救济措施主要包括反倾销、反补贴和保障措施。对外贸易救济措施实施条件参见表1.1。

表 1.1　对外贸易救济措施实施条件

措施	适用对象	实施形式	实施期限
反倾销措施	进口商品的价格显著低于正常价格，且对国内同类产业造成损害	提供保证金、保函和其他形式的担保，征收反倾销税	自临时反倾销措施决定公告实施之日起，不超过 4 个月，在特殊情况下可延长至 9 个月 最终反倾销措施：征收反倾销税
反补贴措施	出口国政府的补贴造成进口商品低于正常价格，且对国内同类产业造成损害	提供保证金、保函和其他形式的担保，征收反补贴税	自临时反补贴措施决定公告实施之日起，不超过 4 个月
保障措施	进口产品数量增加，且对国内同类产业造成难以补救的损害	加征关税、实施配额数量限制，最终加征关税或实行关税配额等	临时保障措施的实施期限不超过 200 天，最终保障措施一般不超过 4 年，也可相应延长，但不得超过 10 年（包括临时保障措施期限 200 天）

二、禁止进出口货物（技术）的管理

对列入国家禁止进出口目录以及国家法律、法规明令禁止或停止进出口的货物（技术），任何对外贸易经营者不得经营、报关、报检。我国政府明令禁止进出口的货物（技术）包括列入国务院商务主管部门会同国务院其他有关部门制定、调整并公布的禁止进出口货物（技术）目录的商品。

（一）禁止进口货物（技术）的管理

1. 列入《禁止进口货物目录》和《禁止进口固体废物目录》的商品

《禁止进口货物目录》（第一批）是为了保护我国的自然生态环境和生态资源，从我国的国情出发，履行我国所缔结或参加的与保护世界自然生态环境相关的一系列国际条约和协定而发布的。如国家禁止进口属破坏臭氧层物质的四氯化碳及属于世界濒危物种管理范畴的犀牛角和虎骨。

法律法规

《禁止进口货物目录》

禁止进境物品

《进出境动植物检疫法》

《禁止进口货物目录》（第二批）所列产品均为旧机电产品，是国家对涉及生产安全（压力容器类）、人身安全（电器、医疗设备类）和环境保护（汽车、工程及车船机械类）的旧机电产品实施的禁止进口管理。该目录自 2019 年 1 月 1 日起更新为《禁止进口的旧机电产品目录》。

《禁止进口固体废物目录》由原来的《禁止进口货物目录》第三、四、五批合并修订而成，涉及对环境有污染的 14 类 125 件固体废物，包括废动植物产品，矿渣、矿灰及残渣，硅废碎料，废药物，杂项化学品废物，塑料废碎料及下脚料，废橡胶、皮革，回收（废碎）纸及纸板，废特种纸，废纺织原料及制品，废玻璃，金属和金属化合物的废物，废电池，废弃机电产品和设备及其未经分拣处理的零部件、拆散件、破碎件、砸碎件等，废石膏，废石棉等。

《禁止进口货物目录》（第六批）是为了保护人的健康，维护环境安全，淘汰落后产品，履行《关于在国际贸易中对某些危险化学品和农药采用事先知情同意程序的鹿特丹公约》而颁布的，其中包括长纤维青石棉、二恶（噁）英等。

《禁止进口货物目录》（第七批）是为履行《关于持久性有机污染物的斯德哥尔摩公约》和《关于汞的水俣公约》而颁布的，其中包括氯丹、灭蚁灵等。

《禁止进口货物目录》（第八批）是为履行《关于持久性有机污染物的斯德哥尔摩公约》而颁布的，其中包括六氯丁二烯、三氯杀螨醇等。

《禁止进口货物目录》（第九批），是为保护人的健康和安全、保护环境而颁布的，其中包括十溴二苯醚、短链氯化石蜡等。

2. 国家有关法律法规明令禁止进口的商品

《关于全面禁止进口固体废物有关事项的公告》（生态环境部、商务部、发展改革委、海关总署公告 2020 年第 53 号）规定，自 2021 年 1 月 1 日起禁止以任何方式进口固体废物。除固体废物外，其他明令禁止进口的商品参见表 1.2。

表 1.2　除固体废物外其他明令禁止进口的商品

范围	具体说明
动植物及其产品	《濒危野生动植物种国际贸易公约》中禁止的以任何商业贸易为目的进口的濒危野生动植物及其产品
音像制品及出版物	1. 反对宪法确定的基本原则的；2. 危害国家统一、主权和领土完整的；3. 泄露国家秘密、危害国家安全或者损害国家荣誉和利益的；4. 煽动民族仇恨、民族歧视，破坏民族团结，或者侵害民族风俗、习惯的；5. 宣扬邪教、迷信的；6. 扰乱社会秩序，破坏社会稳定的；7. 宣扬淫秽、赌博、暴力或者教唆犯罪的；8. 侮辱或者诽谤他人，侵害他人合法权益的；9. 危害社会公德或者民族优秀文化传统的；10. 以未成年人为对象的出版物不得含有诱发未成年人模仿违反社会公德的行为和违法犯罪的行为的内容，不得含有恐怖、残酷等妨碍未成年人身心健康的内容
农药	未取得农药登记证的农药
兽药	1. 经风险评估可能对养殖业、人体健康造成危害或者存在潜在风险的；2. 疗效不确定、不良反应大的；3. 来自疫区可能造成疫病在中国境内传播的兽用生物制品；4. 生产条件不符合规定的；5. 标签和说明书不符合规定的；6. 被撤销、吊销进口兽药注册证书的；7. 进口兽药注册证书有效期届满的；8. 未取得进口兽药通关单的；9. 农业农村部禁止生产、经营和使用的
药品	疗效不确定、不良反应大或者其他原因危害人体健康的药品

续表

范围	具体说明
货物、单证及外包装	带有违反一个中国原则内容的货物及其包装
其他物品	1. 以 CFC-12 为制冷工质的汽车及以 CFC-12 为制冷工质的汽车空调压缩机（含汽车空调）；2. 15W 及以上普通照明白炽灯；3. 从索马里进口的木炭（《协调制度》商品编码 44.02，不论木炭是否原产于索马里）；4. 动物病原体（包括菌种、毒种等）、害虫及其他有害生物；5. 动植物疫情流行国家（地区）的有关动植物、动植物产品和其他检疫物；6. 动物尸体；7. 土壤
血液制品	1. 部分血浆：冷冻人血浆、液体血浆、冻干人血浆。2. 球蛋白：正常人免疫球蛋白、静脉注射免疫球蛋白。3. Ⅷ因子制剂：冷沉淀Ⅷ因子、浓缩Ⅷ因子。4. Ⅸ因子制剂：浓缩Ⅸ因子。5. 纤维蛋白原。6. 具有传播艾滋病风险的制品，如浓缩血小板等
禁止从朝鲜进口的商品种类，请查阅相关文件	

3. 禁止进口技术管理

技术进口是指从中华人民共和国境外向中华人民共和国境内，通过贸易、投资或经济技术合作的方式转移技术的行为。凡是列入《中国禁止进口限制进口技术目录》（商务部公告 2021 年第 37 号）的禁止进口的技术不得进口。

（二）禁止出口货物（技术）的管理

我国明令禁止出口的货物主要有列入《禁止出口货物目录》的商品和国家有关法律、法规明令禁止出口的商品。

1. 列入《禁止出口货物目录》第一至第七批的商品

（1）《禁止出口货物目录》（第一批），是为了保护我国的自然生态环境和生态资源，从我国国情出发，履行我国所缔结或者参加的、与保护世界自然生态环境相关的一系列国际条约和协定而发布的。如国家禁止出口属于破坏臭氧层物质的四氯化碳、三氯三氟乙烷，禁止出口属于世界濒危物种管理范畴的犀牛角、虎骨、麝香，禁止出口有防风固沙作用的发菜和麻黄草以及涵养水土的原木等。

（2）《禁止出口货物目录》（第二批），主要是为了保护我国的森林资源、防止乱砍滥伐而发布的，如木炭等。

（3）《禁止出口货物目录》（第三批），是为了保护人类的健康、维护环境安全、淘汰落后产品，履行《关于在国际贸易中对某些危险化学品和农药采用事先知情同意程序的鹿特丹公约》和《关于持久性有机污染物的斯德哥尔摩公约》而颁布的，如长纤维青石棉、二恶（噁）英等。

（4）《禁止出口货物目录》（第四批），主要包括硅砂、石英砂及其他天然砂（对港、澳、台地区出口天然砂实行出口许可证管理）等商品。

（5）《禁止出口货物目录》（第五批），包括无论是否经化学处理过的腐叶、腐根、树皮、树根等森林凋落物，以及沼泽（湿地）中，地上植物枯死、腐烂堆积而成的有机矿体。

（6）《禁止出口货物目录》（第六批），包括氯丹、灭蚁灵、六氯苯、滴滴涕等商品。

（7）《禁止出口货物目录》（第七批），包括六氯丁二烯、三氯杀螨醇、六溴环十二烷等。

（8）《禁止出口货物目录》（第八批），包括十溴二苯醚、短链氯化石蜡等。

2. 国家有关法律、法规明令禁止出口的商品

依据我国相关法规以及我国缔结或参加的国际条约、协定的规定，有些商品不得出口。明令禁止出口的商品参见表 1.3。

表 1.3　明令禁止出口的商品

范围	具体说明
动植物及其产品	1. 未定名的或者新发现并有重要价值的野生动植物及其产品，以及国务院或者国务院野生动植物主管部门禁止出口的濒危野生动植物及其产品；2. 国务院主管部门禁止出口的其他畜禽遗传资源；3. 奶畜在规定用药期和休药期内产的乳
药品	1. 天然麻黄草；2. 国务院兽医行政管理部门公布的禁止出口的国内防疫急需的疫苗；3. 国务院公布的禁止出口的国内短缺药品、中药材、中成药
其他产品	1. 劳改产品；2. 向朝鲜出口部分两用物项和技术；3. 原料血浆
货物、单证及外包装	1. 带有违反一个中国原则内容的货物及其包装；2. 内容涉及国家秘密的手稿、印刷品、胶卷、照片、唱片、影片、录音带、录像带、激光视盘、计算机存储介质及其他物品
文物	1. 1949 年以前（含 1949 年）生产、制作的具有一定历史、艺术、科学价值的文物；2. 1911 年以前（含 1911 年）生产、制作的文物；3. 1966 年以前（含 1966 年）生产、制作的有代表性的少数民族文物；4. 有损国家、民族利益或者有可能引起不良社会影响的文物，不论年限；5. 古猿化石、古人类化石以及与人类活动有关的第四纪古脊椎动物化石；6. 具有重大历史艺术价值、产生广泛社会影响的雕像；7. 甲骨，包括残破、无字或后刻文字及花纹的甲骨或卜骨；8. 封泥；9. 竹简、木简，包括无字的；10. 涉及重大历史事件的或者著名人物撰写的重要文件、电报、信函、题词、代表性著作的手稿；11. 新发现的重要的或原作已毁损的石刻或拓片；12. 近现代著名壁画的原稿、设计方案及图稿；13. 具有重大历史、艺术价值，产生广泛社会影响的油画、水彩画、水粉画；14. 有领袖人物重要批注手迹的书籍；15. 非公开发售的各种地图等；16. 有重要历史价值的文献档案；17. 重大事件或历次群众性运动中散发、张贴的传单、标语、漫画等；18. 重要战役的战报及相关宣传品等；19. 古代各种钱范和近代各种硬币的模；20. 各时期各种材质的钞板；21. 钱币设计图稿，包括样钱、雕母、母钱等；22. 名人使用过的或有纪年记事铭文的兵器；23. 已故著名艺人使用过的乐器；24. 邮票及未发行邮票的设计原图、印样；25. 邮票的印版；26. 历代官印，包括玺、印、戳记等；27. 象牙、犀牛角制品；28. 与重要历史事件、活动相关的名人遗物

禁止出口朝鲜的商品种类，请查阅相关文件

（（▲））警钟长鸣

"陶瓷碗"出口

（杭州海关网 2021 年 12 月 8 日消息）2021 年 7 月 5 日，萧山机场海关快件监管部门对某贸易公司申报品名为陶瓷碗，价值为人民币 1 000 元的一票出口货物进行查验时发现，实际出口货物为陶瓷碗两件，根据外包装及外形判断为文物。经浙江省文物鉴定站鉴定，其中一件为"清代青花海龙纹缸"，属禁止出境的一般文物，另一件为现代仿制品。经价格评估，上述涉案"清代青花海龙纹缸"价值人民币 21 000 元。该公司被处罚款人民币 15 000 元。

提醒：我国禁止出口 1911 年以前（含 1911 年）生产、制作的文物。

3. 禁止出口技术管理

技术出口是指从中华人民共和国境内向中华人民共和国境外，通过贸易、投资或经济技术合作的方式转移技术的行为。凡是列入《中国禁止出口限制出口技术目录》（商务部、科技部公告 2020 年第 38 号）不得出口的技术禁止出口。

三、限制进出口货物（技术）的管理

为维护国家安全和社会公共利益，保护人民的生命健康，履行我国所缔结或者参加的国际公约和协定，国务院商务主管部门会同国务院其他有关部门，依照《对外贸易法》的规定，制定、调整并公布了限制进出口货物（技术）目录。海关依照国家有关法律、法规对限制进出口的货物（技术）实施监督管理。

国家实行限制进出口的货物和技术，必须依照国家有关规定，其进出口必须经国务院商务主管部门或者经国务院商务主管部门会同国务院其他有关部门许可。

（一）限制进口货物（技术）的管理方式

（1）许可证件管理。许可证件管理是指在一定时期内根据国内政治、工业、农业、商业、军事、技术、卫生、环保、资源保护等领域的需要，以及为履行我国所加入或缔结的有关国际条约的规定，以经国家各主管部门签发许可证的方式来实现对各类限制进口货物（技术）的管理。许可证件管理的主管部门是商务部。其管理的范围主要包括部分进口货物和技术、13 类重点旧机电产品、两用物项和技术。

（2）进口配额许可证管理。国家实行统一的货物进口许可制度。国家对限制进口的货物实行进口配额许可证管理。进口配额许可证管理的主管部门是生态环境部、商务部、海关总署，管理范围主要是消耗臭氧层物质。

（3）进口关税配额管理。进口关税配额管理是指一定时期内（一般是 1 年），国家对部分商品的进口制定关税配额税率并规定该商品进口数量总额的管理方式。在限额内，经营者经国家有关主管部门批准后允许按照关税配额税率进口；如超出限额，则按照配额外税率征税。进口关税配额管理的具体方式有全球配额和国别配额。进口关税配额管理的主管部门是商务部、国家发展改革委，管理范围包括部分进口农产品和部分进口化肥。

（4）其他许可证件管理。其他行政职能部门在各自的职责范围内，根据国家有关法律、法规及国际公约的有关规定，制定、调整各自许可证的审批、发放程序及资格条件。其他许可证件管理的主管部门是其他行政职能部门，管理范围包括濒危野生动植物种、密码产品和含有密码技术的设备、药品、美术品、民用爆炸物品、音像制品、黄金及其制品、农药、兽药、有毒化学品等。

（二）限制出口货物（技术）的管理方式

依照国家有关规定，实行限制出口的货物（技术），其出口必须经国务院商务主管部门或者经国务院商务主管部门会同国务院其他有关部门许可。

1. 出口配额管理

出口配额管理的主管部门是商务部及其他有关经济管理部门。

出口配额管理是指在一定时期内，为建立公平竞争机制，增强我国商品在国际市场上的竞争力，保障最大限度地收汇，保护我国商品的国际市场利益，国家对部分商品的出口数量直接加以限制的管理措施。我国出口配额管理的形式有出口配额许可证管理和出口配额招标管理。

（1）出口配额许可证管理。出口配额许可证管理是国家对部分商品的出口，在一定时期内（一般是 1 年）规定数量总额，按照按需分配的原则，经国家有关主管部门批准获得配额的限制出口商品允许出口，否则不准出口的管理措施。出口配额许可证管理是通过直接分配的方式，由国务院商务主管部门或者国务院其他有关部门在各自的职责范围内，根据申请者的请求，结合其进出口实绩、能力等条件，按照效益、公正、公开和公平竞争的原则进行分配（配额的分配方式和办法由国务院规定），国家出口配额主管部门对获得配额的申请者发放配额证明。申请者取得配额证明后，到国务院商务主管部门及其授权发证机关，凭配额证明申领出口许可证，凭此办理出口通关手续。出口配额许可证管理的商品包括部分农产品，部分活禽、畜，部分资源性产品、贵金属，消耗臭氧层物质（出口配额由生态环境部管理）。

（2）出口配额招标管理。出口配额招标管理是国家对部分商品的出口，在一定时期内（一般是1年）规定数量总额，按照招标分配的原则，经招标获得配额的限制出口商品允许出口，否则不准出口的管理措施。国家出口配额主管部门对中标者发放配额证明。中标者取得配额证明后，到国务院商务主管部门及其授权发证机关，凭配额证明申领出口许可证，凭此办理出口通关手续。目前，出口配额招标管理的主要商品是部分我国生产且国际市场需求量较大的农副产品及资源性产品。

2. 出口许可证件管理

出口许可证件管理是指国家主管部门在一定时期内，根据国内政治、军事、技术、卫生、环境、资源保护等领域的需要，以及为履行我国所加入或缔结的有关国际条约的规定，对部分商品的出口以签发许可证的形式所采取的管理措施。

出口许可证件管理的主管部门是商务部及其他政府职能部门，管理范围包括部分农产品、濒危物种、两用物项和技术、黄金及其制品等。

实物展台
自动进口许可证

四、自由进出口货物（技术）的管理

除上述国家禁止、限制进出口货物（技术）外的其他货物（技术），均属于自由进出口范围。这些货物（技术）本身不属于国家限制进出口货物（技术）的范围，但基于监测进出口货物（技术）的需要，国家对部分属于自由进出口的货物实行自动进出口许可管理，对所有自由进出口的技术实行技术进出口合同登记管理。

1. 货物自动进出口许可管理

自动进出口许可管理是在任何情况下对进出口申请一律予以批准的进出口许可制度。这种进出口许可实际上是一种在进出口前的自动登记性质的许可制度，通常用于国家对进出口货物的统计和监督。货物自动进出口许可管理是我国进出口许可管理制度的重要组成部分，也是目前世界各国普遍使用的一种进出口管理制度。

自动进口许可管理货物的经营者应当在办理海关报关手续前，向国务院商务主管部门或其他经济管理部门提交自动进口许可申请，凭相关部门发放的自动进口许可的批准文件，向海关办理报关手续。

自由进出口货物的经营者，具有进出口经营权并已在海关备案的，即可正常申报进出口，并向海关办理通关手续。

2. 技术进出口合同登记管理

属于自由进出口的技术，经营者应当向国务院商务主管部门或者其委托机构办理合同备案登记。国务院商务主管部门应当自收到规定的文件之日起3个工作日内，对技术进出口合同进行登记，颁发技术进出口合同登记证，经营者凭技术进出口合同登记证，办理外汇、银行、税务、海关等相关手续。

第二节　我国进出口贸易管制的手段

我国进出口贸易管制的手段主要有进口关税配额管理、进出口许可证管理、特殊贸易货物管理和出入境检验检疫管理四种。

一、进口关税配额管理

进口关税配额管理指的是国家在一定时期内对于某种商品的进口数量或金额直接加以限制的管理措施。对实行关税配额管理的进口商品，配额内的，适用关税配额税率；配额外的，按不同情况分别适用最惠国税率、协定税率、特惠税率和普通税率。

1. 实行进口关税配额管理的商品（2023 年）

2023 年我国实行进口关税配额管理的商品包括农产品中的小麦、玉米、大米、棉花、食糖、羊毛、毛条和工业产品中的化肥（尿素、磷酸二铵、复合肥）。

农产品进口关税配额为全球配额，主管部门是商务部和国家发展改革委。商务部、国家发展改革委分别于申请前一个月在《国际商报》《中国经济导报》以及官网上公布每种农产品下一年度的关税配额总量、关税配额申请条件及国务院关税税则委员会确定的关税配额农产品税则号列和适用税率。配额内农产品进口时，海关凭企业提交的农产品进口关税配额证办理海关验放手续。农产品进口关税配额分为国营贸易配额和非国营贸易配额。国营贸易配额通过国营贸易企业进口，非国营贸易配额通过有贸易经营权的企业进口，有贸易经营权的用户也可以自行进口。

化肥进口关税配额为全球配额，商务部负责全国化肥关税配额证管理工作，商务部的化肥进口关税配额证管理机构负责管辖范围内化肥关税配额证的发证、统计、咨询和其他授权工作。配额内的化肥进口时，海关凭进口单位提交的化肥进口关税配额证，按配额内税率征税，并验放货物。国家对化肥进口实行国营贸易管理。按照规定的资格和条件，有关企业可以向商务部申请成为非国营贸易企业。国家可以安排一定数量的关税配额，由非国营贸易企业进口经营。

所有贸易方式进口关税配额范围的商品均列入关税配额证管理范围。申办关税配额证需提供以下材料：①货物进口合同；②进口关税配额申请表；③企业法人营业执照。

2. 报关规范

农产品进口关税配额证实行"一证多批"制，自签发之日起 3 个月内有效，最迟不得超过当年的 12 月 31 日。即最终用户需分多批进口的，在有效期内，凭农产品进口关税配额证可多次办理通关手续，直至海关核注栏填满为止。对于当年 12 月 31 日前从始发港出运，需要次年到货的，关税配额持有者需于当年 12 月 31 日前持装船单证及有效的农产品进口关税配额证到商务部委托机构申请延期，延期的农产品进口关税配额证有效期最迟不超过次年的 2 月底。

化肥进口关税配额证公历年度内有效，且有效期不超过 180 天。延期或者变更的，需要重新办理，旧证撤销同时换发新证，并在备注栏注明原证号。如在当年无法完成进口的，应当在 9 月 15 日前将配额证退还原发证机构。

二、进出口许可证管理

进出口许可证管理是指对外贸易经营者进口或者出口国家规定限制进出口的货物，必须事先征得国家有关主管部门的许可，取得进口或者出口许可证，持证向海关办理申报和验放手续。

商务部统一管理、指导全国发证机构的进出口许可证签发工作，商务部配额许可证事务局、商务部驻各地特派员办事处和商务部授权的地方主管部门发证机构负责在授权范围内签发"进口许可证"和"出口许可证"。进出口许可证是国家许可对外贸易经营者进口或者出口某种货物的证明，也是海关对进出境货物监管的重要依据，不得买卖、转让、涂改、伪造和变造。商务部会同海关总署制定、调整和发布年度《进口许可证管理货物目录》及《出口许可证管理货物目录》。

（一）进口许可证管理

1. 实施进口许可证管理的货物

实施进口许可证管理的货物包括消耗臭氧层物质和重点旧机电产品两大类（见《进口许可证管理货物目录（2024年）》）。

（1）消耗臭氧层物质，包括三氯氟甲烷（CFC-11）、二氯二氟甲烷（CFC-12）、二氯四氟乙烷（CFC-114）或它们的混合物等76个海关商品编码的商品。

（2）重点旧机电产品，包括化工设备、金属冶炼设备、工程机械、起重运输设备、造纸设备、电力电气设备、食品加工及包装设备、农业机械、印刷机械、纺织机械、船舶、硒鼓、X射线管等13个大类共73个海关商品编码的重点旧机电产品。

视野拓展

读者可在海关总署网站的相关栏目通过关键词查询与进出口管理的相关文件，看看是否有新政策。

国家对重点旧机电产品实行许可证管理，商务部配额许可证事务局负责签发许可证。申办材料包括：①企业法人营业执照；②机电产品进口申请表；③申请进口的重点旧机电产品的制造年限证明材料；④申请进口单位提供的设备状况说明；⑤申请进口重点旧机电产品用途说明。

2. 进口许可证报关规范

（1）重点旧机电产品进口许可证实行"一批一证"或"非一批一证"管理，有效期为1年，当年有效。特殊情况需要跨年度使用时，有效期最长不超过次年3月31日，逾期自行失效，海关不予放行。

（2）消耗臭氧层物质许可证实行一单一批制，有效期为90天，不得超期或跨年使用。

（3）经营者不得擅自更改进口许可证的内容。如需更改进口许可证的内容，经营者应当在许可证有效期内向原发证机关提出更改申请，并将进口许可证交回原发证机关，由原发证机关换发进口许可证。进口许可证发证机关与海关对进口许可证实施联网核查。

思考与讨论①

光大设备制造有限公司进口了一批设备，委托海天国际货运代理有限公司办理进口报检、报关。报关人员报检时提供的单据及信息显示均为新设备，而海关检验人员检验发现进口的设备多为旧设备。

请问：

（1）光大设备制造有限公司和海天国际货运代理有限公司是否都应承担法律责任？为什么？

（2）根据对外贸易管制制度，国家对该批货物实行的是什么管理制度？

---

① 本书部分题目超出本书正文内容的范围，请自行通过网络或其他途径查询相关资料后解答。

（二）出口许可证管理

实行出口许可证管理的商品是指国家授权商务部会同海关总署等有关部门制定并公布的实行出口许可证管理的商品。

1. 实行出口许可证管理的货物

实行出口许可证管理的货物有 43 种（见《出口许可证管理货物目录（2024 年）》）。对外贸易经营者出口目录内所列货物的，应向商务部或商务部委托的地方商务主管部门申请取得"中华人民共和国出口许可证"，凭出口许可证向海关办理通关验放手续。

出口许可证管理方式有出口配额管理和出口许可证管理。

（1）出口配额管理的货物，包括活牛（对港澳）、活猪（对港澳）、活鸡（对香港）、小麦、玉米、大米、小麦粉、玉米粉、大米粉、药料用人工种植麻黄草、煤炭、原油、成品油（不含润滑油、润滑脂、润滑油基础油）、锯材、棉花等货物，凭配额证明文件、货物出口合同申领出口许可证；出口甘草及甘草制品、苁蓉草及苁蓉草制品的，凭配额招标中标证明文件申领出口许可证；以加工贸易方式出口上述配额管理货物的，凭配额证明文件、货物出口合同申领出口许可证。

（2）出口许可证管理的货物，包括活牛（对港澳以外市场）、活猪（对港澳以外市场）、活鸡（对香港以外市场）、牛肉、猪肉、鸡肉、天然砂（含标准砂）、矾土、磷矿石、镁砂、滑石块（粉）、萤石（氟石）、稀土、锡及锡制品、钨及钨制品、钼及钼制品、锑及锑制品、焦炭、成品油（润滑油、润滑脂、润滑油基础油）、石蜡、部分金属及制品、硫酸二钠、碳化硅、消耗臭氧层物质、柠檬酸、白银、铂金（以加工贸易方式出口）、铟及铟制品、摩托车（含全地形车）及其发动机和车架、汽车（包括成套散件）及其底盘等货物，需要按规定申领出口许可证。以加工贸易方式出口上述配额管理货物的，除另有规定外，凭有关批准文件、海关加工贸易进口报关单和货物出口合同申领出口许可证。出口润滑油、润滑脂、润滑油基础油以外的成品油，免于申领出口许可证。消耗臭氧层物质、货样、广告品需凭出口许可证出口。

以一般贸易、加工贸易、边境贸易和捐赠贸易方式出口汽车、摩托车产品的，需按规定的条件申领出口许可证；以工程承包方式出口汽车、摩托车产品的，凭对外承包工程项目备案回执或特定项目立项回执等材料申领出口许可证；以上述贸易方式出口非原产于中国的汽车、摩托车产品的，凭进口海关单据和货物出口合同申领出口许可证。

2. 出口许可证报关规范

（1）出口许可证的有效期不得超过 6 个月，有效期的截止日期不得超过当年 12 月 31 日。（出口许可证应当在有效期内使用，逾期自行失效，海关不予放行。）

（2）出口许可证管理实行"一证一关"制、"一批一证"制和"非一批一证"制。报关时实行"一证一关"管理的货物，经营者须到指定的口岸报关出口。其中，甘草出口报关指定口岸为天津海关、上海海关、大连海关；甘草制品出口报关指定口岸为天津海关、上海海关；麻黄素类产品出口指定口岸为北京海关、天津海关、上海海关、深圳海关；天然砂出口（对香港、澳门及台湾地区）的报关口岸限定于企业所在的省、自治区、直辖市的海关。报关时实行"一批一证"管理的消耗臭氧层物质、汽车（旧）的出口许可证在有效期内一次报关使用；对于大宗、散装的原油、成品油，溢装数量超过出口许可证所列出口数量 3% 的予以免证，其他溢装数量超过出口许可证所列出口数量 5% 的予以免证。报关时实行"非一批一证"管理的货物主要是以加工贸易方式出口的货物，补偿贸易项下出口的货物，小麦、玉米、大米、小麦粉、玉米粉、大米粉、活牛、活猪、活鸡，牛肉、猪肉、鸡肉、原油、成品油、煤炭、摩托车（含全地形车）及其发动机和车架，汽车（包括成套散件）及其底盘（限新车），加工贸易项下和补偿贸易项下出口货物等。出口上述货物的，可在出口许可证有效期内多次通关使用，但通关使用次数不得超过 12 次。

（3）经营者不得擅自更改出口许可证的内容。如需更改出口许可证的内容，经营者应当在出口许可证有效期内向原发证机关提出更改申请，并将出口许可证交回原发证机关，由原发证机关换发出口许可证。出口许可证发证机关与海关对出口许可证实施联网核查。

📚 知识链接

消耗臭氧层物质进出口管理

根据消耗臭氧层物质淘汰进展情况，生态环境部、商务部有关部门在每年的 12 月 20 日前公布下一年度的进出口配额总量。进出口经营者应在每年 10 月 31 日前向国家消耗臭氧层物质进出口管理机构申办下一年度的进出口配额，并申领进出口受控消耗臭氧层物质审批单。申办材料包括：①进出口受控消耗臭氧层物质申请书；②申请进出口属于危险化学品的消耗臭氧层物质的单位须提供危险化学品生产、使用或者经营许可证；③对外贸易合同及国内购货合同；④特殊用途的消耗臭氧层物质的出口单位须提交进口国政府出具的进口许可证或其他官方批准文件等材料。

消耗臭氧层物质进出口审批实行"一单一批"制。审批单有效期为 90 日，不得超期或者跨年度使用。申请获准的进出口经营者应当持进出口审批单向所在地省级商务主管部门所属的发证机构申领消耗臭氧层物质进出口许可证。

消耗臭氧层物质进出口详细管理办法见《消耗臭氧层物质进出口管理办法》。

（三）自动进口许可证管理

自动进口是指对部分自由进口的货物，对外贸易经营者一经向政府有关主管部门提出申请，即应当获得批准，并不得附加任何其他限制条件。自动进口许可证是对自由进口货物实行有效监测的手段。

商务部是我国自动进口许可制度的管理部门。商务部、海关总署根据《货物进出口管理条例》及国家其他法律的有关规定，调整、公布每年的《自动进口许可管理货物目录》。

1. 自动进口许可证管理的货物

2024 年实施自动进口许可证管理的货物分为两个管理目录，共计 45 类（见《自动进口许可管理货物目录（2024 年）》）。

目录一的货物由商务部实施自动进口许可管理，包括牛肉、猪肉、羊肉、鲜奶、奶粉、木薯、大麦、高粱、大豆、油菜籽、食糖、玉米酒糟、豆粕、烟草、原油、成品油、化肥、二醋酸纤维丝束、烟草机械、移动通信产品、卫星广播电视设备及关键部件、汽车产品、飞机、船舶等 24 类。

目录二货物由受商务部委托的省级地方商务主管部门或地方、部门机电办实施自动进口许可管理，包括肉鸡、植物油、铁矿石、铜精矿、煤、成品油、聚氯乙烯、化肥、四氯乙烯、氯丁橡胶、钢材、工程机械、印刷机械、纺织机械、金属冶炼及加工设备、金属加工机床、电气设备、汽车产品、飞机、船舶、医疗设备等 21 类。

2．自动进口许可证的办理

（1）申请人办理自动进口许可证的条件：①取得对外贸易经营者资格；②已依法订立了货物进口合同；③已获得进口国营贸易经营者资格或非国营贸易允许量（适用于原油、成品油进口申请）。

（2）申请人办理自动进口许可证应提供的材料：①企业法人营业执照；②货物进口合同；③进口非机电类货物的提供自动进口许可证申请表；④进口机电类货物的提供机电产品进口申请表；⑤进口广播、电视及卫星设备的提供国家广播电视主管部门的批准文件；⑥进口烟草设备的提供国家烟草主管部门编制的年度计划；⑦进口移动通信设备的提供国家无线电管理委员会签发的型号核准证（复印件）或者地方无线电管理部门在机电产品进口申请表备注栏的签章盖章；⑧进口运输类船舶的提供设区的市级人民政府水路运输管理部门提出增加运力的申请及报经有许可权限部门批准的证明文件；⑨进口旧船舶的提供有关检验检疫报告或技术评定书；⑩进口飞机的提供国家发展改革委或者民航局的批复复印件及经营许可证复印件。

（3）免交自动进口许可证的货物。经营者进口列入《自动进口许可管理货物目录》的货物，在办理通关手续时须向海关提交自动进口许可证，但下列情形免交自动进口许可证：①加工贸易项下进口并复出口的（原油、成品油除外）；②外商投资企业作为投资进口或者投资总额内生产自用的（旧机电产品除外）；③货样广告品、实验品进口，每批次价值不超过5 000元人民币的；④进入保税区、出口加工区等海关特殊监管区域及进入保税仓库、保税物流中心的属自动进口许可管理的货物；⑤暂时进口的海关监管货物；⑥加工贸易项下进口的设备监管期满后留在原企业使用的。

3．自动进口许可证报关规范

（1）自动进口许可证管理项下的货物原则上实行"一批一证"管理，自动进口许可证有效期为6个月，但仅限公历年度内有效。实行"一批一证"进口的大宗、散装货物的溢装数量不得超过进口许可证所列进口货物数量的5%（原油、成品油、化肥、钢材的溢装数量不得超过进口许可证所列进口货物数量的3%）。

（2）对于确实不能一次性清关的部分货物，也可实行"非一批一证"管理。

（3）商务主管部门发证机构与各海关实施自动进口许可证联网核查，海关验核商务主管部门签发的自动进口许可证纸面证书和自动进口许可证电子数据，接受企业报检、报关。

（四）两用物项和技术进出口许可证管理

1．两用物项和技术管理的内容

两用（军民两用）物项和技术是指敏感物项和技术、易制毒化学品。敏感物项和技术包括核、核两用物项和技术、生物两用物项和技术、化学两用物项和技术、监控化学品和导弹相关物项和技术。易制毒化学品包括可用于制造毒品的化学品。

2．实行两用物项和技术管理的货物

两用物项和技术进出口的主管部门是商务部。商务部对列入《两用物项和技术进出口许可证管理目录》的物项和技术的进出口统一实行两用物项和技术进出口许可证管理。两用物项和技术进出口前，进出口经营者应当向商务部许可证局和受商务部委托的省级商务主管部门申领两用物项和技术进出口许可证，凭许可证向海关办理进出口通关手续。

2023年两用物项和技术进出口管理范围参见表1.4，具体内容请查阅商务部、海关总署公告 2022 年第 42 号。

表 1.4　2023 年两用物项和技术进出口管理范围

进口	出口
第一类，监控化学品管理条例监控名录所列物项 47 种（包括可作为化学武器的化学品、可作为生产化学武器前体的化学品、可作为生产化学武器主要原料的化学品以及上述监控化学品的生产技术和专用设备）。 第二类，易制毒化学品 54 种。 第三类，放射性同位素 10 种。 第四类，商用密码进口许可 4 种。	第一类，核出口管制清单所列物项和技术 159 种。 第二类，核两用品及相关技术出口管制清单所列物项和技术 204 种。 第三类，生物两用品及相关设备和技术出口管制清单所列物项和技术 144 种。 第四类，监控化学品管理条例监控名录所列物项 74 种。 第五类，有关化学品及相关设备和技术出口管制清单所列物项和技术 37 种。 第六类，导弹及相关物项和技术出口管制清单所列物项和技术 186 种。 第七类，易制毒化学品向全球出口 54 种。 第八类，易制毒化学品，向缅甸、老挝、阿富汗等特定国家（地区）出口 17 种。 第九类，部分两用物项和技术 6 种。 第十类，特殊民用物项和技术 11 种。 第十一类，商用密码出口管制 11 种

以任何方式进口、出口、过境、转运、通运列入《两用物项和技术进出口许可证管理目录》的商品，经营者都应向海关提交有效的两用物项和技术进出口许可证。

3. 两用物项和技术的报关规范

（1）两用物项和技术许可证有效期一般不超过一年，跨年使用时，在有效期内只能使用到次年 3 月 31 日，逾期发证机构将根据原许可证有效期换发新证。

（2）两用物项和技术进口许可证实行"非一批一证"制和"一证一关"制。"非一批一证"制的大宗、散装货物，每批进口时按其实际进口数量进行核扣，最后一批进口报关时，其溢装数量按该进口许可证实际剩余数量并在规定的溢装上限 5% 内计算。

（3）两用物项和技术出口许可证实行"一批一证"制和"一证一关"制。"一批一证"制的大宗、散装的两用物项在报关时，溢装数量不得超过许可证所列出口数量的 5%。

三、特殊贸易货物管理

对一些特殊贸易货物，国家单独制定了相关的管理办法，主要涉及固体废物进口、濒危物种和野生动植物种进出口、药品进出口、黄金及黄金制品进出口、音像制品进口等。

（一）固体废物进口管理

固体废物是指《固体废物污染环境防治法》管理范围内的废物。

国务院生态环境主管部门对全国固体废物污染环境防治工作实施统一监督管理，商务部、发展改革委和海关总署在各自职责范围内负责固体废物污染环境防治的相关管理工作。

生态环境部、商务部、发展改革委、海关总署公告 2020 年第 53 号《关于全面禁止进口固体废物有关事项的公告》规定，自 2021 年 1 月 1 日起，我国全面禁止进口固体废物。

职场训练 1.1

　　2023 年 1 月 9 日，东风废物利用有限公司向黄埔海关申报进口橡胶废碎料一批，共计 200 吨，成交价格为 CIF 黄埔 USD150000。经核查后，黄埔海关没有验放该批货物。请问海关的做法合理吗？请你以报关人员的身份向东风废物利用有限公司做出正确的解释。

（二）野生动植物种进出口管理

国家林业和草原局是野生动植物种进出口管理的主管部门，该部门内设有国家濒危物种进出口管理办公室（简称"国家濒管办"）。国家濒危物种进出口管理机构依法制定和调整禁止或者限制贸易的野生动植物或者其制品名录，并依法对名录中所列受保护的珍贵、濒危野生动植物或其制品实施证书管理。

视野拓展

读者可在中国林业网（国家林业和草原局官网）输入关键词，查询国家对濒危野生动植物管理的最新政策。

野生动植物进出口证书包括濒危野生动植物种国际贸易公约允许进出口证明书（简称"公约证"）、海峡两岸野生动植物允许进出口证明书（简称"海峡两岸证"）、野生动植物允许进出口证明书（简称"非公约证"）和濒危物种进出口管理办公室非物种证明（简称"物种证明"）。允许进出口证明书和物种证明适用的相关法律或条约参见表 1.5。

表 1.5　允许进出口证明书和物种证明适用的相关法律或条约

种类		适用的相关法律或条约
允许进出口证明书	公约证	《濒危野生动植物种国际贸易公约》（CITES）附录范围内的野生动植物及其制品（中国台湾地区除外）　证书分为常规版和专用版。常规版适用于开展一般情况下公约附录物种及其制品的进口、出口、再出口。
	海峡两岸证	《濒危野生动植物种国际贸易公约》附录范围内的野生动植物及其制品（适用于大陆与台湾地区之间的贸易）　专用版适用于公约附录物种从海上引进、标本巡回展出、个人所有活体动物、乐器多次跨境转移、个人携带二胡等五种情形
	非公约证	未列入《濒危野生动植物种国际贸易公约》附录但列入我国《国家重点保护野生动物名录》和《国家重点保护野生植物名录》的野生动植物及其制品的出口
物种证明		上述三种情形之外但列入《进出口野生动植物种商品目录》的野生动植物及其制品的进出口

允许进出口证明书和物种证明是海关验放该类货物的重要依据。海关在查验国家濒管办核发的允许进出口证明书和物种证明与实际无误后才会放行货物。

1. 允许进出口证明书办理

申办允许进出口证明书应提供的材料：①允许进出口证明书申请表；②国务院野生动植物主管部门的进出口批准文件；③进出口合同（以非商业贸易为目的的个人所有的野生动植物及其产品进出口的除外）；④身份证明材料（企业营业执照、法人身份证明等）；⑤进出口含野生动植物成分的药品、食品等产品的，提交物种成分含量表和产品说明书；⑥出口野生动植物及其产品的，提交证明野外或人工繁育等来源类型的材料。

申办进出口公约附录所列野生动植物及其产品允许进出口证明书的，申请人还应当提交下列材料：①境外公约管理机构核发的允许出口证明材料（公约规定由进口国先出具允许进口证明材料的除外）；②进出口活体野生动物的，提交证明符合公约规定的装运条件的材料；③境外公约管理机构或者非缔约国管理机构核发的证明材料；④进口后再出口野生动植物及其产品的，提交经海关签注的允许进出口证明书复印件和海关进口货物报关单复印件；⑤进口野生动植物原料加工后再出口的，提交相关生产加工的转换计划及说明；⑥以加工贸易方式进口后再出口野生动植物及其产品的，提交海关核发的加工贸易手册复印件或者与电子化手册、电子账册相关的内容（表头及相关表体部分）打印件；⑦申请人委托代理人代为申请的，提交代理人身份证明和委托代理合同；⑧申请商业性进出口的，提交申请人或代理人允许从事对外贸易经营活动的资质证明。

允许进出口证明书实行"一批一证"制，有效期不超过 180 天；最多可允许延续有效期两次，延续后的有效期最长不超过自核发之日起 18 个月，经营者须在允许进出口证明书载明的有效期内办理报关手续。

(((● 警钟长鸣

沈阳海关查获红珊瑚制品 161 件，重 2 840 克

（沈阳海关网 2023 年 08 月 10 日消息） 近日，沈阳海关所属沈阳邮局海关在国际进境邮件监管中，发现一件申报为"工艺绘画"的邮包机检图像存在异常。经开箱查验，发现邮件内装有大量精美饰品，包括项链、手镯等，多数镶嵌红色或粉红色部件，疑似濒危红珊瑚制品。经送专业机构鉴定，确认该批物品为红珊瑚制品，共计 2 840 克。现已按规定做进一步处置。

提醒：红珊瑚属于《濒危野生动植物种国际贸易公约》附录中列明的濒危物种。根据《濒危野生动植物种国际贸易公约》及《野生动物保护法》等规定，除持有允许进出口证明书等材料并按照规定办理海关手续外，任何贸易方式或者邮寄、携带濒危物种及其制品进出境的行为均属违法，当事人将被追究法律责任，情节严重构成犯罪的将被依法追究刑事责任。

2. 物种证明办理

申办物种证明应提供的材料：①物种证明申请表；②进出口合同（以非商业贸易为目的个人所有的野生动植物及其产品进出口的除外）；③身份证明材料；④进出口含野生动植物成分的药品、食品等产品的，提交物种成分含量表和产品说明书；⑤出口野生动植物及其产品的，应当提交合法来源证明材料；⑥进口野生动植物及其产品的，应当提交境外相关机构核发的原产地证明、植物检疫证明或者提货单等能够证明进口野生动植物及其产品真实性的材料；⑦进口的活体野生动物属于外来陆生野生动物的，应当提交国务院陆生野生动物主管部门同意引进的批准文件。

物种证明分为一次使用和多次使用两种。一次使用的物种证明有效期自签发之日起不得超过 180 天。多次使用的物种证明有效期不得超过 360 天，多次使用的物种证明只适用于同一物种、同一货物类型在同一报关口岸多次进出口的野生动植物及其产品。

对于非法从事野生动植物或其产品、濒危物种或其产品进出境的经营者，海关依照《海关法》的有关规定行使处罚权，其中情节严重、触犯刑法的，由海关依法移送司法机关追究其刑事责任。

（三）药品进出口管理

药品是指用于预防、治疗、诊断人的疾病，有目的地调节人的生理机能并按规定有适应症或者功能主治、用法和用量的物质，包括中药材、中药饮品、中成药、化学原料药及其制剂、抗生素、生化药品、血清疫苗、血液制品和诊断药品等。

国家市场监督管理总局下的国家药品监督管理局是药品进出口管理部门。目前，我国公布的药品进出口管理目录有《进口药品目录》《生物制品目录》《精神药品管制品种目录》《麻醉药品和精神药品管制目录》《兴奋剂目录》。

1. 一般药品进出口管理

申请进口的药品应当是在生产国（地区）获得上市许可的药品，未在生产国（地区）

获得上市许可的，经国务院药品监督管理部门确认该药品品种安全、有效且临床需要的，可以依照《药品管理法》及其条例的规定批准进口。进口的药品应当按照规定申请注册。国外企业生产的药品，须取得进口药品注册证，我国香港、澳门、台湾地区企业生产药品须取得医药产品注册证，取得注册证后的药品方可进口。

进口药品单位与销货单位签订购货合同时，药品入境口岸地区应当从允许药品进口的口岸中选择，并由进口药品的企业向口岸所在地药品监督管理部门备案。药品进口企业申请资料符合要求的，药品监督管理部门发放进口药品通关单，并向口岸机构发出进口药品口岸检验通知书。进口药品口岸检验机构按照《中华人民共和国药典》（2020 年版）的相应要求对进口药品进行检验，不符合要求的不得进口。

进口药品通关单实行"一批一证"制度，证面内容不得自行更改。

2. **麻醉药品和精神药品进出口管理**

麻醉药品是指连续使用后易使身体产生依赖性，能成瘾癖的药品。精神药品是指直接作用于中枢神经系统，使之兴奋和抑制，连续使用能产生依赖性的药品。国家对药用类麻醉药品和精神药品实施限制进出口管理，任何单位以任何贸易方式进出口列入《麻醉药品和精神药品管制目录》的药品，不论用于何种用途，均需事先申领麻醉药品和精神药品进出口准许证；而对非药用类的麻醉药品和精神药品实施禁止进出口管理。

麻醉药品和精神药品进出口准许证仅限在该证注明的口岸海关使用，并实行"一批一证"制度。首次在我国境内销售的精神药品、麻醉药品仅限在北京市、上海市和广州市申报进口。邮寄麻醉药品和精神药品的，应事先向所在地省、自治区、直辖市药品监督管理部门申请办理麻醉药品、精神药品邮寄证明，该邮寄证明一证一次有效。

3. **兴奋剂进出口管理**

兴奋剂在英语中称"dope"，原义为"供赛马使用的一种鸦片麻醉混合剂"。如今通常所说的兴奋剂不再单指那些起兴奋作用的药物，而实际上是对禁用药物的统称。

国家对《兴奋剂目录》所列禁用物质实行严格管理，任何单位和个人不得非法生产、销售、进出口。2023 年《兴奋剂目录》所列药品共有七类：蛋白同化制剂品种 92 个、肽类激素品种 68 个、麻醉药品品种 14 个、刺激剂（含精神药品）品种 80 个、药品类易制毒化学品品种 3 个、医疗用毒性药品品种 1 个、其他品种 17 个。

进口蛋白同化制剂、肽类激素，在取得国务院药品监督管理部门发放的进口药品注册证书的同时，还应当取得省、自治区、直辖市人民政府药品监督管理部门颁发的进口准许证，商品范围以英文名、通用名（别名）为准。

境内企业接受境外企业委托生产的蛋白同化制剂、肽类激素不得在境内销售。

（四）黄金及黄金制品进出口管理

黄金及黄金制品进出口管理范围包括未锻造金、半制成金和金制成品。中国人民银行是黄金及黄金制品进出口管理的主管部门，对黄金及黄金制品进出口实行准许证制度。

中国人民银行根据国家宏观经济调控需求，可以对黄金及黄金制品进出口的数量进行限制性审批，列入《黄金及黄金制品进出口管理目录》（参见表 1.6）的黄金及黄金制品进出口通关时，当事人必须事先到中国人民银行及其授权机构办理"黄金及黄金制品进出口准许证"，作为办理进出口报关手续的依据，海关凭证验放。

表 1.6　黄金及黄金制品进出口管理目录

海关商品编码	商品名称及备注	海关商品编码	商品名称及备注
28433000.10	氰化金、氰氢化金甲（含金 40%）等	71131919.90	其他黄金制首饰及其零件（不论是否包、镀其他贵金属）
71081100.00	非货币用金粉	71141900.20	其他贵金属制金器及零件（工艺金章、摆件等，不论是否包、镀其他贵金属）
71081200.00	非货币应用未锻造金（包括镀铂的金）	71189000.10	金质铸币（金质贵金属纪念币）
71081300.00	非货币用半制成金（包括镀铂的金）	91111000.10	按重量计含金量在 80% 及以上的黄金表壳
71082000.00	货币用未锻造金（包括镀铂的金）	91131000.10	按重量计含金量在 80% 及以上的黄金表带

“黄金及黄金制品进出口准许证”实行“非一批一证”管理的，有效期为 6 个月，报关批次不得超过 12 次；实行“一批一证”管理的，自签发之日起 40 个工作日内使用。被许可人有正当理由需要延期的，可在有效期届满 5 个工作日前持原证向原发证机关申请办理一次延期手续。

（五）音像制品进口管理

国家对从国外进口音像制品成品和用于出版（包括利用信息网络出版）的音像制品，实行许可管理制度。音像制品成品进口由经批准的音像制品成品进口经营单位经营，未经批准，任何单位或者个人不得从事音像制品成品进口业务。国家新闻出版署负责全国音像制品进口的监督管理和内容审查工作。各级海关在其职责范围内负责音像制品进口的监督管理工作。

国家禁止进口有下列内容的音像制品：反对宪法确定的基本原则的；危害国家统一、主权和领土完整的；泄露国家秘密、危害国家安全或者损害国家荣誉和利益的；煽动民族仇恨、民族歧视，破坏民族团结，或者侵害民族风俗、习惯的；宣扬邪教、迷信的；扰乱社会秩序、破坏社会稳定的；宣扬淫秽、赌博、暴力或者教唆犯罪的；侮辱或者诽谤他人、侵害他人合法权益的；危害社会公德或者民族优秀文化传统的；有法律、行政法规和国家规定禁止的其他内容的。

（（●）警钟长鸣

天津新港海关查获“问题地球仪”一批

（海关发布公众号 2023 年 8 月 17 日消息） 近日，天津新港海关在进口货运渠道查获损害国家主权、违背一个中国原则的“问题地球仪”一批，共计 92 个，该地球仪错将我国台湾地区与国家名称并列标注，违背一个中国原则。目前，该批地球仪已被依法暂扣，待进一步处理。

提醒： 地图是国家版图的主要表示形式，具有严肃的政治性、严密的科学性和严格的法定性，正确的国家版图是国家主权和领土完整的象征。不符合我国公开地图内容表示规范的印刷品和出版物，一律禁止印制或进出口。相关地图或地图制品生产和进出口经营企业应严格遵守法律法规，依法开展地图经营活动。

进口音像制品应当报主管部门进行内容审查，经审查批准取得进口音像制品批准单后方可进口，进口单位持进口音像制品批准单向海关办理进口报关手续。图书馆、音像资料馆、科研机构、学校等单位进口供研究、教学参考的音像制品成品，应当委托国家新闻出版署批准的音像制品成品经营单位办理进口手续。

进口音像制品批准单内容不得更改，如需更改，应重新办理。进口音像制品批准单一次报关使用有效，不得累计使用。其中，属于音像制品成品的，批准单当年有效；属于用于出版的音像制品的，批准单有效期为 1 年。

职场训练 1.2

某大学的图书馆打算从美国进口一批用于教学的音像制品。请你为该大学提出正确的建议,并帮助该大学顺利完成该项进口任务。

四、出入境检验检疫管理

出入境检验检疫制度是指由国家出入境检验检疫机构根据我国有关法律和行政法规及我国政府所缔结或者参加的国际条约、协定,对进出境的货物、物品及包装、交通运输工具、运输设备和出入境人员实施检验检疫监督管理的法律依据和行政手段的总和。

1. **出入境检验检疫管理原则**

(1)不符合我国强制性要求的入境货物,一律不得销售、使用。

(2)对涉及安全卫生及检疫的产品,必须对外国生产企业的安全卫生和检疫条件进行登记。

(3)对不符合安全卫生条件的商品、物品、包装和运输工具,有权禁止进口,或视情况在进行消毒、灭菌、杀虫或采取其他排除安全隐患的措施等无害化处理,重验合格后方准进口。

(4)对于应经海关实施注册登记的向中国输出有关产品的外国生产加工企业,必须取得注册登记证后方准向中国出口其产品。

(5)有权对进入中国的外国检验机构进行核准。

2. **出入境检验检疫管理法律体系**

(1)检验检疫法律。检验检疫方面的法律主要有《进出口商品检验法》《进出境动植物检疫法》《国境卫生检疫法》《食品安全法》。

(2)检验检疫行政法规。检验检疫行政法规主要有《进出口商品检验法实施条例》《进出境动植物检疫法实施条例》《国境卫生检疫法实施细则》《食品安全法实施条例》。

(3)检验检疫行政规章及规范性文件。检验检疫行政规章主要由海关总署单独或会同有关部门制定,是检验检疫日常工作中引用数量最多、内容最广、操作性最强的依据,其效力等级低于法律和行政法规。检验检疫行政规章以海关总署令的形式对外公布。

规范性文件是海关总署按照规定程序制定的涉及行政管理对相对人权利、义务具有约束力的文件。海关总署制定的规范性文件以海关总署公告的形式对外发布。

3. **出入境检验检疫管理制度**

(1)进出口商品检验制度。进出口商品检验制度是根据《进出口商品检验法》及其实施条例的规定,海关对进出口商品所进行的品质、质量检验和监督管理的制度。进出口商品检验的内容包括商品的质量、规格、数量、重量、包装及是否符合安全、卫生的要求。我国商品检验的种类包括法定检验、合同检验、公证鉴定和委托检验。

(2)进出境动植物检疫制度。进出境动植物检疫制度是根据《进出境动植物检疫法》及其实施条例的规定,海关对进出境动植物和动植物产品的生产、加工、存放过程实施动植物检疫的监督管理制度,具体包括检疫审批、进出口动植物及其产品的企业及加工、储存场所注册登记制度。

(3)卫生检疫监督制度。卫生检疫监督制度是指进出境监督检疫机构根据《国境卫生检疫法》及其实施细则以及国家其他的卫生法律、法规和卫生标准,在进出口口岸对进出境的交通工具、货物、运输容器以及口岸辖区的公共场所、环境、生活设施、生产设备所进行的卫生检查、鉴定、评价和采样检验的制度。

（4）食品安全监管制度。国家出入境检验检疫部门对进出口食品安全实施监督管理。进口的食品、食品添加剂、食品相关产品应当符合我国食品安全国家标准。出口食品生产企业应当保证其出口食品符合进口国（地区）的标准或者合同要求。国家对进出口食品的进口商、出口商和出口食品生产企业实施信用管理，建立信用记录，并依法向社会公布。

（5）特殊监管区域检验检疫管理规定。我国海关对保税区、边境特别管理区的特殊区域制定了检验检疫的管理办法。海关对特殊区域的货物及包装物、铺垫材料、运输工具、集装箱等按照有关法律法规的规定实施检验检疫和监督。

本 章 小 结

我国进出口贸易管制制度的内容体系可概括为"准""证""检""核""救"五个字。

根据贸易管制程度的不同，进出口贸易管制又分为禁止进出口货物（技术）的管理、限制进出口货物（技术）的管理和自由进出口货物（技术）的管理。对列入国家公布禁止进出口目录以及国家法律、法规明令禁止或停止进出口的货物（技术），任何对外贸易经营者不得经营、报检、报关。依照国家有关规定，国家实行限制进出口的货物（技术），其进出口必须经国务院商务主管部门或者经国务院商务主管部门会同国务院其他有关部门许可。国家对部分属于自由进出口的货物实行自动进出口许可管理，对所有自由进出口的技术实行技术进出口合同登记管理。

我国进出口货物贸易管制的手段主要有进口关税配额管理、进出口许可证管理、特殊贸易货物管理和出入境检验检疫管理四种。

基础与能力训练

一、名词解释

1. 进出口贸易管制　　2. 关税配额管理　　3. 配额管理　　4. 许可证管理

5. 自动进口许可证　　6. 固体废物　　　　7. 检验　　　　8. 检疫

二、简答题

1. 简述对外贸易管制的目的与内容。

2. 我国对外贸易管制的手段有哪些？

3. 简述我国限制进口货物的管理方式。

4. 简述我国限制出口货物的管理方式。

5. 简述我国禁止进口货物的管制方式。

6. 简述我国禁止出口货物的管制方式。

7. 什么是许可证管理？简述进口货物（技术）许可证管理的内容。

8. 什么是固体废物？我国对固体废物进口管理的办法是什么？

三、实训项目

实物展台
出口许可证

（一）查阅相关资料，回答以下问题。

1．申领进出口许可证应向发证机关提供哪些材料？

2．简述进出口许可证的申领程序。

（二）查阅进出口许可证的相关资料，掌握进出口许可证的填写方法。

上海某进出口公司向日本某商人出口一批木质板材，合同号为 06-H-28-1000，规格为 20mm×3 000mm，厚度大于 6mm，总计为 15m²，每平方米价格为 350.00 美元，10 月装运，采用不可撤销即期信用证付款。出口许可证号为 06-AC-38000，商品编码为 4407999099。根据上述条件在示例 1.1 的表中填写出口许可证的相关内容。

示例 1.1

中华人民共和国出口许可证
EXPORT LICENCE OF THE PEOPLE'S REPUBLIC OF CHINA

No.

1. 出口商： Exporter	3. 出口许可证号： Export licence No.
2. 发货人： Consignor	4. 出口许可证有效截止日期： Export licence expiry date
5. 贸易方式： Terms of trade	8. 进口国（地区）： Country/Region of purchase
6. 合同号： Contract No.	9. 付款方式： Payment
7. 报关口岸： Place of clearance	10. 运输方式： Mode of transport

11. 商品名称：Description of goods			商品编码：H. S. code		
12. 规格、等级 Specification	13. 单位 Unit	14. 数量 Quantity	15. 单价（CNY） Unit price	16. 总值（CNY） Amount	17. 总值折美元 Amount in USD
18. 总计 Total					

19. 备注： Supplementary details	20. 发证机关签章： Issuing authority's stamp & signature （发证机关盖章） 21. 发证日期： Licence date

中华人民共和国商务部监制（2007）

补充习题及实训

扫描二维码做更多练习，巩固本章所学知识。

第二章

报关与海关

【学习目标】

知识目标：了解报关单位的类型、报关单位的备案登记程序及海关对报关单位、报关人员的备案管理；清楚海关对报关单位的信用管理方式；熟知海关的性质、任务、权力。

技能目标：能办理报关单位备案，能熟练解读海关对报关单位的信用管理。

素养目标：具有基本职业能力、职业道德操守及较强的法治意识；全面了解和掌握海关监管货物管制要求。

【引　例】

海关深化"证照分离"改革

2021 年 6 月 3 日，国务院发布了《国务院关于深化"证照分离"改革　进一步激发市场主体发展活力的通知》（国发〔2021〕7 号）。为贯彻落实国务院的通知精神，海关总署对海关涉企经营许可事项在全国范围内推行"证照分离"改革全覆盖，在全国范围内对"报关企业注册登记"实施备案管理，企业完成备案手续即可开展相关经营活动，报关企业准入已全面放开。

思考讨论：

1．为什么国家要对报关单位进行备案管理？

2．报关人员在进出境货物以及物品的检验检疫和通关中起什么作用？

3．作为国门卫士的海关具有哪些权力？海关对哪些货物会加强监管？

《海关法》第八条规定："进出境运输工具、货物、物品，必须通过设立海关的地点进境或者出境。在特殊情况下，需要经过未设立海关的地点临时进境或者出境的，必须经国务院或者国务院授权的机关批准，并依照本法规定办理海关手续。"

报关是进出境运输工具负责人、进出口货物的收发货人、进出境物品的所有人或者他们的代理人向海关办理运输工具、货物、物品进出境手续及相关海关事务的过程。

报检是当事人根据法律、行政法规的规定，对外贸易合同的约定或证明履约的需要，向海关申请检验、检疫、鉴定，以获得检验检疫单证的过程。

第一节　报关单位与报关人员

在国际贸易和国际交往中，通过设立海关的地点进出境并依法办理通关手续是国际通行规则，也是进出境运输工具负责人、进出口货物收发货人和进出境物品的所有人应尽的义务。

由于进出境货物的通关手续需要由熟悉国际贸易业务、精通海关法律法规和海关业务制度流程的专业人员办理，在社会实践过程中，逐渐出现了专门办理通关手续的专业技能服务人员。因此，报关是与进出境运输工具、货物和物品的进出境密切相关的职业服务行为。

知识链接

货物、物品

日常生活中人们对货物和物品的称呼似乎并没有太大的差别，但在海关通关管理中，它们是不同的。

货物通常是对企事业单位而言的，一般数量较大，按照贸易合同经营，具有营利的目的。

物品更多是针对个人而言的，其进出境一般具有自用性，不以营利为目的，其数量在合理范围内。

一、报关单位

（一）报关单位的定义

报关单位是指依法在海关备案的报关企业和进出口货物收发货人。报关单位可以在中华人民共和国关境内办理报关业务，并对其所属报关人员的报关行为承担相应的法律责任。

1. 报关企业

报关企业（代理报关、报检单位）是指按照规定经海关准予备案登记，接受进出口货物收发货人的委托，以委托人的名义或者以自己的名义向海关办理代理通关业务，从事通关服务的中华人民共和国关境内的企业法人。

实战操作
电子版报关委托
协议签约操作步骤

报关企业的代理报关、报检活动可采用以其委托人的名义（直接代理）或以报关企业自己的名义（间接代理）两种不同的形式。报关企业不同代理方式所承担的法律责任参见表2.1。

表 2.1　报关企业不同代理方式所承担的法律责任

代理方式	定义	报关企业与委托人之间的关系
直接代理	报关企业以委托人的名义办理报关、报检手续，属于委托代理行为	代理人与被代理人（或称委托人）的关系，代理权的取得、行使和效力是基于委托人授权的
	注：除委托人应遵守海关的各项规定外，报关企业在行使代理权时，也应当遵守海关对其委托人的各项规定	
间接代理	报关企业接受其委托人的委托，以报关企业自己的名义办理报关、报检手续	海关视同报关企业自己报关、报检，其法律后果将直接由报关企业承担

2. 进出口货物收发货人

进出口货物收发货人（自理报关、报检单位）是指依法直接进口或出口货物的中华人民共和国关境内的法人、其他组织或者个人。进出口货物收发货人自行办理报关、报检手续称为自理报关、报检。进出口货物收发货人只能办理本单位进出口货物的报关、报检业务，不能代理其他单位进出口货物的报关、报检业务。

知识链接

报关与通关

报关与通关既密切联系，又有明显的区别。通关是指进出境运输工具负责人、进出口货物收发货人、进出境物品的所有人或者他们的代理人向海关办理报关对象进出境手续，以及海关依法对其进行监督管理，核准其进出境的管理过程。两者的相同之处在于都是针对运输工具、货物、物品的进出境而言的，不同之处表现在两者的考察角度和活动内容不同。

考察角度：报关是从海关管理相对人角度来考察的，通关是从报关管理者角度来考察的。

活动内容：报关只限于海关管理相对人向海关办理报关对象的进出境手续；通关不仅包括海关管理相对人向海关办理进出境及相关手续，还包括海关对出入境运输工具、货物、物品依法进行监督管理，核准其进出境的管理过程。

（二）报关单位备案登记

《海关法》第十一条规定："进出口货物收发货人、报关企业办理报关手续，应当依法向海关备案。报关企业和报关人员不得非法代理他人报关。"报关企业申请备案的，应当取得市场主体资格。进出口货物收发货人、报关企业已办理报关单位备案的，其符合条件的分支机构也可以申请报关单位备案。《海关法》第八十八条规定："未向海关备案从事报关业务的，海关可以处以罚款。"

1. 报关单位备案登记办理

申请备案的报关单位应取得市场主体资格。报关单位申请备案时，应当向海关提交报关单位备案信息表（见示例 2.1）。

经审核，备案材料齐全，符合报关单位备案要求的，海关会在 3 个工作日内予以备案。备案信息可通过"中国海关企业进出口信用信息公示平台"查询。若报关单位要求提供纸质备案证明，可由所在地海关开具纸质备案证明。

注意： 报关单位备案长期有效。同一家企业可以同时备案为进出口货物收发货人和报关企业。原自理报检单位备案并入进出口货物收发货人备案，原代理报检企业备案并入报关企业备案。

2. 从事非贸易性进出口业务单位的临时备案登记办理

下列单位按照国家有关规定需要从事非贸易性进出口活动的，应当办理临时备案：①境外企业、新闻、经贸机构、文化团体等依法在中国境内设立的常驻代表机构；②少量货样进出境的单位；③国家机关、学校、科研院所、红十字会、基金会等组织机构；④接受捐赠、礼品、国际援助或者对外实施捐赠、国际援助的单位；⑤其他可以从事非贸易性进出口活动的单位。

示例2.1

<table>
<tr><td colspan="5" align="center">报关单位备案信息表</td></tr>
<tr><td>统一社会信用代码</td><td colspan="2"></td><td>填表/打印日期</td><td></td></tr>
<tr><td>申请类型</td><td colspan="4">☐ 备案　　　　　☐ 备案信息变更　　　　　☐ 注销</td></tr>
<tr><td>申请报关单位类型</td><td colspan="4">☐ 进出口货物收发货人　　☐ 报关企业　　☐ 临时备案单位
☐ 进出口货物收发货人分支机构　　☐ 报关企业分支机构</td></tr>
<tr><td>行政区划</td><td>所在地海关</td><td></td><td>统计经济区域</td><td></td></tr>
<tr><td>中文名称</td><td colspan="4"></td></tr>
<tr><td>英文名称</td><td colspan="4"></td></tr>
<tr><td>住所（主要经营场所）</td><td colspan="2"></td><td>邮政编码</td><td></td></tr>
<tr><td>英文地址</td><td colspan="4"></td></tr>
<tr><td>组织机构类型</td><td>市场主体类型</td><td></td><td>行业种类</td><td></td></tr>
<tr><td>联系人</td><td>固定电话</td><td></td><td>移动电话</td><td></td></tr>
<tr><td>电子邮箱</td><td>传真</td><td></td><td>网址</td><td></td></tr>
<tr><td>所属单位代码</td><td colspan="2"></td><td>所属单位名称</td><td></td></tr>
<tr><td>经营范围</td><td colspan="4"></td></tr>
</table>

<table>
<tr><td colspan="6" align="center">管理人员信息</td></tr>
<tr><td></td><td>姓名</td><td>证件类型</td><td>证件号码</td><td>国籍</td><td>移动电话</td></tr>
<tr><td>法定代表人（负责人）</td><td></td><td></td><td></td><td></td><td></td></tr>
<tr><td>财务负责人</td><td></td><td></td><td></td><td></td><td></td></tr>
<tr><td>关务负责人</td><td></td><td></td><td></td><td></td><td></td></tr>
</table>

<table>
<tr><td colspan="5" align="center">出资者信息</td></tr>
<tr><td>序号</td><td>出资者名称（姓名）</td><td>国籍</td><td>出资币制</td><td>出资金额</td></tr>
<tr><td>1</td><td></td><td></td><td></td><td></td></tr>
<tr><td>2</td><td></td><td></td><td></td><td></td></tr>
<tr><td>3</td><td></td><td></td><td></td><td></td></tr>
</table>

<table>
<tr><td colspan="6" align="center">所属报关人员信息</td></tr>
<tr><td>序号</td><td>姓名</td><td>证件类型</td><td>证件号码</td><td>移动电话</td><td>申请办理类型</td></tr>
<tr><td>1</td><td></td><td></td><td></td><td></td><td>☐ 到岗　☐ 变更　☐ 离岗</td></tr>
<tr><td>2</td><td></td><td></td><td></td><td></td><td>☐ 到岗　☐ 变更　☐ 离岗</td></tr>
<tr><td>3</td><td></td><td></td><td></td><td></td><td>☐ 到岗　☐ 变更　☐ 离岗</td></tr>
<tr><td>4</td><td></td><td></td><td></td><td></td><td>☐ 到岗　☐ 变更　☐ 离岗</td></tr>
<tr><td>5</td><td></td><td></td><td></td><td></td><td>☐ 到岗　☐ 变更　☐ 离岗</td></tr>
<tr><td>6</td><td></td><td></td><td></td><td></td><td>☐ 到岗　☐ 变更　☐ 离岗</td></tr>
<tr><td>7</td><td></td><td></td><td></td><td></td><td>☐ 到岗　☐ 变更　☐ 离岗</td></tr>
<tr><td>8</td><td></td><td></td><td></td><td></td><td>☐ 到岗　☐ 变更　☐ 离岗</td></tr>
<tr><td>9</td><td></td><td></td><td></td><td></td><td>☐ 到岗　☐ 变更　☐ 离岗</td></tr>
<tr><td>10</td><td></td><td></td><td></td><td></td><td>☐ 到岗　☐ 变更　☐ 离岗</td></tr>
</table>

本单位承诺对本表所填报备案信息的真实性、有效性负责并承担相应的法律责任。

（单位印章）

年　月　日

办理临时备案的，应当向所在地海关提交报关单位备案信息表，并随附主体资格证明材料、非贸易性进出口活动证明材料。临时备案有效期为 1 年，届满后可以重新申请备案。

3. 报关单位备案的变更与注销

报关单位名称、市场主体类型、住所（主要经营场所）、法定代表人（负责人）、报关人员等报关单位备案信息表载明的信息发生变更的，报关单位应当自变更之日起 30 日内向所在地海关申请变更。报关单位因迁址或者其他原因造成所在地海关发生变更的，应向变更后的海关申请变更。

报关单位有下列情形之一的，应当向所在地海关办理备案注销手续：①因解散、被宣告破产或者其他法定事由终止的；②被市场监督管理部门注销或者撤销登记、吊销营业执照的；③进出口货物收发货人对外贸易经营者备案失效的；④临时备案单位丧失主体资格的；⑤其他依法应当注销的情形。报关单位已在海关备案注销的，其所属分支机构应当办理备案注销手续。报关单位未按照①②规定办理备案注销手续的，海关发现后将依法注销。报关单位备案注销前，应当办结海关有关手续。

4. 海关对报关单位备案的管理

报关单位有下列情形之一的，海关责令其改正，拒不改正的，海关可以处 1 万元以下罚款：①报关单位名称、市场主体类型、住所（主要经营场所）、法定代表人（负责人）、报关人员等发生变更，未按照规定向海关办理变更的；②向海关提交的备案信息隐瞒真实情况、弄虚作假的；③拒不配合海关监督和实地检查的。

报关单位应在每年 6 月 30 日前向海关提交报关单位注册信息年度报告（在中国电子口岸网站完成填报），逾期未提交年报的可能会影响通关。

职场训练 2.1

大学毕业的王美丽应聘到一家专门从事普洱茶出口的昆明茶花进出口公司从事报关工作。请问昆明茶花进出口公司首次报关应办理哪些手续？王美丽应如何取得报关人员资格？

（三）报关单位的信用管理

海关根据企业信用状况将报关单位认定为高级认证企业、失信企业和其他企业，对高级认证企业实施便利的管理措施，对失信企业实施严格的管理措施，对除高级认证企业和失信企业之外的其他企业实施常规的管理措施。

1. 高级认证企业的认定

高级认证企业应当同时符合通用标准和相应的单项标准。通用标准包括内部控制、财务状况、守法规范以及贸易安全等内容。单项标准是海关针对不同企业类型和经营范围制定的认证标准。海关对高级认证企业每 5 年复核一次。企业信用状况发生异常情况的，海关可以不定期开展复核。经复核不再符合高级认证企业标准的，海关将制发未通过复核决定书，并收回高级认证企业证书[格式参见示例 2.2，其中 "AEO" 是指 "经认证的经营者"，为世界海关组织（WCO）提出的定义]。

示例 2.2

证 书 编 号：

CERTIFICATE NO. （AEO 标识）

高级认证企业证书
AEO CERTIFICATE

高级认证企业中文名称

AEO CHINESE NAME _____

高级认证企业英文名称

AEO ENGLISH NAME _____

高级认证企业编码

AEO CODE _____

统一社会信用代码

UNIFORM SOCIAL CREDIT CODE _____

发证机关（盖章）

ISSUING AUTHORITY

发证日期

DATE OF ISSUE

企业有下列情形之一的，1 年内不得提出高级认证企业认证申请：①未通过高级认证企业认证或者复核的；②放弃高级认证企业管理的；③撤回高级认证企业认证申请的；④高级认证企业被海关下调信用等级的；⑤失信企业被海关上调信用等级的。

2. 失信企业的认定

企业有下列情形之一的，将被认定为失信企业：①被海关侦查走私犯罪公安机构立案侦查并由司法机关依法追究刑事责任的。②构成走私行为被海关行政处罚的。③非报关企业 1 年内违反海关的监管规定被海关行政处罚的次数超过上年度报关单、进出境备案清单、进出境运输工具舱单等单证（以下简称"相关单证"）总票数千分之一且被海关行政处罚金额累计超过 100 万元的（海关总署公告 2023 年第 170 号《关于失信企业认定标准相关事项的公告》明确规定，自 2023 年 12 月 1 日起至 2025 年 12 月 31 日期间，非报关企业因非主观故意，造成的 1 年内违反海关监管规定被海关行政处罚的行为，不列入海关认定失信企业信用状况的记录）；报关企业 1 年内违反海关的监管规定被海关行政处罚的次数超过上年度相关单证总票数万分之五且被海关行政处罚金额累计超过 30 万元的；上年度相关单证票数无法计算的，1 年内因违反海关的监管规定被海关行政处罚，非报关企业处罚金额累计超过 100 万元、报关企业处罚金额累计超过 30 万元的。④自缴纳期限届满之日起超过 3 个月仍未缴纳税款的。⑤自缴纳期限届满之日起超过 6 个月仍未缴纳罚款、没收的违法所得和追缴的走私货物、物品等值价款，并且超过 1 万元的。⑥抗拒、阻碍海关工作人员依法执行职务，被依法处罚的。⑦向海关工作人员行贿，被处以罚款或者被依法追究刑事责任的。⑧法律、行政法规、海关规章规定的其他情形。

3. 海关对报关单位的管理措施

高级认证企业适用下列管理措施：①进出口货物平均查验率低于实施常规管理措施企业平均查验率的 20%，法律、行政法规或者海关总署有特殊规定的除外；②出口货物原产地调查平均抽查比例在企业平均抽查比例的 20% 以下，法律、行政法规或者海关总署有特殊规定的除外；③优先办理进出口货物通关手续及相关业务手续；④优先向其他国家（地区）推荐农产品、食品等出口企业的注册；⑤可以向海关申请免除担保；⑥减少对企业稽查、核查频次；⑦可以在出口货物运抵海关监管区之前向海关申报；⑧海关为企业设立协调员；⑨AEO 互认国家或者地区海关通关便利措施；⑩国家有关部门实施的守信联合激励措施；⑪因不可抗力中断国际贸易恢复后优先通关；⑫海关总署规定的其他管理措施。

失信企业适用下列管理措施：①进出口货物查验率在 80% 以上；②经营加工贸易业务的，全额提供担保；③增加对企业稽查、核查频次；④海关总署规定的其他管理措施。

海关规定：未列入严重失信主体名单的企业纠正失信行为、消除不良影响，并且符合相关条件的，可以向海关申请信用修复。失信企业提出修复申请的条件如下：①因构成走私行为被海关行政处罚，以及抗拒、阻碍海关工作人员依法执行职务，被依法处罚而被认定为失信企业的，应适用失信企业管理满 1 年；②因违反海关的监管规定被行政处罚而被认定为失信企业的，应适用失信企业管理满 6 个月；③因超期限仍未缴纳税款或相关罚没款而被认定为失信企业的，应适用失信企业管理满 3 个月。

注意： 办理同一海关业务涉及的企业信用等级不一致，导致适用的管理措施相抵触的，海关按照较低信用等级企业适用的管理措施实施管理。

职场训练 2.2

请将进出口货物收发货人与报关企业的差异填入表 2.2 的空白处。

表 2.2　进出口货物收发货人与报关企业的差异

项　　目	进出口货物收发货人	报关企业
主营业务		
报关范围		
经营审批		
报关备案登记许可		
报关备案登记		

二、报关人员

报关人员是具有报关、报检专业知识，专门向社会提供报关与报检服务的从业人员。

报关人员必须受雇于某个企业。由于只有获得对外贸易经营权的企业和报关企业才可以向海关办理报关、报检手续，因此，报关人员只能受雇于一个有对外贸易经营权的企业或者报关企业，并代表该企业办理报关、报检手续。

报关人员备案信息作为报关单位备案信息的一部分纳入报关单位备案信息表进行登记。需要注意的是，只有在海关办理了备案登记的报关单位的报关人员才能办理本单位与报关、报检相关的业务。

（一）报关人员的权利

报关人员有以下几项权利。

1. 报关、报检权

作为从事报关、报检业务的专门人员，报关人员有权以所属报关单位的名义执业，办理报关、报检业务。报关人员可以办理的业务如下。

（1）如实申报进出口货物的商品编码、商品名称、规格型号、实际成交价格、原产地及相应优惠贸易协定代码等检验检疫申请、报关单有关项目，并办理填制检验检疫申请、报关单，提交检验检疫申请、报关单等与申报有关的事项。

（2）申请办理缴纳税费和退税、补税事宜。

（3）申请办理加工贸易合同备案（变更）、深加工结转、外发加工、内销、放弃核准、余料结转、核销及关税监管等事宜。

（4）申请办理进出口货物减税、免税等事宜。

（5）协助海关办理进出口货物的卫生检验检疫、查验、结关。

2. 监督权

报关人员有权对违反国家规定、逃避海关监管的行为进行举报，有权对海关及其工作人员的违法、违纪行为进行控告、检举。

3. 查询权

报关人员有权向海关查询其办理的报关、报检业务情况。

（二）报关人员的义务

1. 依法报关、报检

报关人员应当遵守与海关有关的法律法规，依法办理报关、报检业务。

2. 合理审查

报关人员应当熟悉所申报货物的基本情况，对申报内容和有关材料的真实性、完整性进行审查，提供齐全、正确、有效的单证，准确、清楚地填制进（出）口货物检验检疫申请和进（出）口货物报关单。

3. 配合执法

报关人员应配合海关为实施检验检疫而进行的现场验（查）货、抽（采）样及检验检疫处理等事宜。海关查验进出口货物时，报关人员应按时到场，负责搬移货物、开拆和重封货物的包装；配合海关对走私违规案件的调查；协助海关落实对报关单位管理的具体措施。此外，还应对经海关放行的进出口货物加强批次管理，不得错发、漏发致使货证不符。

思考与讨论

作为报关人员，应掌握和具备哪些知识与技能？

4. 协助工作

报关人员需配合本企业办理进出境检疫物的检验检疫审批，配合检验检疫进程，了解检验检疫结果，适时做好除害处理，领取相关检验检疫证书；完整保存各种原始检验检疫申请、报关单证、票据、函电等资料；协助报关单位办理货物进出口通关事宜。

职场训练2.3

在上海海关备案登记并取得报关权的上海天凡进出口公司与美国某公司签订了进口 1 000 吨玉米的合同，贸易条件为 CIF SHANGHAI。但运输船只由于遭遇台风，偏离航线而被迫停靠厦门。考虑到停靠厦门再运往上海会耽搁很长的时间，上海天凡进出口公司与美国某公司商定在厦门交货并通知运输公司卸货，请厦门当地报关人员张丽立即为这批货物报关时却遭到厦门海关的拒绝。请问这是为什么？应如何解决？

第二节　海关与海关监管货物

一、海关的性质和任务

（一）海关的性质

《海关法》第二条规定：中华人民共和国海关是国家的进出关境监督管理机关。这一规定明确了海关的性质，其包括以下三层含义。

（1）海关是国家行政机关。海关是国家行政机关之一，从属于国家行政体制，是我国最高国家行政机关——国务院的直属机构。海关对内对外代表国家行使行政管理权。

（2）海关是国家行政监督管理机关。海关依照有关法律、行政法规并通过法律赋予的权力，制定具体的行政规章和行政措施，对特定领域的活动开展行政监督管理，以保证其遵守国家的法律规范。海关实施监督管理的范围是进出关境及与之有关的活动，海关监督管理的对象是所有进出境的运输工具、货物、物品。我国《海关法》所指的关境范围是除享有单独关境地位的地区以外的中华人民共和国全部领土，包括领陆、领空和领水，是立体的空间。台澎金马（台湾、澎湖、金门、马祖）、香港、澳门为我国的单独关税区。

（3）海关的监督管理是国家行政执法活动。海关通过法律赋予的权力，对特定范围内的社会经济活动进行监督管理，并对违法行为依法实施行政处罚，以保证这些社会经济活动符合国家有关的法律法规要求。

知识链接

关境与国境

国境是一个国家行使主权的领土范围。关境是指同一海关法规和关税制度可以全面实施的境域，即国家（地区）行使海关主权的执法空间。

一般情况下，一国的关境与其国境的范围是一致的，关境等同于国境。但在某些特殊情况下，关境与国境不一致：①关境大于国境，如在缔结关税同盟的国家之间，相互不征收进出境货物的关税，此时关境包括几个缔约国的领土，关境大于其缔约国各自的国境；②关境小于国境，这种情况多由历史或地理原因形成，如在设有自由区、自由港、保税区的国家，这些自由港、自由区及保税区不属于该国的关境范围，此时关境小于国境；③单独关境，是指一国与毗邻国家之间共同拥有的而又独自对外的关境区域，或在一国领土范围内，在一定条件下实行独自对外的海关法规和关税制度的关境区域，亦称单独关税区。

中国香港是《关税及贸易总协定》的成员之一。

（二）海关的任务

《海关法》第二条规定："海关依照本法和其他有关法律、行政法规，监管进出境的运输工具、货物、行李物品、邮递物品和其他物品（以下简称进出境运输工具、货物、物品），征收关税和其他税、费，查缉走私，并编制海关统计和办理其他海关业务。"

1. 监管

监管是海关最重要的任务，是指海关在规定的时间期限和特定的范围内，依法对进出关境的货物、物品和运输工具所实施的行政执法活动。

我国海关对进出境货物的监管实行稽查制度。稽查制度是在进出口货物放行之后的规定时间内，海关对进出口企业的会计账簿、会计凭证、报关单证以及其他有关资料和有关进出口货物进行核查，监督企业进出口活动的真实性和合法性的一项监管制度。

2. 征税

征税既包括征收关税，也包括征收其他税、费。征收关税是指对贸易性货物征收进出口关税以及对非贸易性的行李、邮递物品征收进出口关税。其他税、费是指海关代国家税务总局征收的进出口环节增值税、消费税以及代交通运输部征收的船舶吨税。海关通过执行国家制定的关税政策，对进出口货物征收关税，征税是执行国家对外贸易管制的重要辅助手段。

3. 查缉走私

查缉走私简称缉私。缉私是监管、征税两项基本工作的延伸。当进出境活动的当事人出现逃避监管和偷漏关税的行为时，海关必须开展打击走私犯罪活动，以确保前两项工作的有效进行。

走私指进出境活动的当事人有意逃避海关监管，违反《海关法》的行为。它以逃避监管、偷逃关税、牟取暴利为目的。走私会扰乱经济秩序，对国家的危害极大，必须予以严厉打击。

🔔警钟长鸣

利用跨境客车改装暗格夹藏 CPU 780 个进境案

（海关发布公众号 2023 年 8 月 15 日消息） 拱北海关所属港珠澳大桥海关的海关关员对一辆进境粤澳两地牌跨境客车机检时，在该车车头发动机上方改装的暗格内查获大量全新中央处理器（CPU），共计780 个，初步估算价值过百万元。目前，该案已按规定做进一步处置。

提醒： 以藏匿、伪装、瞒报或其他方式逃避海关监管，运输、携带、邮寄国家禁止或限制进出境的货物、物品或者依法应当缴纳税款的货物、物品进出境的，属走私行为，情节严重构成犯罪的，将被依法追究刑事责任。另据相关规定，专门用于走私的运输工具，两年内三次以上用于走私的，应当予以没收。

查缉走私是海关依照法律赋予的权力，在监管场所和设关地附近的沿海沿边规定地区，为发现、制止、打击、综合治理走私活动而进行的一种管理活动，是海关为保证完成监管和征税等任务而采取的保障措施。

📚 知识链接

走私行为与走私罪

进出境活动的当事人违反《海关法》及有关法律、行政法规，逃避海关监管，偷逃应纳税款，逃避国家有关进出境的禁止性或者限制性管理，有下列情形之一的，是走私行为：运输、携带、邮寄国家禁止或者限制进出境的货物、物品或者依法应当缴纳税款的货物、物品进出境的；未经海关许可并未缴纳应纳税款、交验有关许可证件，擅自将保税货物、特定减免税货物以及其他海关监管货物、物品、进境的境外运输工具，在境内销售的；有逃避海关监管，构成走私的其他行为的。走私行为尚不构成犯罪行为。

走私罪是指单位或个人违反海关法律法规，逃避海关监管，运输、携带、邮寄国家禁止进出口的货物、物品或者依法应当向国家缴纳税款的货物、物品进出境，数额较大、情节严重的犯罪行为。与一般的走私行为相比，走私罪必须是情节严重，走私物品的性质、方式及偷逃税额构成《刑法》所规定的犯罪行为。走私罪的主体包括自然人和法人。

4. 编制海关统计

编制海关统计是指海关依法对进出口货物贸易进行统计。凡能引起我国境内物质资源储备增加或减少的进出口货物，均列入海关统计，进出境物品超出自用合理数量的列入海关统计。部分不列入海关统计的货物和物品，根据我国对外贸易管理和海关管理的需要，实施单项统计。

📚 知识链接

不列入海关统计的货物、物品

不列入海关统计的货物：①过境、转运和通运货物；②暂时进出口货物；③用于国际收支手段的货币及货币用黄金；④租赁期在1年以下的租赁进出口货物；⑤因残损、短少、品质不良或者规格不符而免费补偿或者更换的进出口货物；⑥退运货物；⑦无商业价值的货样及广告品；⑧海关特殊监管区域之间、保税监管场所之间以及海关特殊监管区域和保税监管场所之间转移的货物；⑨其他以有形实物方式进出境的服务贸易项下的货物；⑩海关总署规定的不列入海关统计的其他货物。

不列入海关统计的物品：①检测、修理物品；②打捞物品；③进出境旅客的自用物品（汽车除外）；④我国驻外国和外国驻我国使领馆进出境的公务物品以及使领馆人员的自用物品；⑤其他不列入海关统计的物品。

二、海关的权力

国家赋予海关的权力包括行政许可权、税费征收权、进出境监管权、行政强制权、行政处罚权、走私犯罪侦查权、佩带和使用武器权、其他行政管理权。

1. 行政许可权

海关行政许可是指海关依据有关法律法规的规定，经国务院批准，对公民、法人或者其他组织的申请，经依法审查准予其从事与海关进出境监督管理相关的特定活动的权利。截至本书出版，海关行政许可事项参见表2.3。

表2.3　海关行政许可事项

序号	事项名称	实施机关
1	保税仓库的设立审批	直属海关（由所在地主管海关受理）
2	出口监管仓库设立审批	直属海关（由所在地主管海关受理）
3	保税物流中心设立审批	海关总署会同财政部、国家税务总局、国家外汇管理局（由直属海关受理）；直属海关（由所在地主管海关受理）
4	免税店经营许可	海关总署

续表

序号	事项名称	实施机关
5	海关监管货物仓储企业注册	直属海关或者隶属海关
6	过境动物、进境特定动植物及其产品检疫审批	海关总署或者其授权的直属海关
7	出境特定动植物及其产品和其他检疫物的生产、加工、存放单位注册登记	直属海关
8	进出境动植物检疫除害处理单位核准	直属海关
9	特殊物品出入境卫生检疫审批	直属海关
10	国际口岸卫生许可	直属海关或者隶属海关

2. 税费征收权

税费征收权是指海关依法对进出境货物、物品和运输工具征收关税及其他税、费的职权。根据法律、行政法规及有关规定，海关对特定地区、特定企业或有特定用途的进出口货物减征或免征关税，以及对经海关放行后的有关进出口货物、物品发现少征或漏征税款的，依法补征、追征税款。

3. 进出境监管权

进出境监管权是海关所具有的对货物、物品、运输工具的进出境活动实施监督管理的职权。进出境监管权构成及实施规定参见表 2.4。

表 2.4　进出境监管权构成及实施规定

进出境监管权构成	实施规定
检查权	除法律另有规定外，海关有权在海关监管区内检查进出境运输工具；在海关监管区和海关设关附近沿海沿边规定地区，检查有走私嫌疑的运输工具和有藏匿走私货物、物品的场所，检查走私嫌疑人的身体，检查与进出口活动有关的生产经营情况和货物
查验权	海关有权查验进出境货物、物品。海关查验货物认为必要时，可以径行提取货样
查阅、复制权	海关有权查阅进出境人员的证件，查阅、复制与进出境运输工具、货物、物品有关的合同、发票、账册、单据、记录、文件、业务函电、录音录像制品和其他有关资料
查问权	海关有权查问违反《海关法》或相关法律法规的嫌疑人，调查其违法行为
查询权	海关有权查询案件涉嫌单位和涉嫌人员在金融机构、邮政企业的存款、汇款
稽查权	自进出口货物放行之日起 3 年内或者在保税货物、减免税进口货物的海关监管期限内及其后的 3 年内，海关有权对与进出口货物直接有关的企业、单位的会计账簿、会计凭证、报关单证以及其他有关资料和有关进出口货物实施稽查，监督其进出口活动的真实性和合法性
扣留权	对违反《海关法》或者其他有关法律、行政法规的进出境运输工具、货物和物品以及与之有关的合同、发票、账册、单据、记录、文件、业务函电、录音录像制品和其他资料，海关有权扣留；在海关监管区和海关附近沿海沿边规定地区对有走私嫌疑的运输工具、货物、物品和走私犯罪嫌疑人，经直属海关关长或者其授权的隶属海关关长批准，可以扣留；在海关监管区和海关附近沿海沿边规定地区以外，对其中有证据证明有走私嫌疑的运输工具、货物、物品，可以扣留。海关对查获的走私罪嫌疑案件，应扣留走私犯罪嫌疑人，移送走私犯罪侦查机构

知识链接

海关行使检查权的授权限制参见表 2.5，表中的授权限制只包括一般性授权和一事一授权。"两区"是指海关监管区和海关设关附近沿海沿边规定地区。

表 2.5 海关行使检查权的授权限制

实施对象	区域	授权限制
进出境运输工具	"两区"内	海关有关部门可直接行使检查权
	"两区"外	
有走私嫌疑的运输工具	"两区"内	海关有关部门可直接行使检查权
	"两区"外	须经直属海关关长或者其授权的隶属海关关长批准
有藏匿走私货物、物品嫌疑的场所	"两区"内	海关有关部门可直接行使检查权
	"两区"外	须经直属海关关长或者其授权的隶属海关关长批准；当事人在场，当事人不在场须有见证人在场；不能对公民住所实施检查
走私嫌疑人	"两区"内	海关有关部门可直接行使检查权
	"两区"外	无授权，不能行使检查权

4. 行政强制权

海关行政强制权是《海关法》及相关法律、行政法规得以贯彻实施的重要保障。海关行政强制权构成及实施规定参见表 2.6。

表 2.6 海关行政强制权构成及实施规定

行政强制权构成	实施规定
滞报、滞纳金征收权	对超期未报关的货物征收滞报金，对于逾期缴纳进出口税费的货物征收滞纳金
提取货样、施加封志权	根据《海关法》的规定，海关查验货物认为必要时，可以径用提取货样；海关对有违反《海关法》或其他法律、行政法规嫌疑的进出境货物、物品、运输工具，以及所有未办结海关手续、处于海关监管状态的进出境货物、物品、运输工具，有权施加封志，任何单位或个人不得损毁封志或擅自提取、转移、动用在封的货物、物品、运输工具
提取货物变卖、先行变卖权	进口货物超过 3 个月未向海关申报，海关可以依法提取、变卖处理；进口货物收货人或其所有人声明放弃的货物，海关依法有权提取、变卖处理；海关依法扣留的货物、物品不宜长期保留的，经直属海关关长或其授权的隶属海关关长批准，可以依法先行变卖等
强制扣缴和变价抵缴关税权	进出口货物的纳税义务人、担保人超过规定期限未缴纳税款的，经直属海关关长或者其授权的隶属海关关长批准，海关可以书面通知其开户银行或者其他金融机构从其存款账户内扣缴税款；海关可以将应税货物依法变卖，以变卖所得抵缴税款；海关可以扣留并依法变卖其价值相当于应纳税款的货物或者其他财产，以变卖所得抵缴税款
税收保全权	海关依法责令进出口货物纳税义务人提供纳税担保，而纳税义务人不能提供纳税担保的，经直属海关关长或者其授权的隶属海关关长批准，海关可以书面通知纳税义务人开户银行或者其他金融机构暂停支付纳税义务人相当于应纳税款的存款，扣留纳税义务人价值相当于应纳税款的货物或者其他财产
抵缴、变价抵缴罚款权	《海关法》规定，当事人逾期不履行海关处罚决定又不申请复议或者向人民法院提起诉讼的，海关可以将其保证金抵缴，或者将其被扣留的货物、物品、运输工具依法变价抵缴
连续追缉权	进出境运输工具或者个人违抗海关监管逃逸的，海关可以连续追至海关监管区和海关附近沿海沿边规定地区以外，将其带回处理。这里所称的逃逸，既包括进出境运输工具或者个人违抗海关监管，自海关监管区和海关附近沿海沿边规定地区向内（陆地）一侧逃逸，也包括向外（海域）一侧逃逸
其他特殊行政强制权	1. 处罚担保。根据《海关法》及有关行政法规的规定，海关可依法扣留有走私嫌疑的货物、物品、运输工具，如果无法或不便扣留的，或者有违法嫌疑但依法不应予以没收的货物、物品、运输工具，当事人申请先予放行或解除扣留的，海关可要求当事人或者运输工具负责人提供等值担保，未提供等值担保的，海关可以扣留当事人等值的其他财产；受海关处罚的当事人在离境前未缴纳罚款或未缴清依法被没收的违法所得和依法被追缴的货物、物品、走私运输工具的等值价款的，应当提供相当于上述款项的担保。 2. 税收担保。根据《海关法》的规定，进出口货物的纳税义务人在规定的缴纳期限内有明显转移、藏匿其应税货物以及其他财产迹象的，海关可以责令纳税义务人提供担保；纳税义务人不能提供担保的，海关依法采取税收保全措施。 3. 其他海关事务担保。在确定货物的商品归类、估价和提供有效报关单证或者办结其他海关手续之前，收发货人要求放行货物的，必须提供与其依法应履行的法律义务相适应的担保

5. 行政处罚权

海关有权对尚未构成走私罪的违法当事人处以行政处罚，包括对走私货物、物品及违法所得处以没收，对有走私行为和违反海关监管规定行为的当事人处以罚款，对有违法行为的报关单位和报关人员处以警告以及处以暂停或取消报关资格的处罚，等等。

6. 走私犯罪侦查权

海关缉私部门有权侦查有走私犯罪嫌疑的人员、货物、物品和行为。走私犯罪侦查权构成及实施规定参见表 2.7。

表 2.7　走私犯罪侦查权构成及实施规定

走私犯罪侦查权构成	实施规定
侦查权	侦查有走私犯罪嫌疑的人员、货物、物品和行为
拘留权	对有走私犯罪嫌疑的人员予以拘留，进行审查
执行逮捕权	对经确认有重大走私犯罪嫌疑的当事人执行逮捕，以进一步审查其行为
预审权	对走私犯罪嫌疑人进行初步审讯，确定有关犯罪事实与证据，为移送检察机关提起诉讼做准备

7. 佩带和使用武器权

海关为履行职责，可以配备武器。海关工作人员佩带和使用武器的规定，由海关总署会同公安部制定，报国务院批准。武器和警械的使用范围为执行缉私任务时；使用对象为走私分子和走私嫌疑人；使用条件必须是在不能制服被追缉逃跑的走私团体或遭遇武装掩护走私，不能制止以暴力劫夺查扣的走私货物、物品和其他物品，以及以暴力抗拒检查、抢夺武器和警械、威胁海关工作人员生命安全非开枪不能自卫时。

8. 其他行政管理权

海关拥有的其他行政管理权参见表 2.8。

表 2.8　海关拥有的其他行政管理权

构成	实施范围
行政裁定权	包括对对外贸易经营者的申请审查，对进出口商品的归类、进出口货物原产地的确定、禁止进出口措施和许可证件的适用等海关事务的行政裁定的权力
行政命令权	如对违反海关有关法律规定的企业责令限期改正、责令货物退运等
行政奖励权	包括对举报或者协助海关查获违反《海关法》案件的有功单位和个人给予精神或者物质奖励的权力
知识产权保护权	海关依照法律、行政法规的规定，有权对进出境货物有关的知识产权实施保护

职场训练2.4

试说出下面案例中海关相应的权力。

天津高依公司从比利时进口了钼矿砂 100 吨，这批货物从天津口岸进境后办转关大连手续至大连加工厂做进料加工。

（1）天津至大连的转关运输：＿＿＿＿＿＿＿＿＿＿＿＿＿＿＿＿＿＿＿＿＿＿＿＿＿

（2）天津高依公司委托大连报关行办理进口报关业务：＿＿＿＿＿＿＿＿＿＿＿＿＿＿＿

（3）转关延误，海关征收滞报金：＿＿＿＿＿＿＿＿＿＿＿＿＿＿＿＿＿＿＿＿＿＿＿

（4）海关布控查验货物：_____

（5）企业申报商品编码为2613.9000，海关裁定商品编码为2613.1000：_____

（6）海关调阅有关合同、检验单，向报关人员及相关人员询问有关情况：_____

（7）进料加工余料由企业自行内销，被海关处罚：_____

三、海关监管货物

海关监管货物是指自进境起到办结海关手续前的进口货物，自当事人向海关申报起到出境止的出口货物，以及自进境起到出境止的过境、转运和通运货物等应当接受海关监管的货物，按货物进出境的不同目的可分为一般进出口货物、保税货物、减免税货物、暂时进出境货物，以及过境、转运、通运货物和其他货物等六类。

1. 一般进出口货物

一般进出口货物是指从境外进口，办结海关手续直接进入境内生产或流通领域的进口货物，以及按境内商品申报，办结出口手续到境外生产、消费领域流通的出口货物。

一般进出口货物的监管期限为：进口货物，自货物进境起到海关放行止；出口货物，自当事人向海关申报起到出境止。

2. 保税货物

保税货物是指经海关批准未办理纳税手续而进境，在境内储存、加工、装配后复运出境的货物。此类货物又分为保税加工货物和保税物流货物两类。

保税货物的监管期限为：自货物进境起，到出境最终办结海关手续，或转为实际进口最终办结海关手续止。

3. 减免税货物

减免税货物是指海关依据国家的有关政策规定准予减免税进境的货物。

减免税货物的监管期限为：自货物进境起，到监管期满，海关解除监管或办理补证、纳税手续止。

4. 暂时进出境货物

暂时进出境货物是指经海关批准，凭担保进境或出境，在境内或境外使用后，原状复运出境或进境的货物，主要包括：在展览会、交易会展示和使用的货物、货样；文化、体育交流活动中使用的表演、比赛用品；进行新闻报道使用的仪器、设备及用品；等等。

暂时进出境货物的监管期限为：进境货物，自进境起到复运出境，或转为实际进口办理补证、纳税手续止；出境货物，自出境起到复运进境，或转为实际出口止。

5. 过境、转运和通运货物

过境、转运和通运货物指由境外启运，通过中国境内继续运往境外的货物。

过境、转运和通运货物的监管期限为：自进境起到复运出境，或最终办结海关手续止。

视野拓展

通关相关政策、法规会随着进出口环境的变化而调整，建议读者养成随时在"海关总署官网—信息公开—海关政策"栏目查询新规范的好习惯。

6. 其他货物

其他货物是指尚未办结海关手续的进出境货物，包括溢卸货物、误卸货物、退运货物、租赁货物、进出境修理货物及无代价抵偿货物等。

> **思考与讨论**
>
> 　　昆明海关查获了一批从缅甸私自入境到昆明销售的青蟹。请问：海关对该批进境货物有权拍卖吗？当事人的走私行为是否构成走私罪？走私行为和走私罪有何区别？

本 章 小 结

报关单位是指依法在海关备案的报关企业和进出口货物收发货人。报关单位必须依法在海关备案登记。未依法在海关备案登记的报关单位不得从事报关、报检业务。

报关人员是具有报关、报检专业知识，专门向社会提供报关与报检服务的从业人员。报关人员只能受雇于一个有对外贸易经营权的企业或者报关企业，并代表该企业办理报关、报检手续。

海关是国家的进出关境监督管理机关。海关的任务是监管、征税、查缉走私、编制海关统计。海关的权力包括行政许可权、税费征收权、进出境监管权、行政强制权、行政处罚权、走私犯罪侦查权、佩带和使用武器权及其他行政管理权。

海关监管货物是指自进境起到办结海关手续前的进口货物，自当事人向海关申报起到出境止的出口货物，以及自进境起到出境止的过境、转运和通运货物等应当接受海关监管的货物。

基础与能力训练

一、名词解释

1. 保税货物　2. 减免税货物　　3. 一般进出口货物　4. 海关

5. 报关企业　6. 进出口货物收发货人　7. 报关　　　　8. 报检

二、简答题

1. 报关企业备案登记的要求是什么？

2. 海关对报关单位的信用管理中，企业有哪些行为会被认定为失信企业？

3. 海关对高级认证企业的管理措施有哪些？

4. 海关性质的是什么？

5. 海关的权力有哪些？

6. 海关有哪些任务？

7. 不列入海关统计的货物和物品有哪些？

8. 海关监管货物有哪些？为什么海关要对监管货物进行监管？

三、实训项目

查阅相关资料，了解代理报关企业备案程序，掌握代理报关委托协议书的格式及委托报关协议的签署。

花雨国际货运公司主要从事货运业务，现公司领导想发展替客户代理报关的业务。请你为花雨国际货运公司提出具体的操作建议，并为公司草拟与×××公司的代理报关委托协议书及委托报关协议。

1．首先，想成为一家报关企业，公司必须向所在地海关办理备案登记手续，并符合以下条件：_____

_____。

2．若符合上述条件，公司则应当到 _____ 向海关提出报关企业 _____ 的申请。提出申请时公司应向海关提交_____材料。

3．若公司申请备案登记的材料齐全、符合法定形式，则由所在地海关备案，并取得_____，公司就可以凭此办理报关业务了。

4．草拟花雨国际货运公司与×××公司的代理报关委托协议书及委托报关协议。

补充习题及实训

扫描二维码做更多练习，巩固本章所学知识。

第三章

进出口商品归类

【学习目标】

知识目标：熟悉《协调制度》和我国海关进出口商品分类目录；清楚商品归类总规则的条文内容和总规则的应用规则；掌握商品归类的各种法律依据和申报要求。

技能目标：具有熟练运用进出口商品归类总规则对进出口商品进行正确归类的能力；具有根据我国海关商品归类的有关依据和申报要求正确进行归类申报要素填报的能力。

素养目标：具有进出口商品归类业务相关法律法规知识；遵守国际国内贸易法规；具备相应的职业能力。

【引 例】

《协调制度》的调整

《商品名称及编码协调制度》（简称《协调制度》）是我国制定进出口税则，实施贸易管制、贸易统计以及其他各项进出口管理措施的基础目录。为适应国际贸易的发展，世界海关组织发布的 2022 年版《协调制度》修订目录于 2022 年 1 月 1 日生效。为履行《协调制度公约》缔约方的义务，保证新版《协调制度》在我国的有效实施，海关总署在 2021 年第 78 号公告中发布了 2022 年版《协调制度》修订目录中文版。

思考讨论：

1. 海关为什么要发布《协调制度》修订目录公告？
2. 什么是进出口商品归类？它在国际贸易中有什么作用？
3. 进出口商品应如何归类？归类时应遵循什么原则？
4. 我国是如何规范和管理进出口商品归类的？

在海关对进出口商品进行管理的过程中，进出口商品是按照其所属类别分别适用不同的监管条件和关税税率的。同时，不同商品的类别也是海关统计中一项重要的统计指标。因此，报关人员需要按照进出口商品的性质、用途、功能或加工程度等将其归入某一类，这种为海关管理的不同目的进行的进出口商品类别划分就是进出口商品归类。

进出口商品归类是报关人员必须掌握的基本技能之一，是海关对进出口商品监管、征税及统计的基础，归类正确与否直接关系到进出口商品能否顺利通关。报关人员必须掌握商品归类的规律和技巧，具备在《协调制度》中快速查找商品税号和商品编码的能力。

第一节 《协调制度》基础知识

商品归类是指在《商品名称及编码协调制度公约》（简称《公约》）商品分类目录体系下，以《中华人民共和国进出口税则》（简称《进出口税则》）为基础，按照《进出口税则商品及品目注释》《进出口税则本国子目注释》以及海关总署发布的关于商品归类的行政裁定、商品归类决定的规定，确定进出口货物商品编码的行为。

世界海关组织主持制定的《公约》于 1988 年 1 月 1 日生效，旨在保证其附件——《协调制度》的顺利实施。《公约》第三条要求各缔约方"必须保证从本公约在本国生效之日起使其税则目录及统计目录与协调制度取得一致"。我国于 1992 年加入《公约》，并以《协调制度》为基础编制我国的税则目录及统计目录。

一、《协调制度》概述

《协调制度》（The Harmonized Commodity Description and Coding System，H.S.）是在《海关合作理事会商品分类目录》（CCCN）和联合国《国际贸易标准分类目录》（SITC）的基础上，由世界海关组织参照国际上主要国家的税则、统计、运输等分类目录而编制的一个多用途的国际贸易商品分类目录。

1.《协调制度》的特点

《协调制度》相对其他制度有以下特点。

（1）完整性。每一种商品都不能排斥在该目录范围之外，加之对归类总规则中规则四"最相类似"原则的综合运用，从而保证了该目录涵盖了所有商品。

（2）系统性。《协调制度》将商品按人们所了解的自然属性、生产部类和不同用途分类排列，同时，还兼顾了商业习惯和实际操作的可行性，因此便于理解、归类、查找和记忆。

（3）通用性。该目录在国际上影响很大，目前已为上百个国家（地区）所采用。采用同一分类目录的国家（地区）的进出口商品相互之间具有可比性。另外，该目录适用性强，既适合作为海关税则目录，又适合作为对外贸易统计目录，还可作为国际运输、保险、生产、贸易等部门的商品分类目录。

（4）准确性。《协调制度》目录所列品目的概念清楚，互相之间不存在交叉或重复；另外，归类总规则以及类注、章注、子目注释的具体说明使各条品目的范围都非常清楚。

2.《协调制度》的类注、章注及子目注释

《协调制度》目录由六位数字的商品编码与对应的商品名称组成，并将国际贸易涉及的各种商品按照生产部类、自然属性和功能用途等分为 21 类、97 章。每一章由若干四位数字的品目构成，品目项下根据需要大多细分为若干一级子目（第五位数字）和二级子目（第六位数字）。

《协调制度》主要由品目和子目构成，为了避免各品目和子目

实物展台
定义法举例　列举法举例
详列法举例　排他法举例

所列商品发生交叉归类，保证商品归类正确，在许多类、章下加有类注、章注和子目注释，即设在类、章之首，用来解释的文字说明，并用专用术语来定义或区分某些商品的技术标准及界限。《协调制度》中注释的方法参见表3.1。

表3.1 《协调制度》中注释的方法

注释方式	定义	举例
定义法	以定义形式来划分税目范围及对某些商品的含义做出解释	第72章的章注一（五）对不锈钢的定义为：按重量计含碳量在1.2%及以下、含铬量在10.5%及以上的合金钢，不论是否含有其他元素
列举法	列举典型商品名称或允许加工方式，说明商品含义，便于用类比的方法进行商品归类	第49章的章注四（一）列举了品目4901包括的商品，使商品在归类时有了参照物
详列法	通过详列具体商品名称来规定允许加工方式，限定品目或子目的商品范围	第30章的章注四规定了只能归入税目号30.06的商品，一共详列了11种商品来限定该税目号的范围
排他法	用排他性条款列出若干不能归入本类、章、品目及子目的商品名称，或不允许采用的加工方式，杜绝商品误归类现象的发生	第十一类纺织原料及纺织制品的类注一列出了21种不能归入该类的商品

3. 商品名称及编码表

商品名称及编码表由《协调制度》编码（商品编码）和商品名称组成，是《协调制度》商品分类目录的主体。商品名称及编码表中的商品编码由八位数字组成，前四位数字代表"品目"。后四位数字代表"子目"。

注意：前六位数字及其商品名称需与《协调制度》相应栏目完全一致。

【例3.1】改良种用绵羊的商品归类编码：0104.1010。

编码:	01	04	1	0	1	0
位数:	1 2	3 4	5	6	7	8
含义:	章	目	一级子目	二级子目	三级子目	四级子目

商品名称及编码表中的商品名称前分别用"－""－－""－－－""－－－－"代表一级子目、二级子目、三级子目、四级子目。商品名称及编码表（部分）参见表3.2。

商品名称及编码表中，前四位商品编码所对应的商品名称栏目内容称为品目条文,后四位商品编码所对应的商品名称栏目内容称为子目条文。品目条文采用商品名称、规格、成分、外观形态、加工程度或方式、功能及用途等形式明确商品对象。一定要结合注释理解品目条文的含义，仅靠名称判断和理解是不可取的。子目条文则是对子目所对应商品的解释。

表3.2 商品名称及编码表（部分）

商品编码	商品名称	商品编码	商品名称
01.01	马、驴、骡：	**01.04**	绵羊、山羊：
	－马：		－绵羊：
0101.2100	－－改良种用	0104.1010	－－－改良种用
0101.2900	－－其他	0104.1090	－－－其他
	－驴：		－山羊：
0101.3010	－－－改良种用	0104.2010	－－－改良种用
0101.3090	－－－其他	0104.2090	－－－其他

二、《协调制度》的归类总规则

归类总规则是《协调制度》中所规定的最为基本的商品归类原则，位于《协调制度》文本的卷首，是指导整个《协调制度》商品归类的总原则，它规定了六条基本原则。报关人员在使

思考与讨论

申报时商品编码不符合要求，会引起什么问题呢？

用归类总规则时应注意以下两点：一是按顺序使用每条规则，当规则一不适用时才用规则二、规则三，依次类推；二是在使用规则二至四时要注意类注、章注和品目是否有特别的规定或说明。如有规定，报关人员应按品目或注释的规定进行归类，而不使用规则二至四。如果商品按这个归类规则和方法不能确定应归税目，报关人员可向海关请示和咨询。

（一）规则一

【条文原文】

> 类、章及分章的标题，仅为查找方便而设。具有法律效力的归类，应按品目条文和有关类注或章注确定，如品目、类注或章注无其他规定，则按以下规则确定。

【条文解释】

规则一有三层含义：一是"类、章及分章的标题，仅为查找方便而设"，标题对商品归类不具有法律效力，不能按标题确定商品的归类；二是"具有法律效力的归类，应按品目条文和有关类注或章注确定"；三是按品目条文、注释、归类总原则的归类顺序归类，只有在前级依据无法确定该商品归类时，才能使用下一级依据，各级依据矛盾时，以前级为准。

【例3.2】马戏团表演马的商品归类。

该货品看似可归入第一章"活动物"品目01.01，但第一章章注三明确表示本章不包括品目95.08中的流动马戏团、动物园或其他类似巡回展出用的活动物。因此，根据总规则一和章注、品目条文，该货品应归入品目95.08。

可以肯定的是，规则一说明了品目、类注和章注与其他归类规则的关系，即明确在商品归类时，品目条文及任何相关的类注、章注是最重要的，是首先要遵循的规定。只有在品目和类注、章注无其他规定的条件下，方可依据规则二至四进行归类。不可因为某商品符合某一类、章及分章的标题就确定归入该类、章及分章，而应该依据税（品）目条文和类注、章注及规则一以下的各条规则。

（二）规则二

【条文原文】

> 1. 品目所列货品，应视为包括该项货品的不完整品或未制成品，只要报验时该项不完整品或未制成品具有完整品或制成品的基本特征；还应视为包括该项货品的完整品或制成品（或按本款规则可作为完整品或制成品归类的货品）在报验时的未组装件或拆散件。
>
> 2. 品目中所列材料或物质，应视为包括该种材料或物质与其他材料或物质混合或组合的物品。品目所列某种材料或物质构成的货品，应视为包括全部或部分由该种材料或物质构成的货品，由一种以上材料或物质构成的货品，应按规则三的原则归类。

【条文解释】

规则二专为扩大品目条文的范围而设，适用于品目条文、章注、类注无其他规定的场合。

（1）规则二 1 第一部分将制成的某些货品的品目范围扩大为：不仅包括完整的货品，而且还包括该货品的不完整品或未制成品，只要报验时它们具有完整品或制成品的基本特征就应视为完整的货品。

"不完整品"是指缺少一些非关键部分的货品，如未安装座位与缺个车门的汽车。不完整品"基本特征"的判断主要看其关键部件是否存在。对于冰箱，若压缩机、蒸发器这些关键部件存在，则可以判断为具有冰箱的基本特征。

"未制成品"是指已具有制成品的形状特征，但还不能直接使用，需要继续加工的货品。未制成品"基本特征"的判断主要看其是否具有制成品的特征。例如，齿轮的毛坯，如果其外形基本上与齿轮制成品一致，则可以判断为具有齿轮的基本特征。

（2）规则二 1 第二部分将完整品或制成品的未组装件或拆散件归入已组装物品的同一品目。货品以未组装件或拆散件形式报验，通常是为了便于包装、装卸或运输。但要注意"报验时的未组装件或拆散件"仅仅是指各种部件通过紧固件（螺钉、螺母、螺栓等），或通过铆接、焊接等组装方法即可装配起来的物品，组装方法的复杂程度在归类时可以不考虑。若某一物品的未组装件超出组装成品所需要的数量，超出部分则要单独归类。

例如，摩托车进口时，供组装的零部件中有两个车座。显然，一个车座应按未组装件与摩托车一起归类，多出的另一个车座应该单独归类，而不能随摩托车一起归类。

（3）规则二 2 是针对混合及组合的材料或物质构成的货品而设的，目的在于将任何列出某种材料或物质的品目扩大为该种材料或物质与其他材料或物质的混合品或组合品等同于单一材料或物质构成的货品。

例如，涂蜡的热水瓶软木塞子（已加入其他材料或物质），仍应归入品目 45.03。但是，本款规则绝不意味着将品目范围扩大到不按照规则一的规定，将不符合品目条文的货品也包括进来，即由于添加了另外一种材料或物质，货品丧失了原品目所列货品特征的情况。如加入了杀鼠剂的稻谷，实际已经是一种用于杀灭老鼠的毒饵，就不能再按品目 10.06 的"稻谷"归类。

只有在规则二 1 无法解决时，方能运用规则二 2。例如品目 15.03 的品目条文规定为"液体猪油，未经混合"，那么混合了其他油的液体猪油就不能运用规则二 2 归入品目 15.03。

（4）运用规则二应满足两个条件：一是不能与规则一相抵触，也就是不能将品目扩大到包括按规则一的规定不符合品目条文要求的货品；二是不能改变原品目所列货品的基本特征（性质）。不同材料或物质的混合品及组合品，以及由一种以上材料或物质构成的货品，如果看起来可归入两个或两个以上品目的必须按规则三归类。

（三）规则三

【条文原文】

当货品按规则二 2 或由于其他原因看起来可以归入两个或两个以上品目时，应按以下规则归类。

1. 列名比较具体的品目，优先于列名一般的品目。但是如果两个或两个以上品目都仅述及混合或组合货品所含的某部分材料或物质，或零售的成套货品中的部分货品，即使其中某个品目对该货品描述得更为全面、详细，这些货品在有关品目的列名应视为同样具体。

2. 混合物、不同材料构成或不同部件组成的组合物以及零售的成套货品，如果不能按照规则三 1 归类时，在本款可适用的条件下，应按构成货品基本特征的材料或部件归类。

3. 货品不能按照规则三 1 或 2 归类时，应按号列顺序归入其可归入的最末一个品目。

【条文解释】

只有在品目条文和类注、章注无其他规定的情况下，才能运用规则三。在运用规则三时，必须按其中 1~3 款的顺序逐条运用。它们的优先运用次序为：第一，具体列名；第二，基本特征；第三，从后归类。

1. 规则三 1

"具体列名"：列名比较具体的品目优于列名一般的品目。

（1）具体名称与类别名称相比，前者更具体，因此，按商品具体名称列目的税号优先于按商品类别列目的税号。

【例3.3】进口电子表用集成电路的商品归类。

该货品与两个品目有关，一个是品目 85.21，它是按微电子电路这个具体的商品名称列目；另一个是品目 91.11，它是按钟表零件这样一类商品名称列目。显然，微电子电路的品目更具体，所以，该货品应归入品目 85.21。如果两个品目属同一商品，可比较它们的内涵和外延，一般说来内涵越大、外延越小，就越具体。

（2）一个税目所列名称更为明确地包括某一货品，则该税目要比所列名称不完全包括该货品的其他税目更为具体。

【例3.4】飞机用钢化玻璃的商品归类。

该货品看起来可归入两个品目，一是按飞机零件归入品目 88.03，二是按钢化玻璃归入品目 70.07。但相对来说，钢化玻璃比飞机零件描述更为具体明确，因此，该货品应归入品目 70.07。

（3）与商品关系密切的税号优先于与其仅有间接关系的税号。

【例3.5】进口汽车柴油机活塞的商品归类。

与该货品有关的品目一个是柴油机专用零件品目 84.06，另一个是汽车专用零件品目 87.06。活塞是柴油机的零件，柴油机是汽车的零件，那么活塞就是汽车零件的零件，但上述两个零件是不同层次的，活塞与汽车是间接关系，因此，该货品应归入品目 84.06。

（4）货品列名同样具体时，按规则三 2 或规则三 3 的规定确定品目。

2. 规则三 2

"基本特征"归类的方法涉及混合物、不同材料的组合货品、不同部件的组合货品、零售的成套货品的归类。

规则三 2 所讲的混合物、组合物是已改变了原来的特征，并由几个各自独立的部件构成的组合，其功能是相互补充，形成一个新的功能，从而构成一个整体。使用本规则的关键是确定货品的主要特征，一般来说，可在对商品的外观形态、使用方式、主要用途、购买目的、价值比例、贸易习惯、商业习惯、生活习惯等诸因素进行综合分析后确定。

规则三 2 所讲的零售的成套货品是指为了某种需要或者开展某项活动，将可归入不同品目的两种或两种以上货品包装在一起，无须重新包装就可以直接零售的成套货品。构成"零售的成套货品"的商品必须满足以下条件：一是零售包装，二是由归入不同税目号的货品组成，三是这些货品在用途上是相互补充、配合使用的。

【例3.6】篷房的商品归类。

篷房是由以高强度铝合金为主体框架，配以玻璃墙、玻璃门、布墙以及遮光、防水、阻燃的双面 PVC 涂层聚酯纤维布为篷顶的临时性或半永久性的建筑，常用于大型户外活动、展览等。该商品具备房屋的基本特征，符合"活动房屋"的定义，因此，应归入品目 94.06。

但要注意：单独报验的活动房屋零件及设备，不论其是否明显用于活动房屋，均不能归入 94.06 品目，而应归入各自相应的品目。

3. 规则三 3

"从后归类"：货品如果不能按照规则三 1 或规则三 2 归类时，应按照号列顺序归入其可归入的最后一个品目。

例如，奶糖与巧克力糖混合而成的糖果，由于奶糖与巧克力糖重量相等，奶糖品目号为17.04，巧克力品目号为18.06，按"从后归类"的原则，该货品应归入品目 18.06。

（四）规则四

【条文原文】

根据上述规则无法归类的货品，应归入与其最相类似的货品的品目。

【条文解释】

本规则指货品在不能按规则一至三归类的情况下，应归入最相类似的货品的品目中。由于规则一至三能解决大多数的归类问题，而且基本上《进出口税则》中每章都设有"其他未列名货品"的品目，每个品目下基本都设有"其他"子目，所以规则四极其罕用。

应用规则四归类时，第一步需要对归类的货品与其相类似的货品逐一比较，从而确定其相类似的货品；第二步确定哪一个税号对该项类似货品最为适用；第三步将进口货品归入该税号。例如，对用溢流熔融法制得的原板玻璃进行归类。该货品的生产工艺不符合品目 70.03、70.04、70.05 的描述，无法运用规则一至三归类，但该货品的加工方式与铸制及轧钢玻璃板最为相似，因此，该货品应归入品目 70.03。

因为要明确商品最相似之处难度较大，所以，本规则极少使用且使用难度较大。大多数情况下，我们不能确定商品是名称、特征最相似，还是功能、用途、结构最相似。

（五）规则五

【条文原文】

除上述规则外，本规则适用于下列货品的归类。

1. 制成特殊形状适用于盛装某一或某套物品并适合长期使用的照相机套、乐器盒、枪套、绘图仪器盒、项链盒及类似容器，如果与所装物品同时报验，并通常与所装物品一同出售的，应与所装物品一并归类。但本款不适用于本身构成整个货品基本特征的容器。

2. 除规则五 1 规定的以外，与所装货品同时报验的包装材料或包装容器，如果通常是用来包装这类货品的，应与所装货品一并归类。但明显可重复使用的包装材料和包装容器不受本款限制。

【条文解释】

规则五是专门解决货品包装物归类的条款。

1. 规则五 1

规则五 1 适用于箱、盒及类似容器，且同时符合以下规定的容器归类。

（1）制成特定形状或形式，专门盛装某一物品或某套物品的，即专门按所要盛装的物品进行设计的容器。

（2）使用期限与所盛装的物品相比是相称的，适合长期使用的容器。在物品不使用期间（例如储藏期间），这些容器还能起到保护物品的作用。

（3）与所装物品一同报验的，不论其是否为了运输方便而与所装物品分开包装。

（4）通常与所装物品一同出售，单独报验的容器则应归属于物品。

要注意本款规则不适用于本身构成了物品基本特征的容器。例如，装有茶叶的银质茶叶罐，银罐本身价值高，已构成整个物品的基本特征，应与所装物品分别进行归类。

【例 3.7】纺织材料制筷子包、小手袋及牙签包的商品归类。

这三种货品由 100% 涤纶机织面料制成，用于装筷子、收纳杂物、装牙签，可放入背包内随身携带。这三种货品类似于容器，可重复使用，应按容器归入品目 42.02。

2.　规则五 2

规则五 2 实际上是对规则五 1 的补充，它仅适用于规则五 1 以外的明显不能重复使用的包装材料及包装容器。这些材料和容器都是货物的一次性包装物，向海关报验时，它们必须是包装着货物的，当被拆开后，包装材料和容器一般不能再做原用途使用。例如，包装大型机器设备的木板箱、装着玻璃器皿的纸板箱等，均应与所装物品一并归类。

注意：本款不适用于明显可以重复使用的包装材料或包装容器，如用来装液化煤气的煤气罐。

规则五解决的是包装材料或包装容器何种情况下单独归类，何种情况下可与所装物品一并归类的问题。重点要注意包装材料或包装容器与所装物品一并归类的条件（与所装货品同时进口或出口）。

（六）规则六

【条文原文】

> 货品在某一品目项下各子目的法定归类，应按子目条文或有关的子目注释以及以上各条规则（在必要的地方稍加修改后）来确定，但子目的比较只能在同一数级上进行。除条文另有规定的以外，有关的类注、章注也适用于本规则。

【条文解释】

规则六是专门解决子目归类的条款。

只有货品在归入了适当的品目后，才考虑将它归入合适的四位数级子目或六位数级子目，并在任何情况下优先考虑四位数级子目，然后再考虑六位数级子目的范围或子目注释。此外，规则六注明，只有属于"同一数级"的子目才可做比较并进行归类选择，以决定哪个子目较为合适，比较方法为同级比较、层层比较。但应注意，子目归类首先按子目条文和子目注释确定；如无法确定，则采用上述五条归类总规则；有关类注、章注也适用于各级子目。

确定子目时，首先确定一级子目，其次确定二级子目，再次确定三级子目，最后确定四级子目。确定子目时，应遵循"同级比较"的原则，即一级子目与一级子目比较，二级子目与二级子目比较，依次类推。

"同一数级"子目是指同一品目项下的五位数级子目（一级子目）或同一五位数级子目项下的六位数级子目（二级子目）。

"除条文另有规定的以外"是指除类、章注释与子目条文或子目注释不相一致的以外。具有法律效力的归类依据，包括子目条文、注释和必要的地方稍加修改后的规则一至五。在子目条文和注释无规定时，方可运用规则一至五。运用注释时优先使用子目注释，其次是章注释、类注释。当类、章注释与子目条文或子目注释不相一致时，应优先采用子目条文或子目注释。

商品名称及编码表

【例 3.8】中华绒螯蟹种苗的商品归类。

扫描二维码查看商品名称及编码表，该货品在归入品目 03.06 项下子目时，应按以下步骤进行：首先确定一级子目，即将两个一级子目"冻的"与"活、鲜或冷的"进行比较后归入"活、鲜或冷的"；其次确定二级子目，即将二级子目"螯龙虾""大螯虾及小龙虾""蟹"进行比较后归入"蟹"；再次确定三级子目，即将两个三级子目"种苗"与"其他"进行比较后归入"种苗"；最后"中华绒螯蟹种苗"正确的归类（重点是子目）是0306.3310。注意，不能将三级子目与四级子目"中华绒螯蟹"比较而归入子目0306.3391"中华绒螯蟹"，因为二者不是同级子目，不能比较。

职场训练 3.1

　　请你对汽车环境风洞阳光模拟系统进行商品归类分析。该系统主要组成包括：28 套灯头（每套包含 1 个灯泡、1 个反光罩、1 个安装支架、1 个驱动器）、1 套移动翻转架（带升降、移动、翻转功能以及对应灯头的 28 个云和隧道模拟系统）、1 个控制柜（包含 28 套交流稳压电子电源和 PLC 控制系统，控制计算机和软件）、3 个配电柜、3 套 Kipp & Zonen SMP11 光度计、1 套自动标定系统（包含额外 4 个光度计和 1 个标定架）、1 套备件包（包含 28 个灯泡、2 个驱动器、1 个 EPS）。

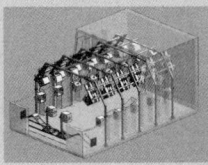

三、《协调制度》的分类特点

（一）常见商品的分类特点

　　《协调制度》对绝大多数国际贸易的商品采用行业、功能、用途、原材料、加工程度、加工或制造方法、主要成分或特殊成分等常用的商品分类标志进行分类。《协调制度》编码（H.S.编码）的分类有以下特点。

1. 以商品所属的社会生产分工为类

　　《协调制度》一般把同一工业部门或相关工业部门的商品归为一类。例如，第二类（第六～十四章）为植物产品，第六类（第二十八～三十八章）为化学工业及其相关工业的产品，第十一类（第五十～六十三章）为纺织工业产品。但有些章也可自立为一类。例如，第十五章（第三类）为动、植物或微生物油、脂及其分解产品，精制的食用油脂，动、植物蜡。第九十三章（第十九类）为武器、弹药及其零件、附件。第九十七章（第二十一类）为艺术品、收藏品及古物。

2. 以商品的自然属性（原料性商品）或所具有的功能和用途（制成品）为章

　　商品存在物质属性差别时，依照动物产品、植物产品、矿物产品、化学及相关产品的顺序排列。例如，第一类活动物、动物产品，第二类植物产品，第五类矿产品，第六类化学工业及其相关工业的产品。

　　商品存在加工关联时，加工程度越高的商品，章编排越往后。例如，活动物排在第一章，肉排在第二章，肉类制品排在第十六章；活树排在第六章，木材排在第四十四章，木制玩具排在第九十五章，木制工艺品排在第九十七章。

3. 章内以商品的原料到成品的加工程度、深度依次排列

　　商品存在加工关联的，通常按原材料、半成品、制成品的顺序排列。例如棉花分属品目52.01—52.03，棉纱线分属品目 52.04—52.07，棉机织物分属品目 52.08—52.12。

　　同种商品排列顺序通常是具体列名、一般列名、未列名。例如品目 07.07 为鲜或冷藏的黄

瓜及小黄瓜（具体列名），品目 07.08 为鲜或冷藏的豆类蔬菜（一般列名），品目 07.09 为鲜或冷藏的其他蔬菜（未列名）。

> **职场训练 3.2**
>
> 某耳鼻喉检查台型号为 NET-600，配有控制台、喷枪、吸引、喉镜预热器、紫外线消毒装置、治疗灯、压力泵、污物桶、抽屉柜等标准配置件，另有 NET-1400 病人座椅、台车、医生座椅选配件（不含耳鼻喉内窥镜及内窥镜影像系统）。该检查台用于对患者耳、鼻、喉部位疾病的检查及治疗。请对该耳鼻喉检查台进行归类分析。

（二）杂项商品的分类特点

对杂项商品采取专列类、章和品目进行分类。《协调制度》分类照顾了商业习惯和实际操作的可行性，将难以按常用的分类标志进行分类的大宗进出口商品以杂项制品相称。从照顾商业习惯和实际操作入手，专列类、章和品目，使该类商品的归类简单易行。例如第二十类"杂项制品"，涉及杂项制品归类的第九十四章、第九十五章和第九十六章。

可以看出，商品分类总的原则大多是按商品的原料来源，结合其加工程度、用途以及所在的工业部门来编排。这里，原料来源为编排的主线条，加工程度及用途为辅线条。主辅线条相辅相成，再加上"法定注释"，就能帮助报关人员在《协调制度》所涉及的成千上万种商品中迅速、准确地确定报关商品所处的位置。

> **思考与讨论**
>
> 根据商品归类规则，结合本节的内容说说六条规则的用途和商品归类时六条规则的应用顺序。

第二节　我国海关进出口商品分类目录

我国进出口商品分类目录是以《协调制度》为基础，结合我国进出口商品实际情况编制而成的。

一、目录概况

进出口商品分类目录是进出口商品归类的主要依据。我国进出口商品分类目录分为 21 类、97 章。

我国进出口商品分类目录对商品的分类和编排是有一定规律的：从类来看，基本上是按社会生产的分工来划分的；从章来看，基本上是按商品的属性或功能、用途来划分的，且每章中各税目一般是按照动物、植物、矿物质产品或原材料、半制成品、制成品的顺序来编排的。

二、目录主要内容

第一类：活动物；动物产品。第一章活动物。第二章肉及食用杂碎。第三章鱼、甲壳动物、软体动物及其他水生无脊椎动物。第四章乳品；蛋品；天然蜂蜜；其他食用动物产品。第五章其他动物产品。

第二类：植物产品。第六章活树及其他活植物；鳞茎、根及类似品；插花及装饰用簇叶。第七章食用蔬菜、根及块茎。第八章食用水果及坚果；柑橘属水果或甜瓜的果皮。第九章咖啡、茶、马黛茶及调味香料。第十章谷物。第十一章制粉工业产品；麦芽；淀粉；菊粉；面筋。第十二章含油子仁及果实；杂项子仁及果实；工业用或药用植物；稻草、秸秆及饲料。第十三章虫胶；树胶、树脂及其他植物液、汁。第十四章编结用植物材料；其他植物产品。

第三类：动、植物或微生物油、脂及其分解产品；精制的食用油脂；动、植物蜡。第十五章动、植物或微生物油、脂及其分解产品；精制的食用油脂；动、植物蜡。

第四类：食品；饮料、酒及醋；烟草、烟草及烟草代用品的制品；非经燃烧吸用的产品，不论是否含有尼古丁；其他供人体摄入尼古丁的含尼古丁的产品。第十六章肉、鱼、甲壳动物、软体动物及其他水生无脊椎动物，以及昆虫的制品。第十七章糖及糖食。第十八章可可及可可制品。第十九章谷物、粮食粉、淀粉或乳的制品；糕饼点心。第二十章蔬菜、水果、坚果或植物其他部分的制品。第二十一章杂项食品。第二十二章饮料、酒及醋。第二十三章食品工业的残渣及废料；配制的动物饲料。第二十四章烟草、烟草及烟草代用品的制品；非经燃烧吸用的产品，不论是否含有尼古丁；其他供人体摄入尼古丁的含尼古丁的产品。

第五类：矿产品。第二十五章盐；硫磺；泥土及石料；石膏料、石灰及水泥。第二十六章矿砂、矿渣及矿灰。第二十七章矿物燃料、矿物油及其蒸馏产品；沥青物质；矿物蜡。

第六类：化学工业及其相关工业的产品。第二十八章无机化学品；贵金属、稀土金属、放射性元素及其同位素的有机及无机化合物。第二十九章有机化学品。第三十章药品。第三十一章肥料。第三十二章鞣料浸膏及染料浸膏；鞣酸及其衍生物；染料、颜料及其他着色剂；油漆及清漆；油灰及其他类似胶粘剂；墨水、油墨。第三十三章精油及香膏；芳香料制品及化妆盥洗品。第三十四章肥皂、有机表面活性剂、洗涤剂、润滑剂、人造蜡、调制蜡、光洁剂、蜡烛及类似品、塑型用膏、"牙科用蜡"及牙科用熟石膏制剂。第三十五章蛋白类物质；改性淀粉；胶；酶。第三十六章炸药；烟火制品；火柴；引火合金；易燃材料制品。第三十七章照相及电影用品。第三十八章杂项化学产品。

第七类：塑料及其制品；橡胶及其制品。第三十九章塑料及其制品。第四十章橡胶及其制品。

第八类：生皮、皮革、毛皮及其制品；鞍具及挽具；旅行用品、手提包及类似容器；动物肠线（蚕胶丝除外）制品。第四十一章生皮（毛皮除外）及皮革。第四十二章皮革制品；鞍具及挽具；旅行用品、手提包及类似容器；动物肠线（蚕胶丝除外）制品。第四十三章毛皮、人造毛皮及其制品。

第九类：木及木制品；木炭；软木及软木制品；稻草、秸秆、针茅或其他编结材料制品；篮筐及柳条编结品。第四十四章木及木制品；木炭。第四十五章软木及软木制品。第四十六章稻草、秸秆、针茅或其他编结材料制品；篮筐及柳条编结品。

第十类：木浆及其他纤维状纤维素浆；回收（废碎）纸或纸板；纸、纸板及其制品。第四十七章木浆及其他纤维状纤维素浆；回收（废碎）纸或纸板。第四十八章纸及纸板；纸浆；纸或纸板制品。第四十九章书籍、报纸、印刷图画及其他印刷品；手稿、打字稿及设计图纸。

第十一类：纺织原料及纺织制品。第五十章蚕丝。第五十一章羊毛、动物细毛或粗毛；马毛纱线及其机织物。第五十二章棉花。第五十三章其他植物纺织纤维；纸纱线及其机织物。第五十四章化学纤维长丝；化学纤维纺织材料制扁条及类似品。第五十五章化学纤维短纤。第五十六章絮胎、毡呢及无纺织物；特种纱线；线、绳、索、缆及其制品。第五十七章地毯及纺织材料的其他铺地制品。第五十八章特种机织物；簇绒织物；花边；装饰毯；装饰带；刺绣品。第五十九章浸渍、涂布、包覆或层压的纺织物；工业用纺织制品。第六十章针织物及钩编织物。第六十一章针织或钩编的服装及衣着附件。第六十二章非针织或非钩编的服装及衣着附件。第六十三章其他纺织制成品；成套物品；旧衣着及旧纺织品；碎织物。

第十二类：鞋、帽、伞、杖、鞭及其零件；已加工的羽毛及其制品；人造花；人发制品。第六十四章鞋靴、护腿和类似品及其零件。第六十五章帽类及其零件。第六十六章雨伞、阳伞、手杖、鞭子、马鞭及其零件。第六十七章已加工羽毛、羽绒及其制品；人造花；人发制品。

第十三类：石料、石膏、水泥、石棉、云母及类似材料的制品；陶瓷产品；玻璃及其制品。第六十八章石料、石膏、水泥、石棉、云母及类似材料的制品。第六十九章陶瓷产品。第七十章玻璃及其制品。

第十四类：天然或养殖珍珠、宝石或半宝石、贵金属、包贵金属及其制品；仿首饰；硬币。第七十一章天然或养殖珍珠、宝石或半宝石、贵金属、包贵金属及其制品；仿首饰；硬币。

第十五类：贱金属及其制品。第七十二章钢铁。第七十三章钢铁制品。第七十四章铜及其制品。第七十五章镍及其制品。第七十六章铝及其制品。第七十七章（保留为税则将来所用）。第七十八章铅及其制品。第七十九章锌及其制品。第八十章锡及其制品。第八十一章其他贱金属、金属陶瓷及其制品。第八十二章贱金属工具、器具、利口器、餐匙、餐叉及其零件。第八十三章贱金属杂项制品。

第十六类：机器、机械器具、电气设备及其零件；录音机及放声机、电视图像、声音的录制和重放设备及其零件、附件。第八十四章核反应堆、锅炉、机器、机械器具及其零件。第八十五章电机、电气设备及其零件；录音机及放声机、电视图像、声音的录制和重放设备及其零件、附件。

第十七类：车辆、航空器、船舶及有关运输设备。第八十六章铁道或电车道机车、车辆及其零件；铁道或电车道轨道固定装置及其零件、附件；各种机械（包括电动机械）交通信号设备。第八十七章车辆及其零件、附件，但铁道及电车道车辆除外。第八十八章航空器、航天器及其零件。第八十九章船舶及浮动结构体。

第十八类：光学、照相、电影、计量、检验、医疗或外科用仪器及设备、精密仪器及设备；钟表；乐器；上述物品的零件、附件。第九十章光学、照相、电影、计量、检验、医疗或外科用仪器及设备、精密仪器及设备；上述物品的零件、附件。第九十一章钟表及其零件。第九十二章乐器及其零件、附件。

第十九类：武器、弹药及其零件、附件。第九十三章武器、弹药及其零件、附件。

第二十类：杂项制品。第九十四章家具；寝具、褥垫、弹簧床垫、软坐垫及类似的填充制品；未列名灯具及照明装置；发光标志、发光铭牌及类似品；活动房屋。第九十五章玩具、游戏品、运动用品及其零件、附件。第九十六章杂项制品。

第二十一类：艺术品、收藏品及古物。第九十七章艺术品、收藏品及古物。

三、商品归类实务

（一）与商品归类相关的工作

商品归类的事务贯穿于进出口货物的整个通关环节。目前，进出口商品归类可采用企业自行归类、第三方专业归类和海关预归类三种方式。

货物实际进出口前，申请人可以就进出口货物的商品归类向海关申请预裁定或行政裁定。

📚 **知识链接**

预裁定、行政裁定

归类预裁定是海关依据有关规定应申请人的申请确定货物的商品编码，并出具海关商品归类预裁定决定书的行为。归类行政裁定是在货物实际进出口前，海关应申请人的申请，依据《海关法》和《海关行政管理裁定办法》的规定，对拟进出口货物的商品归类事项做出具有普遍约束力的行政决定。预裁定和行政裁定的不同点参见表 3.3。

表 3.3 预裁定和行政裁定的不同点

不同点	预裁定	行政裁定
受理部门	直属海关	海关总署
效力范围	仅对申请该项预裁定的申请人具有约束力，对预裁定决定不服可以申请行政复议或提起行政诉讼	不仅适用于申请人，对从事行政裁定所指向的有关海关事务的对外贸易经营者均具有约束力，与海关规章具有同等效力，对行政裁定不服，不能申请行政复议或者提起行政诉讼

进口环节，如果遇到无法确定商品归类的情形，企业可以先申请看货、取样。如果未申请，则视为自动放弃，一旦申报后发生商品编码错误，将有可能被认定为申报不实。

进出口货物放行后，海关税收征管部门会根据风险参数或以随机等形式进一步对申报货物的归类、价格、原产地等进行审核、查验和稽查。稽查期限为：一般贸易进出口货物放行后 3 年内，保税和减免税货物海关监管期限满后另加 3 年。

（二）商品归类依据

我国的进出口商品归类是以《协调制度》为体系，以《进出口税则》和《海关统计商品目录》为依据而设置的。《协调制度》与《进出口税则》目录层级对照关系参见表 3.4。

表 3.4 《协调制度》与《进出口税则》目录层级对照关系

《协调制度》			《进出口税则》		
商品编码	商品名称	编码层级	商品编码	商品名称	编码层级
02.07	品目 01.05 所列家禽的鲜、冷、冻肉及食用杂碎：	品目	02.07	品目 01.05 所列家禽的鲜、冷、冻肉及食用杂碎：	品目
0207.1	－鸡：	一级子目	0207.1	－鸡：	一级子目
0207.11	－－整只，鲜或冷的	二级子目	0207.1100	－－整只，鲜或冷的	二级子目
0207.12	－－整只，冻的	二级子目	0207.1200	－－整只，冻的	二级子目
0207.13	－－块及食用杂碎；鲜或冷的	二级子目	0207.13	－－块及杂碎，鲜或冷的	二级子目
《协调制度》与《进出口税则》构成基本相同，前六位数码及商品名称完全一致。为适应我国关税、统计和贸易管理的需要，《进出口税则》增加了第七、第八位数码，分别代表第三、第四级子目。未增列第三、第四级子目的第七、第八位数码为 0。注：进出口税则具体内容可查询最新的《进出口税则》			0207.131	－－－块：	三级子目
			0207.1311	－－－－带骨的	四级子目
			0207.1319	－－－－其他	四级子目
			0207.132	－－－杂碎：	三级子目
			0207.1321	－－－－翼（不包括翼尖）	四级子目
			0207.1329	－－－－其他	四级子目

进出口商品的归类应当遵循客观、准确、统一的原则。具体的商品归类依据如下。

（1）法律相关规定。商品归类涉及的相关法规主要有《海关法》《行政处罚法》《行政复议法》《行政诉讼法》。

（2）行政法规相关规定。目前商品归类涉及的行政法规主要有《关税条例》《海关行政处罚实施条例》《海关事务担保条例》《海关统计条例》。

（3）海关规章与相关规定。进出口商品归类中的海关规章与相关规定参见表3.5。

表 3.5　进出口商品归类中的海关规章与相关规定

海关规章与相关规定	意义	
《商品归类管理规定》	为了规范进出口货物的商品归类，保证商品归类的准确性和统一性而制定	
《协调制度公约》商品分类目录	是世界海关组织主持制定的国际公约，是一部多用途的国际贸易商品分类目录，于 1988 年 1 月 1 日生效，该目录由最多六位数字的商品编码与对应的商品名称组成	
《进出口税则》	是我国关境内进行进出口货物、商品归类的基本法律依据	
《进出口税则商品及品目注释》	世界海关组织为使各缔约方能够统一理解、准确执行《协调制度》而编制，它是《协调制度》实施的重要组成部分，是《协调制度》商品归类必不可少的辅助性文件	
《进出口税则本国子目注释》	是对《进出口税则》部分本国子目所进行的解释。注意，该书注释所列商品描述部分应以海关公布内容为准，其他内容仅供参考，不具有法律效力	
相关行政裁定	由海关总署或其授权机构做出，由海关总署统一对外公布，具有海关规章的同等效力	特征：①海关依据对外贸易经营者申请做出，而非海关主动做出；②在货物实际进出口之前做出；③以海关总署公告的形式统一对外公布，具有海关规章的同等效力，在我国关境范围内使用；④进出口相同的货物，适用相同的行政裁定
商品归类决定	是海关总署依据有关法规、行政法规规定，对进出口货物的商品归类做出的具有普遍约束性的决定	商品归类决定来源途径：①由海关总署及其授权机构做出；②由中国海关协调制度商品归类技术委员会决定做出；③由世界海关组织协调制度委员会做出，并由海关总署通过法律程序转化为海关规章
商品归类预裁定	应对外贸易经营者的申请，由海关总署和总署授权机构做出	
海关进出口货物征税管理办法相关规定	根据《海关法》和《关税条例》及其他有关法律、行政法规规定，在商品归类规定方面和法律、行政法规中描述一致，包括如实申报、补充申报、核查等	
《海关化验管理办法》相关规定	是海关对进出口货物的属性、成分、含量、结构、品质、规格等进行的检测分析，并根据《进出口税则》《进出口税则商品及品目注释》《进出口税则本国子目注释》等有关规定做出鉴定结论的活动	

职场训练 3.3

请你为含铁 80%、铜 15%、银 3%、金 2%的金属合金（未经加工锻造、非货币用）进行归类并对商品编码进行分析。

（三）商品归类的操作程序

商品归类是报关人员需要掌握的一项重要技能，任何一名报关人员都需要准确理解商品归类的依据和操作程序，并熟练运用基本操作程序进行正确的商品归类作业。商品归类是一项技术性很强的工作，申报的货物品名、规格、型号等必须满足归类的要求。

1. 归类准备

报关人员应通过单证资料获取、看样取货及请教生产厂家、查询专业书籍、浏览相关网站等方式掌握需要归类商品的货物形态、性质、成分、结构、原理、功能、用途、加工程度等详细的技术性指标和技术参数，并向海关提供需要归类商品的技术性指标和技术参数。

2. 归类操作

第一步：确定品目。明确待归类商品的基本特征（决定商品属于不同的类、章的特征），查阅类、章标题，列出可能归入的类、章标题，查阅相应类、章中的注释和品目条文（有时相应注释或品目条文又会提及其他需要查找的类、章），如含有该商品的则确定品目，如未包括该商品则按规定运用归类总规则二至五确定该商品的品目。

第二步：确定子目。查阅所属品目的一级子目条文和适用的注释，如含有该商品归类规定则确定为一级子目（五位数级），如未包括该商品归类规定则按规定运用做适当修改后的归类总规则一至五确定一级子目。依次重复前述操作程序，确定二至四级子目（六至八位数级），最终完成归类操作。要特别注意，只有同一数级的子目才能进行比较。

按照有关规定必须由海关送验的商品，由海关根据化验结果做出归类决定。对一时难以确定归类的商品，凡不涉及许可证管理的，经海关批准，在经营者向海关交付保证金后，先予放行；属于许可证管理的商品，则应按有关法律、法规、规章的规定办理。

（四）商品归类的风险后果

商品归类直接关系着关税及进口环节税的征收、原产地管理、自贸区谈判、进出口许可证管理、贸易保护措施、检验检疫和环保管理，以及我国实施的其他各类非关税措施，更关系着外贸企业的风险、成本和合规守法。

商品归类的风险后果主要表现如下。

1. 经济风险

商品归类在某种程度上存在"仁者见仁、智者见智"的特性。许多实际案例表明，由于认知角度不同，归类的结果也不相同。企业如果不能及时消除海关对所申报商品的归类质疑，随着通关时间的延长、物流成本的上升，经济损失必然随之产生。

后续海关统计时若发现同样的货物和以前的归类不一样，会对以前的意见做修改，涉及漏缴税款的也要补缴。商品归类错误必然引起税率差异。若税率差异影响海关统计或者贸易管制，相应的处罚金额上限为 3 万元；若税率差异影响许可证件管理，相应的处罚金额则以百分比来计算，这时的风险程度会和涉案货值成正比。

((•))警钟长鸣

天津海关对某公司商品编码申报不实的处罚决定

（天津海关网 2022 年 9 月 5 日消息） 北京某公司向天津新港海关申报一般贸易进口油缸 55 套，申报商品编码为 8431100000（进口关税税率为 3%，增值税税率为 13%），申报 FOB 总价为 109 100 美元。经查，实货商品编码应为 8412210090（进口关税税率为 12%，增值税税率为 13%），该批货物进口申报不实，漏缴税款 75 611.47 元。根据《行政处罚法》《海关办理行政处罚案件程序规定》规定，对该公司处罚款 7.6 万元。

提醒： 进出口企业应对进出口商品进行正确的归类，若归类不清楚的可向海关咨询，申报的进出口归类不实所产生的责任将由申报企业自行承担。

2. 信用风险

海关引入守法便利失信惩治原则，对企业实行信用管理，企业违反海关监管规定的次数超限，海关会相应降低企业信用等级。失信企业进出口货物的查验率在 80% 以上，高级认证企业进出口货物的查验率在 20% 以下。所以，信用风险是经济风险后产生的连锁风险，一旦发生也会进一步扩大经济损失。因此，通关环节中稍有疏忽，便会出现归类差错，从而引发信用风险。

本 章 小 结

　　《协调制度》是一部多用途的国际贸易商品分类目录，它具有完整性、系统性、通用性和准确性的特点，按照生产部类、自然属性和功能用途等把商品分为 21 类、97 章，我国进出口商品目录以此为基础编制而成。

　　《协调制度》主要由品目和子目构成，为避免各品目和子目所列商品发生交叉归类，在许多类、章下加有类注、章注和子目注释，即设在类、章之首用于解释子目的文字说明，并用专用术语来定义或区分某些商品的技术标准及界限。

　　《协调制度》规定了六条商品归类的总规则。我国的进出口商品归类是以《协调制度》为体系，以《进出口税则》和《海关统计商品目录》为依据而设置的。

基础与能力训练

一、名词解释

　　1.《协调制度》　　2. 进出口商品归类　　3. 归类总规则一　　4. 归类总规则二

　　5. 归类总规则三　　6. 归类总规则四　　7. 归类总规则五　　8. 归类总规则六

二、简答题

　　1. 归类总规则一说明了哪三个问题？

　　2. 使用归类总规则二要注意哪些问题？

　　3. 归类总规则三 2 中所讲的零售的成套货品必须同时符合哪些条件？

　　4. 归类总规则五适用于哪些货品的归类？

　　5. 在使用归类总规则时要注意哪些问题？

　　6. 归类总规则四为什么应用得非常少？

　　7. 归类总规则三 2 中所讲的混合物、组合物必须同时符合哪些条件？

　　8. 进出口商品归类的依据是什么？

三、实训项目

　　（一）请在海关总署官网上查询下列货物在《协调制度》中的编码。

　　1. 新鲜苹果　　　　2. 硝酸钾肥料　　　　3. 大理石毛料　　　4. 涪陵榨菜（小袋包装）

　　5. 血压计　　　　　6. 体温表　　　　　　7. 无籽小葡萄干　　8. 金鸡牌鞋油

　　9. 家用电加热杯　　10. 40ft 的冷藏集装箱　　11. 蓝牙耳机　　　12. 手提式电动剪草机

　　（二）查阅相关资料，规范填写"中华人民共和国海关行政裁定申请书"。

　　在货物拟进出口三个月前，海关应申请人的申请，可以就拟进出口货物的商品归类、是否具备享受优惠贸易协定税率或特惠税率资格、完税价格相关要素、估价方法以及其他与审定完税价格有关要素等申请进行行政裁定。申请人申请预裁定的，应当提交"中华人民共和国海关行政裁定申请书"及海关要求的有关材料。

> 海关归类信息可在海关总署网站"互联网+海关"—"我要查"—"归类决定和行政裁定"栏目中查询。

要求：1．请以学习小组为单位（4～6人/组），分别以进口贸易商和出口贸易商的身份完成进/出口合同的拟定。

2．在示例3.1中就合同中交易的商品完成"中华人民共和国海关行政裁定申请书"（商品归类）的填写。

示例3.1

中华人民共和国海关行政裁定申请书

（商品归类）

编号：

申请人基本信息：		
申请人		
企业代码		
统一社会信用代码		
通信地址		
联系电话		
电子邮箱		
与货物的关系	□收货人	□发货人
是否已就相同商品申请商品归类预裁定	□是	□否
是否已就相同商品持有《海关预裁定决定书》	□是　决定书编号	□否
货物基本信息：		
商品名称（中文、英文）		
其他名称		
拟进出口日期		
拟进出口口岸		
拟进出口数量		
贸易方式		
商品描述：（规格、型号、结构原理、性能指标、功能、用途、成分、加工方法、分析方法等）		
随附材料清单（有关材料请附后）：		
结构式、CAS号、图片、条形码（GTIN）、二维码、出厂商品序列号等		
申请人（章） 　　　　　　年　月　日	海关（章） 签收人： 接收日期：　　年　月　日	

补充习题及实训

扫描二维码做更多练习，
巩固本章所学知识。

第四章

货物、动植物及产品报检

【学习目标】

知识目标：清楚进出境检验检疫工作的内容及流程；熟悉并掌握出入境一般货物、动植物及其产品、食品、化妆品、玩具的报检规定。

技能目标：具有按规定程序办理一般货物的出入境报检的能力；具有根据不同的动植物及其产品办理出入境报检的能力；能够正确办理进出口食品、化妆品、玩具的报检。

素养目标：具有爱国、敬业、诚信的价值观；全面掌握海关对进出口一般货物、动植物及产品、食品、化妆品、玩具的检验检疫要求及报检业务；具有良好的职业意识和遵纪守法的精神。

【引　　例】

海关总署部署开展严防外来物种入侵三年专项行动

（海关发布公众号 2023 年 7 月 22 日消息）近年来，随着国际贸易的快速发展和人员往来的日益频繁，境外物种传入途径不断增多，传入风险持续加大。仅今年上半年，全国海关从进境寄递、携带物品中累计截获禁止进境活体动植物 1 405 种，其中包括巨人蜈蚣、野蛮收获蚁、斑纹蝾螈等我国尚无自然分布的动植物 599 种，并打掉多个非法引进"异宠"的犯罪团伙。

此次开展专项行动，旨在进一步落实总体国家安全观，强化口岸检疫查验，严厉打击违规违法行为，筑牢口岸检疫防线，严防外来物种跨境入侵，保护我国生态安全和生物多样性，推进人与自然和谐共生。

思考讨论：

1. 什么是出入境检验检疫？

2. 出入境一般货物应如何报检？

3. 出入境动植物及其产品应如何报检？

4. 出入境特殊货物应如何报检？

出入境商品检验检疫是国际贸易中不可缺少的一个重要环节。为保护人类健康和安全、保护动植物的生命和健康、保护环境，出入境的商品要由海关进行法定检验检疫。国家法律、行政法规规定必须由海关实施检验检疫的，对外贸易合同约定须凭检验检疫证书结算的，有关国际条约规定必须经检验检疫的，这几类出入境货物均需报检。进出口货物的生产、经营单位可以自行报检，也可委托具备代理报关资格的报关企业代理报检。

第一节　检验检疫概述

出入境检验检疫是指海关依照法律、行政法规、国际惯例、贸易合同的要求，对出入境货物、运输工具、人员等进行检验检疫、认证及签发官方检验检疫证明等监督管理工作。

一、检验检疫工作的内容

出入境检验检疫工作由海关总署负责。检验检疫工作的主要内容包括以下五个方面。

1. 法定检验检疫

法定检验检疫是海关依照国家法律、行政法规和规定，对必须检验检疫的出入境货物、运输工具、人员及其他事项等依照规定的程序实施强制性的检验检疫。

法定检验检疫的范围主要有以下几类：①对《必须实施检验的进出口商品目录》（通常简称《法检目录》）中规定的商品进行检验检疫；②对进出口食品的卫生检验和进出境动植物的检疫；③对装运进出口易腐烂变质食品、冷冻食品的船舱、集装箱等运输工具的适载检验；④对出口危险货物包装容器的性能检验和使用鉴定；⑤对有关国际条约规定或其他法律、行政法规规定须经检验检疫的进出口商品实施检验检疫。

《法检目录》每条内容包括商品编码、商品名称及备注、计量单位、海关监管条件和检验检疫类别等五项。商品编码在原八位商品编码的基础上，以末位补零的方式补足十位码，所有商品编码第九位前的小数点一律取消。商品名称及备注结合《进出口税则》的货品名称以子目注释，与《协调制度》对应。计量单位为《协调制度》第一标准计量单位。海关监管条件和检验检疫类别字母含义如表4.1所示。

表4.1　海关监管条件和检验检疫类别字母含义

海关监管条件		检验检疫类别			
字母	含义	字母	含义	字母	含义
A	入境检验检疫	M	进口商品检验	N	出口商品检验
B	出境检验检疫	P	入境动植物、动植物产品检疫	Q	出境动植物、动植物产品检疫
D	毛坯钻石出入境检验	R	进口食品卫生监督检验	S	出口食品卫生监督检验
		V	入境卫生检疫	W	出境卫生检疫
		L 民用商品入境验证。具体认证适用范围按照海关总署、国家市场监督管理总局的有关公告执行			

国际贸易合同中规定对贸易货物实施出入境检验时，当事人应及时提出申请，由海关按照合同规定，对货物实施检验并出具检验证书。海关依法对指定的进出口商品实施法定检验，检验的内容包括商品的质量、规格、重量、数量、包装及安全卫生等。

《进出口商品检验法实施条例》第十六条规定："法定检验的进口商品的收货人应当持合同、发票、装箱单、提单等必要的凭证和相关批准文件，向报关地的出入境检验检疫机构报检；通关放行后20日内，收货人应当依照本条例第十八条（法定检验的进口商品应当在收货人报检时申报的目的地检验。大宗散装商品、易腐烂变质商品、可用作原料的固体废物以及已发生残损、短缺的商品，应当在卸货口岸检验）的规定，向出入境检验检疫机构申请检验。法定检验的进口商品未经检验的，不准销售，不准使用。"第二十四条规定："法定检验的出口商品的发货人应当在海关总署统一规定的地点和期限内，持合同等必要的凭证和相关批准文件向出入境检验检疫机构报检。法定检验的出口商品未经检验或者经检验不合格的，不准出口。"

凡列入《法检目录》的进出口商品和其他法律、法规规定须经检验的进出口商品，必须经过海关或其指定的检验机构检验。海关根据需要，对检验合格的进出口商品可以加施检验检疫标志或封识。对未列入《法检目录》，但国家法律、法规、规章规定应当实施出入境检验检疫的进出境商品（包括成套设备），海关应当依法实施出入境检验检疫。

2. 动植物检疫

动植物检疫包括以下几个方面的内容：①对入境、出境、过境的动植物及其产品和其他检疫物实施检疫。②对装载动植物及其产品和其他检疫物的装载容器、包装物、铺垫材料实施检疫。③对来自动植物疫区的运输工具实施检疫。④对入境拆解的废旧船舶实施检疫。⑤对有关法律、行政法规、国际条约规定或者贸易合同约定应当实施出入境动植物检疫的其他货物、物品实施检疫。

《进出境动植物检疫法实施条例》第十八条规定："输入动植物、动植物产品和其他检疫物的，货主或者其代理人应当在进境前或者进境时向进境口岸动植物检疫机关报检。属于调离海关监管区检疫的，运达指定地点时，货主或者其代理人应当通知有关口岸动植物检疫机关。属于转关货物的，货主或者其代理人应当在进境时向进境口岸动植物检疫机关申报；到达指运地时，应当向指运地口岸动植物检疫机关报检。"

3. 卫生检疫

卫生检疫包括以下几个方面的内容：①对出入境的人员、交通工具、集装箱、行李、货物、邮包等实施医学检查和卫生检查。对未染有检疫传染病或者已实施卫生处理的交通工具，签发入境或者出境检疫证。②对入境、出境人员实施传染病监测，海关有权要求出入境人员填写健康申明书，出示预防接种证书、健康证书或其他有关证件。③对患有鼠疫、霍乱、黄热病的出入境人员，应实施隔离留验。④对患有严重精神病、传染性肺结核或者有可能对公共卫生造成重大危害的其他传染病的外国人应阻止入境。⑤对患有监测传染病的出入境人员，视情况分别采取留验、发就诊方便卡等措施。⑥对国境口岸和停留在国境口岸的出入境交通工具的卫生状况实施卫生监督。⑦对发现的患有检疫传染病、监测传染病、疑似检疫传染病的入境人员实施隔离、留验和就地诊验等医学措施。对来自疫区、被传染病污染、发现传染病媒介的出入境交通工具、集装箱、行李、货物、邮包等物品进行消毒、除鼠、除虫等卫生处理。

《国境卫生检疫法实施细则》第十一条规定："入境、出境的微生物、人体组织、生物制品、血液及其制品等特殊物品的携带人、托运人或者邮递人，必须向卫生检疫机关申报并接受卫生检疫，凭卫生检疫机关签发的特殊物品审批单办理通关手续。未经卫生检疫机关许可，不准入境、出境。"

🔔 警钟长鸣

关于防止猴痘疫情传入我国的公告（海关总署 2023 年第 100 号公告）

2023 年 8 月 21 日，为防止猴痘疫情传入我国，海关总署 2023 年第 100 号公告规定：①来自猴痘疫情发生国家（地区）的人员，如接触过猴痘病例或出现发热、寒战、头痛、嗜睡、乏力、背部疼痛、肌痛、淋巴结肿大、面部和身体大范围皮疹等症状，入境时应主动向海关申报，海关卫生检疫人员将按规定程序采取医学措施并开展采样检测；②来自猴痘疫情发生国家（地区）且有被污染或有被污染可能的航空器、船舶、集装箱、货物，应按规定程序接受卫生处理。

4. 进出口食品安全监管

《食品安全法》第九十一条规定："国家出入境检验检疫部门对进出口食品安全实施监督管理。"食品安全监管是针对进出口预包装食品、食品添加剂、动植物源性食品等不同属性及类别的食品、食品原料、保健功能食品及境外食品生产企业等的监管。

海关总署对进口食品的境外生产企业实施注册管理，对向中国境内出口食品的出口商或者代理商实施备案管理，对进口食品实施检验；对出口食品生产企业实施备案管理，对出口食品原料种植、养殖场实施备案管理，对出口食品实施监督、抽查；对进出口食品实施分类管理，对进出口食品生产经营者实施诚信管理。海关总署对向中国境内出口食品的境外食品生产企业实施注册登记制度，注册和备案名单则由海关总署网站对外公布。

《食品安全法实施条例》第四十四条规定："进口商进口食品、食品添加剂，应当按照规定向出入境检验检疫机构报检，如实申报产品相关信息，并随附法律、行政法规规定的合格证明材料。"第五十三条规定："出口食品、食品添加剂的生产企业应当保证其出口食品、食品添加剂符合进口国家（地区）的标准或者合同要求；我国缔结或者参加的国际条约、协定有要求的，还应当符合国际条约、协定的要求。"

5. 出境货物运输包装检验

出境货物运输包装根据所装货物类别的不同，在运输过程中的检疫要求也不同。一般货物运输包装容器是指列入《法检目录》及其他法律、行政法规规定须经海关检验检疫的出口货物运输包装容器。危险货物运输包装容器是盛装危险货物的，均被列入法定检验范围。对危险货物运输包装容器的检验包括性能检验和使用鉴定。

《进出口商品检验法》第十七条规定："为出口危险货物生产包装容器的企业，必须申请商检机构进行包装容器的性能鉴定。生产出口危险货物的企业，必须申请商检机构进行包装容器的使用鉴定。使用未经鉴定合格的包装容器的危险货物，不准出口。"第十八条规定："对装运出口易腐烂变质食品的船舱和集装箱，承运人或者装箱单位必须在装货前申请检验。未经检验合格的，不准装运。"为加强对出口食品包装容器、包装材料的安全检验检疫和监管，保证出口食品安全、保护消费者身体健康，海关总署对出口食品包装生产企业实施备案管理，对出口食品包装产品实施检验。

二、检验检疫的一般工作流程

（一）检验检疫申报

检验检疫申报是报关人员根据法律、行政法规的规定以及对外贸易合同的约定或证明履约的需要，向海关申请检验检疫或鉴定，以获准出入境或取得销售使用的合法凭证及某种公证证明所必须履行的法定程序和手续。海关接受报关人员的检验检疫申报，是检验检疫工作的开始。

1. 申报范围

根据国家法律、行政法规的规定和目前我国对外贸易的实际情况，检验检疫申报范围主要包括四个方面。

（1）法律、行政法规规定必须由海关实施检验检疫的。根据《进出口商品检验法》及其实施条例、《进出境动植物检疫法》及其实施条例、《国境卫生检疫法》及其实施细则、《食品安全法》及其实施条例等有关法律、行政法规规定，由海关实施检验检疫或鉴定的货物包括：①列入《法检目录》的货物；②入境废物、旧机电产品；③出口危险货物包装容器的性能检验和使用鉴定；④出入境集装箱；⑤出入境、过境的动植物、动植物产品及其检疫物，以及装载它们的装载容器、包装物、铺垫材料，入境动植物性包装物、铺垫材料；⑥来自动植物疫区的运输工具和装载出入境、过境的动植物、动植物产品及其他检疫物的运输工具；⑦入境拆解的废旧船舶；⑧出入境人员、交通工具、运输设备以及可能传播检疫传染病的行李、货物和邮包等物品，旅客携带物（包括微生物、人体组织、生物制品、血液及其制品、骸骨、骨灰、废旧物品和可能传播传染病的物品以及动植物、动植物产品和其他检疫物）和携带伴侣动物；⑨国际邮寄物（包括动植物、动植物产品和其他检疫物、微生物、人体组织、生物制品、血液及其制品以及其他需要实施检疫的国际邮寄物）；⑩其他法律、行政法规规定需经检验检疫机构实施检验检疫的其他应检对象。

（2）输入国家或地区规定必须凭海关出具的检验检疫证书方准入境的。有些国家发布的法令或行政规定要求某些来自我国的入境货物须凭海关签发的证书方可入境，申报人须向海关申请对出口的货物实施检验检疫或进行除害处理，以取得相关证书或标识。

（3）国际条约规定或与我国有协定（协议）必须经检验检疫并取得有关证书（明）方准入境的。我国已是一些国际条约、公约和协定的成员并与一些国家缔结了有关商品检验或动植物检疫的双边协定（协议）。凡是国际条约、公约和协定（协议）规定须经我国海关实施检验检疫的出入境货物，申报人须向海关进行检验检疫申报，由海关实施检验检疫。

（4）对外贸易合同约定必须凭海关签发的证书进行交接、结算的。对外贸易合同是买卖双方通过协商并确定双方权利义务的书面协议，一经签署则具有法律效力。对外贸易合同中交易的双方由于地理位置很难做到面对面交货，为保证对外贸易的顺利进行和保障双方的权利，通常需要委托第三方对货物进行检验检疫和鉴定并出具检验检疫或鉴定证书，以证明卖方已履行合同，双方凭证书进行交接、结算；而对于某些以成分计价的货物，由第三方出具的检验证书则是计算货款的直接依据。所以，凡是对外贸易合同、协议中规定以我国海关签发的检验检疫证书为交接、结算依据的出入境货物，申报人必须向海关进行检验检疫申报，由海关按照合同、协议的要求实施检验检疫或鉴定并签发检验检疫或鉴定证书。

2. 申报方式

报关人员申报前应充分了解出入境货物的基本情况，并按照货物性质和海关有关规定准备好申报单证，确认提供的数据和各种单证正确、齐全、真实、有效。对于需要办理检疫审批、强制性认证、卫生注册等有关批准文件的商品，还应在申报前办妥相关手续。

（1）出口货物整合申报。报关人员通过"单一窗口"或"互联网+海关"预录入系统完成进出口货物检验检疫申报，在线完成相关数据填写后将申报数据发送至申报地海关，并通过无纸化上传系统将随附单据的电子版上传，无须在申报时提交纸质单证。海关监管过程中按照风险布控、签注作业等要求验核纸质单证的，申请人应当补充提交相关纸质单证。

注意： 对需要实施检验检疫的货物应勾选"涉检"选项，如实录入检验检疫所需数据，若检验检疫有特殊条款和特殊要求，也应在电子申报时指出。

（2）进口货物可采用两步申报。两步申报是在原有申报模式的基础上，实施以概要申报、完整申报为主要内容的进口货物申报模式。第一步，企业需向海关申报进口货物依法是否需要监管证件、是否需要检验检疫、是否需要缴纳税款并填写相关内容，完成概要申报；第二步，自运输工具进境之日起 14 日内，根据海关要求完成整合申报。两种申报方式的具体内容详见本书第七章第二节。

> **视野拓展**
>
> 读者可在海关总署网站的政务公开等栏目查看相关法律文件，了解更详细的检验检疫内容。

3. **申报数据的修改与撤销**

电子数据申报有误的应按规定进行修改或撤销，管理规定如表 4.2 所示。

表 4.2　申报数据修改与撤销的管理规定

方式	修改与撤销的管理规定
经海关批准可申请更改	修改与撤销情形：1. 海关尚未实施检验检疫或虽已实施检验检疫但尚未出具单证的；2. 检验检疫单证发出后，申报人提出更改或补充内容的，应填写更改申请单，经海关审核批准后可以办理更改的
	操作重点：1. 填写更改申请单，说明更改的事项和理由；2. 将有关函电等证明文件，交原检验检疫单证机构；3. 变更合同或信用证的，提供新的合同或信用证；4. 更改检验检疫单证的，交还原单证的正副本，特殊情况不能交还的，申请人应书面说明理由，经法定代表人签字，加盖公章，在指定的报纸上申明作废，经海关审批后可重新签发
不能提出更改	不能提出更改的情形：1. 品名、数（重）量、包装、发货人、收货人等重要信息项更改后与合同、信用证不符的，或者更改后与输入国家（地区）法律法规规定不符的；2. 超过检验检疫单证有效期的
	操作重点：应书面说明原因，经批准后方可办理撤销手续。报检申报后 30 天未联系检验检疫的，海关将做自动撤销报检申报处理
重新报检	重新报检的情形：1. 超过检验检疫有效期的；2. 变更输入国家（地区），并有不同检验检疫要求的；3. 改换包装或重新拼装的；4. 已撤销申报的

（二）抽样/制样

海关根据有关工作规范、企业信用等级、产品风险等级，判别是否需要实施现场检验及是否需要对产品实施抽样检测。若需要抽样，报关人员应事先与海关约定抽样、检验检疫和鉴定的时间，并须预留足够的抽样、检验检疫和鉴定的工作日，同时须提供进行抽样、检验检疫和鉴定等必要的工作条件。抽样与制样实施操作要点如表 4.3 所示。

表 4.3　抽样与制样实施操作要点

方式	实施	操作要点
抽样	凡需检验检疫并出具结果的出入境货物，一般需检验检疫人员到现场抽取样品。抽取的样品必须具有代表性、准确性、科学性	检验检疫人员抽取样品后必须及时封识、送检，并填写现场记录，以免发生意外
	注：进出口合同中规定了抽样方法的，按合同规定的方法抽样；合同中没有规定抽样方法的，按有关标准进行抽样	
制样	凡是所抽取样品需经过加工才能进行检验检疫的需要制样（制备样品）	制样一般在检验检疫机构的实验室内进行，无制样条件的可在社会认可的实验室制样
	注：样品及制备的样品经检验检疫后重新封识，超过样品保存期后销毁。需留中间样品的按规定期限保存	

（三）检验检疫

对出入境应检对象，检验检疫人员通过感官的、物理的、化学的、微生物的方法进行检验检疫，以判定所检对象的各项指标是否符合合同及买方所在国（地区）官方机构的有关规定。

除国家法律、行政法规规定必须经检验检疫的对象外，海关可根据对外贸易关系人、国外机构的委托，执法、司法、仲裁机构的委托或指定等，对出入境货物、动植物及其包装、运载工具和装运技术条件等进行检验检疫或鉴定，并签发有关证书，作为索赔、仲裁等事项的有关凭证。

经检验检疫合格放行的出境货物不得错发、错运、漏发。法定检验检疫的出境货物未经申报前监管的或者经检验检疫不合格的不准出口。未经检验检疫合格或未经海关许可的入境法检货物，不准销售、使用或拆卸、运递。

（四）卫生除害处理（检疫处理）

按照《国境卫生检疫法》及其实施细则、《食品安全法》和《进出境动植物检疫法》及其实施条例的有关规定，海关所涉及的卫生处理的范围和对象是非常广泛的，包括出入境的货物、动植物及产品、运输工具、交通工具的卫生除害处理以及公共场所、病源地和疫源地的卫生除害处理等。卫生除害处理的方法包括物理方法和化学方法。

（五）签证放行

出境货物经检验检疫合格的，办理货物通关手续，经检验检疫或口岸核查货证不合格的，签发出境货物不合格通知单。入境货物经检验检疫合格的，或经检验检疫不合格但已进行有效处理合格的，签发入境货物检验检疫证明。不合格需做退货或销毁处理的，签发检验检疫处理通知书，不合格需办理对外索赔的，签发检验检疫证书，供有关方面办理对外索赔及相关手续。

📚 知识链接

检验检疫单证

检验检疫单证的签发应符合国家有关法律法规和有关规定，以及国际惯例的有关要求。检验检疫单证的一般规定和有效期参见表4.4。

表4.4　检验检疫单证的一般规定和有效期

单证规定	具体内容
一般规定	检验检疫证书分别使用英文、中文、中英文合璧签发，进口国（地区）政府要求单证文字使用本国官方语言的，或有特殊内容要求的，应视情况予以办理。单证一般由一正三副组成。正本对外签发，申报人持有二份副本，海关留存一份副本
有效期	单证一般以验讫日期作为签发日期。单证的有效期不得超过检验检疫有效期，检验检疫有效期由施检部门根据国家有关规定，结合对货物的检验、检验监管情况确定。①出境货物的出运期限及有关检验检疫证单的有效期：一般货物为60天；植物及其产品为21天，北方冬季可适当延长至35天；鲜活类货物为14天。②电信卫生检疫的交通工具卫生证书的有效期：用于船舶的有效期为12个月，用于飞机、列车的有效期为6个月。③船舶免予卫生控制措施证书/船舶卫生控制措施证书有效期为6个月。④国际旅行健康证明书有效期为12个月，预防接种证书的有效时限参照有关标准执行。⑤供港澳活猪的动物卫生证书有效期为14天

根据海关总署公告2023年第27号规定，报关单位可以通过"单一窗口""互联网+海关"或"云签发"模式，直接自主打印或现场领取海关签发的检验检疫单证

第二节　一般货物报检

一、出境一般货物报检

出境货物的通关流程是先检验检疫，后通关放行。

（一）报检流程

出境货物检验检疫申报流程一般有以下几步。

（1）报关人员在规定的时间内向海关进行报检，并按检验检疫有关规定和要求提供有关资料。

（2）海关按有关规定审核资料，符合要求的，受理报检。

（3）由商检部门实施检验检疫。

（4）检验检疫合格，报关手续完成，海关统一发送放行指令，海关监督作业场所经营单位凭海关放行指令办理货物提离手续。被抽中出境口岸核查货证的货物，须在口岸实施核查货证。

（二）报检要求

1. 报检的时间和地点要求

出境货物最迟应在出口报关或装运前 7 天报检。对于个别检验检疫周期较长的货物，应留足相应的检验检疫时间。法定检验检疫货物，除活动物须由出境地口岸海关检验检疫外，原则上应向产地海关报检并由产地海关实施检验检疫。

2. 报检应提供的单证

出境货物报检时，应以电子形式提供合同、信用证（以信用证方式结汇时提供）、发票、装箱单等必要凭证及其他海关要求提供的特殊单证和根据海关需要提供的纸质单证。

下列情况下的出境货物报检需要提供相应的文件或证明：①国家实施许可制度管理的货物，应提供有关许可证明；②出境货物须经生产者或经营者检验合格并加附检验合格证或检测报告；③申请重量鉴定的，应加附重量明细单或磅码单；④凭样成交的货物，应提供经买卖双方确认的样品；⑤出入境人员应向海关申请办理国际旅行健康证明书及国际预防接种证书；⑥申报出境运输工具、集装箱时，应提供检疫证明，并申报有关人员的健康状况；⑦生产出境危险货物包装容器的企业，必须向海关申请包装容器的性能鉴定，生产出境危险货物的企业，必须向海关申请危险货物包装容器的使用鉴定；⑧申报出境危险货物时，必须提供危险货物包装容器性能鉴定结果单和使用鉴定结果单；⑨申报原产地证明书和普惠制原产地证明书的，应提供商业发票等资料；⑩出境特殊物品的，应提供有关的审批文件。

（三）报检操作

1. 报检单证填写的基本要求

（1）报关单位应按照检验检疫相关法律、法规的规定和要求，向海关如实申报货物信息。

（2）检验检疫申报单证的填写必须真实，做到"两个相符"：①单证相符，申报的内容必须与合同、发票、装箱单、提单以及批文等随附单据相符；②单货相符，申报的内容必须与实际出口货物的情况相符，不得伪报、瞒报、虚报。

2. 报检电子单证录入

《关于优化出口货物检验检疫监管的公告》（海关总署 2018 年第 89 号公告）规定："实施出口检验检疫的货物，企业应在报关前向产地/组货地海关提出申请。海关实施检验检疫监管后建立电子底账，向企业反馈电子底账数据号，符合要求的按规定签发检验检疫证书。企业报关时应填写电子底账数据号，办理出口通关手续。"

根据《关于检验检疫单证电子化的公告》（海关总署 2018 年第 90 号公告）要求，报关人员通过"单一窗口"预录入系统向海关办理检验检疫申报手续时，应通过无纸化上传系统将随附单据电子版上传，无须在申报时提交纸质单证；海关监管过程中按照风险布控、签注作业等要求需要验核纸质单证的，申请人应当补充提交相关纸质单证。

实物展台
出境货物检验检疫申请

报关人员通过"单一窗口"或"互联网+海关"预录入系统进行报检。"单一窗口"出口整合申报—出境检验检疫申请界面如图 4.1 所示。录入界面所列各栏必须填写完整、正确和清晰（填写完成后导出的纸质出境货物检验检疫申请见实物展台）。

职场训练 4.1

万源矿产品进出口贸易公司取得了出口 10 吨硫磺的检验检疫合格证书后，又接到买方追加 2 吨货物的来函，并将 12 吨货物一同运出。万源矿产品进出口贸易公司考虑到买方所追加的硫磺和原来的硫磺品质以及各项指标完全一致，认为无须报商检部门重新进行检验，遂自行对检验检疫合格证书进行了修改。请问其做法是否符合规定？

二、入境一般货物报检

（一）报检流程

入境货物的放行指令由报关地海关发送，货物的检验检疫则由入境口岸海关和（或）目的地海关完成，货主或其代理人应在办理完成通关手续后主动联系海关落实检验检疫工作。

（1）法定检验检疫入境货物应向卸货口岸或到达站的海关报检，并按检验检疫有关规定和要求提供有关资料。

（2）对入境货物进行预防性检疫处理。需要注意的是，货物通过预防性检疫处理后，并不表示已经完成检验和检疫工作，此时货物仍不允许被销售或使用。

（3）现场检验检疫。海关对现场发现有检验检疫处理指征的货物实施检验检疫处理。抽中现场检验检疫的货物，须按要求实施现场或实验室检验检疫。

（4）合格放行。对于报检后实施审单放行的货物，经审单合格，即可放行。入境货物完成所有检验检疫工作，检疫合格，依申请出具"入境货物检验检疫证明"的，准予销售、使用。检验检疫不合格的货物签发"检验检疫处理通知书"，做退运或销毁处理。

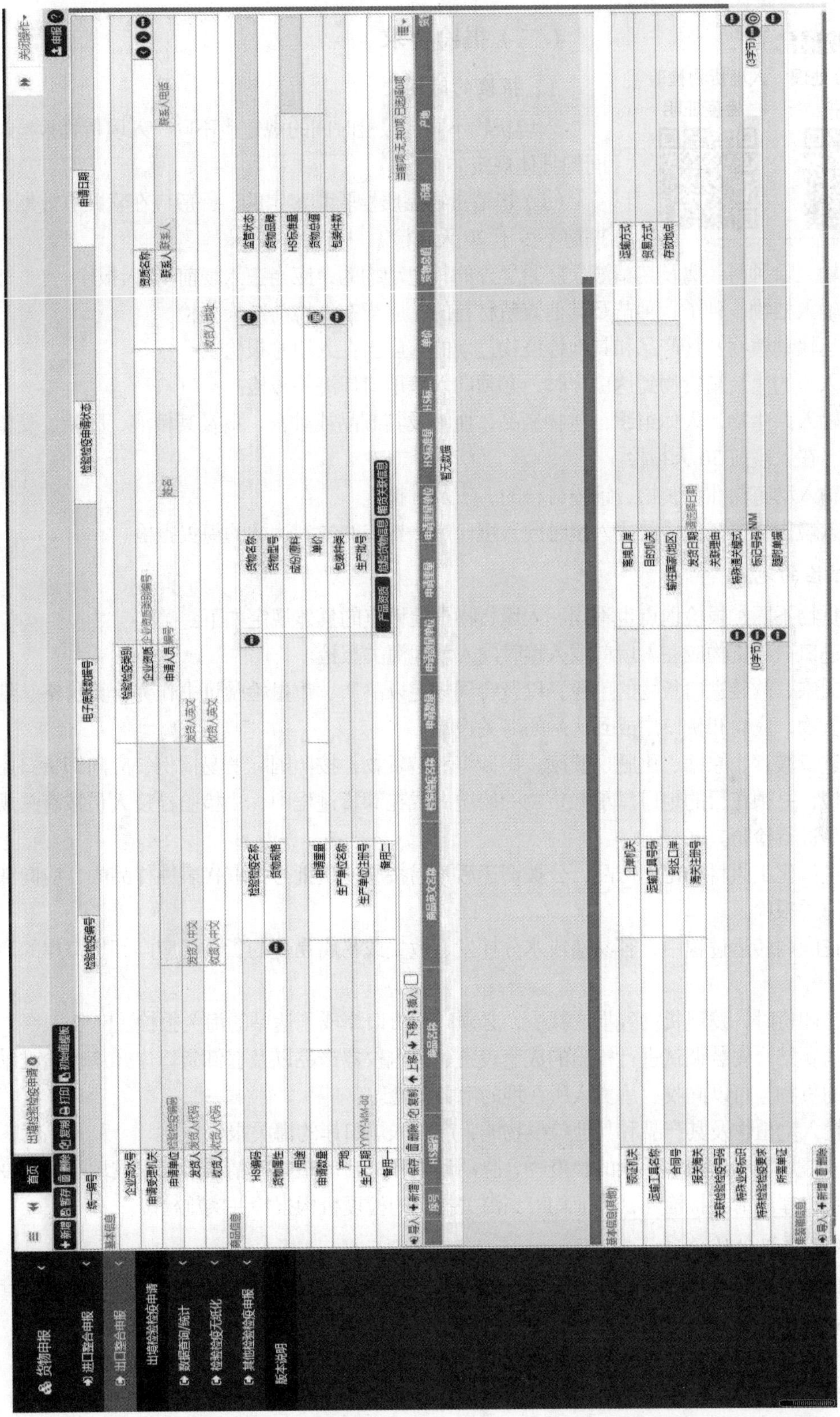

图 4.1　"单一窗口"出口整合申报—出境检验检疫申请界面

实物展台

检验检疫处理 入境货物检验
通知书 检疫证明

（二）报检要求

1. 报检的时间

入境货物不同，报检时间的规定也不同。入境货物报检时间的具体规定如下。

（1）申请货物品质检验和鉴定的，一般应在索赔有效期到期前不少于 20 天报检。

（2）输入除种畜、禽及其精液、胚胎之外的其他动物的，应当在入境前 15 天报检。

（3）输入植物、种子、种苗及其他繁殖材料的，应当在入境前 7 天报检。

（4）运输动植物及其产品和其他检疫物过境的，应当在入境时报检。

（5）入境的集装箱货物到达口岸时，必须向入境地口岸海关报检。

（6）输入微生物，人体组织，生物制品，血液及其制品或种畜、禽及其精液、胚胎、受精卵的，应当在入境前 30 天报检。

（7）输入动植物性包装物、铺垫材料的，应及时报检。

（8）入境货物应在入境前或入境时向入境口岸、指定的或到达站的海关报检。

2. 报检的地点

入境货物不同，报检地点也不同。入境货物报检地点的具体规定如下。

（1）进口一般货物应在入境前或入境时向入境地海关报检。

（2）大宗、散装进口货物的鉴重，以及合同规定以品质、重量检验证书作为计算价格、结算货款的货物，应向卸货口岸或到达站的海关报检。

（3）进口粮食、原糖、化肥、硫磺、矿砂等散装货物，按照国际贸易惯例，应向卸货口岸的海关报检，并须在目的地口岸承载货物的船舱内或在卸货过程中，由检验检疫人员按有关规定抽取样品进行检验。

（4）进口化工原料和化学产品，分拨调运后不易按原发货批号抽取代表性样品的，应向卸货口岸的海关报检。

（5）在国内转运过程中，容易造成水分挥发、散失或易腐易变的货物，应向卸货口岸的海关报检。

（6）在卸货时，发现货物残损或减少，必须向卸货口岸或到达站的海关报检。

（7）需要结合安装调试进行检验的成套设备、机电仪器产品以及在卸货口岸开箱检验难以恢复包装的货物，可以向收、用货人所在地的海关报检。

（8）输入动植物及其产品和其他检疫物的，应向入境口岸的海关报检。

（9）入境后需办理转关手续的检疫物，除活动物和来自动植物疫情流行国家或地区的检疫物须向入境口岸的海关报检外，其他均应到海关指定的检疫机构报检并实施检疫。

3. 报检应提供的单证

入境货物报检时，需要以电子形式提供合同、发票、提（运）单、装箱单等必要凭证及其他海关要求提供的特殊单证和根据海关需要提供的纸质单证。

下列情况下的入境货物报检需提供相应的文件或证明。

（1）国家实施许可制度管理的货物，应提供许可证明。

（2）需进行品质检验的，应提供国外品质证书或质量保证书、产品使用说明书及有关标准和技术资料；凭样成交的，应提供成交样品；以品级或重量计价结算的，应同时申请重量鉴定，并提供重量鉴定证书。

（3）入境的国际旅行者，在国内外发生重大传染病疫情时，应填写出入境检疫健康申明卡。

（4）申请残损鉴定的，应提供理货残损单、铁路商务记录、空运事故记录或海事报告等证明货损情况的有关证单。

（5）申请重（数）量鉴定的，应提供重量明细单、理货清单等。

（6）货物经收、用货部门验收或其他单位检验检测的，应提供验收报告或检验检测结果以及重量明细单等。

（7）入境动植物及其产品，应提供贸易合同、发票、产地证书，输出国家或地区官方的检疫证书；须办理入境审批手续的，还应提供入境动植物检疫许可证。

（8）过境动植物及其产品，应提供分配单和输出国家或地区官方出具的检疫证书；运输动植物过境时，还应提交动植物过境许可证。

（9）入境运输工具、集装箱，应提供检疫证明，并申报人员健康状况。

（10）因科研等特殊需要，输入禁止入境物的，应提供海关总署签发的特许审批证明。

（11）入境特殊物品的，应提供相应资料、证明或证书。①微生物：提供菌、毒株的学名、株名、来源、特性、用途、批号、数量及国家级鉴定书。②人体组织、器官：凡用于人体移植的，须出示有关捐献者的健康状况和无传染病（包括艾滋病检验阴性）的证明。③血液及其制品：须提供用途及实验室检验证书。④生物制品：须提供该制品的成分、生产工艺、使用说明、批号、有效期及检验证明。

（12）入境旅客应提供预防接种证明；携带伴侣动物的，应提供入境动物检疫证书。

（三）报检操作

1. 报检单证填写的基本要求

入境检验检疫申报是指法定检验检疫入境货物的货主向报关地海关申请对入境货物进行检验检疫，以获得入境通关放行凭证，取得入境货物销售、使用合法凭证。报关单位应按照检验检疫相关法律、法规的规定和要求，向海关如实申报货物信息并填写相应单证，申报和填写真实，做到"两个相符"。

2. 报检电子单证录入

报关人员可通过"单一窗口"或"互联网+海关"预录入系统进行报检申报。"单一窗口"进口整合申报—入境检验检疫申请界面如图4.2所示。录入界面所列各栏必须填写完整、正确和清晰。

为保护人类健康和安全、保护动植物的生命健康、保护环境、防止欺诈行为、保护国家安全，海关对涉及安全、卫生、环保的入境货物制定了一些特殊规定。这些特殊规定主要体现在针对不同的入境货物，海关在申报时间、地点、应提供的随附单据及检验检疫监督管理等方面提出了不同的要求。

入境货物检验检疫所需的合同、发票、提单等单据齐全，申请放行的货物的品名、规格、数/重量、唛头等与随附单据相符时海关则放行货物。

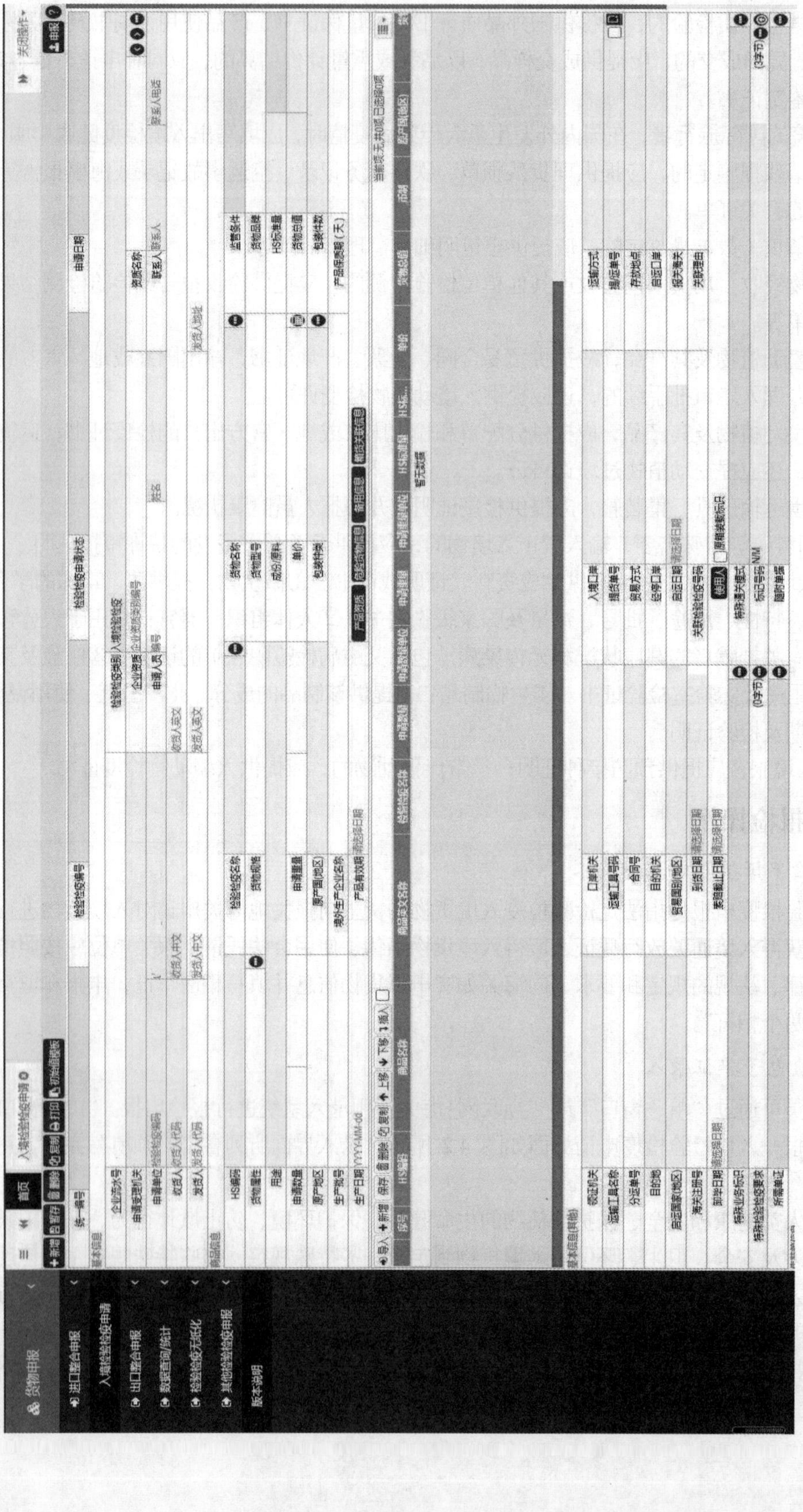

图 4.2 "单一窗口"进口整合申报—入境检验检疫申请界面

第三节　动物及其产品报检

海关依照《进出境动植物检疫法》的规定，对出入境动物及动物产品实施检验检疫。出入境动物检疫申报范围包括动物、动物产品及其他检疫物。

动物是指饲养、野生的活动物，如畜、禽、兽、蛇、水生动物、蚕、蜂等；动物产品是指来源于动物、未经加工或者虽经加工但仍有可能传播疫病的产品，如生皮张、毛类、肉类、脏器、油脂、动物水产品、奶制品、蛋类、血液、精液、胚胎、骨、蹄、角等；其他检疫物是指动物疫苗、血清、诊断液、动植物性废弃物等。

一、出境动物及其产品报检

出境动物及其产品的检疫包括动物检疫、动物产品检疫及其他检疫物检疫。凡是出境的动物及其产品和其他检疫物，装载动物及其产品和其他检疫物的装载容器、包装物以及来自动物疫区的运输工具，均属于实施检疫的范围。

国家对出境动物及其产品、其他检疫物的生产、加工、存放单位实行注册登记制度，所有出境的动物及其产品、其他检疫物都必须来自经海关注册登记的单位。

（一）出境动物报检

国家对出境动物养殖企业实行生产企业注册制度，所有出境的动物都必须来自经海关注册登记的生产加工企业。

1. 报检的时间和地点

出境动物不同，报检的时间和地点也不同。出境动物报检时间和地点的具体规定如下。

（1）出境动物需隔离检疫的，应在动物计划离境前 60 天向启运地海关预报检，隔离检疫前 7 天向启运地海关正式报检。

（2）出境观赏动物（观赏鱼除外），应在动物出境前 30 天，持贸易合同或展出合约、产地检疫证书、国家濒管办出具的许可证及信用证到出境口岸的海关报检。

（3）出境野生水生动物，应在出境前 3 天向出境口岸的海关报检。

（4）出境养殖水生动物（包括观赏鱼），应在出境前 7 天向注册登记养殖场、中转场所在地海关报检。

2. 报检应提供的单证

除按规定提供合同、信用证（以信用证方式结汇时提供）、发票、装箱单等外贸有关单证的电子信息外，出境动物不同，报检时随附的单证也不同。出境动物报检时随附单证的具体规定如下。

（1）观赏动物：提供贸易合同或展出合约、产地检疫证书。

（2）非供屠宰畜禽：提供农牧部门品种审批单。

（3）实验动物：提供国家濒管办出具的允许进出口证明书。

（4）检疫监管动物：提供生产企业的输出动物检疫许可证。

（5）野生捕捞水生动物：提供①所在县级以上渔业主管部门的捕捞船舶登记证和捕捞许可证；②捕捞渔船与出口企业的供货协议（由捕捞船只负责人签字）；③海关规定的其他单证。

注意： 入境国家（地区）对捕捞海域有规定要求的要申明捕捞海域。

（6）养殖水生动物：提供出境水生动物养殖场/中转场检验检疫注册登记证复印件并交验原件。

注意： 纳入《进出口野生动植物种商品目录》管理范围的出境野生动植物及其制品申报时，除按规定提供合同、信用证、发票、装箱单等有关外贸单证电子信息外，还要提供国家濒管办或其授权的办事处核发的濒危物种允许出口证明书或物种证明。

3. **离境检验检疫**

离境动物出境前需经隔离检疫的，应在口岸动植物检疫机关指定的隔离场所检疫。对于离境动物、动物产品和其他检疫物，应在仓库或者货场实施检疫或根据需要在生产、加工过程中实施检疫。待检离境动物、动物产品和其他检疫物，应当数量齐全、包装完好、堆放整齐、唛头标记明显。经启运地海关检验检疫合格的出口动物运抵口岸后，还要由离境地海关实施临床检查或者复检，共有以下三个步骤。

（1）离境申报。离境动物运抵出境口岸后，应向离境地海关申报，并在离境申报时递交启运地海关出具的动物卫生证书。首次申报的，还要递交离境动物饲养场检疫注册登记证，并向离境地海关申请备案。

（2）离境查验。离境地海关受理申报后，核定离境动物数量，核对货证是否相符，查验检验检疫标志，并按照隔离检疫的要求实施群体临床检查和个体临床检查。

（3）签证放行。离境地海关对经离境查验合格的离境动物，在启运地海关签发的动物卫生证书上加签出境日期、数量、检疫员姓名，加盖检验检疫专用章后放行。

（二）出境动物产品报检

货主或其代理人报检的出境动物产品，必须产自经注册登记的生产企业并存放于经注册登记的冷库或仓库。

1. **报检的时间和地点**

凡我国法律、法规规定必须检验检疫的，或进口国家（地区）规定必须凭海关出具的检验检疫证书方可入境的，或有关国际条约规定须经检验检疫的出境动物产品，均应向海关报检。

出境动物肉类产品（不包括罐头食品）的，应在肉类产品启运前向生产企业所在地的海关报检。肉类产品运抵中转冷库时，应向其所在地海关申报。中转冷库所在地海关凭生产企业所在地海关签发的检验检疫单证监督出口肉类产品入库。

出境水产品（不包括活水生动物及水生动植物繁殖材料）的，应向产地海关报检。

2. **报检时应提供的单证**

出境动物产品报检时应提供的单证主要有以下几类。

（1）合同或销售确认书、信用证、发票、装箱单等相关外贸单证电子信息。

（2）生产企业检验报告（出厂合格证明）、出货清单。

（3）凭样成交的出境非食用性动物产品，应提供经买卖双方确认的样品。

（4）动物产品所用原料中药物残留、重金属、微生物等有毒、有害物质含量符合输入国家（地区）及我国要求的书面证明。

（5）如果出境动物产品来源于国内某种属于国家级保护或濒危物种的动物、《濒危野生动植物种国际贸易公约》中的中国物种的动物，报检时还必须递交国家濒管办出具的允许出口证明书。

出口水产品的检验检疫有效期：冷却（保鲜）产品为7天，干冻、单冻产品为4个月，其他产品为6个月。

二、入境动物及其产品报检

凡是入境的动物及其产品和其他检疫物，装载动物及其产品和其他检疫物的装载容器、包装物，以及来自动植物疫区的运输工具，均属实施检疫的范围。

（一）入境动物报检

1. 检疫审批

《进出境动植物检疫法》第十条规定：输入动物、动物产品、植物种子、种苗及其他繁殖材料的，必须事先提出申请，办理检疫审批手续。

检疫审批手续应当在贸易合同或者协议签订前办妥，取得准许入境的"进境动植物检疫许可证"后再签订合同或者协议；并且应当在合同或者协议中订明中国法定的检疫要求，订明必须附有输出国家或者地区政府动植物检疫机构出具的检疫证书。

申请办理检疫审批手续的条件：①申请办理单位应当是具有独立法人资格并直接对外签订贸易合同或者协议的单位；②输出国家或者地区无重大动植物疫情；③符合中国有关动植物检疫法律、法规、规章的规定；④符合中国与输出国家或者地区签订的有关双边检疫协定（含检疫协议、备忘录）；⑤动物遗传物质、非食用动物产品、水果、烟草、粮食、饲料及饲料添加剂，水生动物，输出国家（地区）和生产企业应在海关总署公布的相关检验检疫准入名单内。

有下列情况之一的应当重新申请办理检疫审批手续：①变更进境检疫物的品种或者超过许可数量5%的；②变更输出国家或者地区的；③变更入境口岸、指运地或者运输路线的。

"进境动植物检疫许可证"由海关总署统一印制、发放和编号，有效期为12个月或者一次有效，实际有效期以许可证标明的期限为准。按照规定可以核销的入境动植物及其产品，在许可数量范围内分批进口、多次报检使用"进境动植物检疫许可证"的，入境口岸海关会在许可证所附核销表中，进行检疫物入境数（重）量核销登记。核销完毕后，"进境动植物检疫许可证"自动失效。

注意： 国家依法发布禁止有关检疫物入境的公告或者禁令后，对于禁止入境的检疫物，海关可以撤回已签发的"进境动植物检疫许可证"。

知识链接

入境动植物及其产品的检疫审批

检疫审批是指海关总署及其设在各地的直属海关（或其他审批机构）根据货主或其代理人的申请，依据国家有关法律、法规的规定，对申请人从国外引进动植物、动植物产品或在中国境内运输过境动植物的要求进行审批。入境动植物及产品检疫审批范围及检疫审批申请条件参见表4.5。

表4.5　入境动植物及产品检疫审批范围及检疫审批申请条件

检疫审批类别	检验检疫内容
一般检疫审批	活动物及活动物胚胎、精液、受精卵、种蛋及其他动物遗传物质、食用动物性产品、Ⅰ级和Ⅱ级风险非食用动物产品、动物源性饲料及饲料添加剂、鱼粉、肉粉、骨粉、肉骨粉、油脂、血粉、血液、水产品、过境动物；各种杂豆、杂粮、茄果类蔬菜、植物源性中药材等具有疫情传播风险的植物源性食品、新鲜水果、番茄、茄子、辣椒果实、烟叶及烟草薄片，小麦、玉米、稻谷、大麦、黑麦、燕麦、高粱等（不包括粮食加工品）、大豆、绿豆、豌豆、赤豆、蚕豆、鹰嘴豆等，马铃薯、木薯、甘薯等（不包括薯类加工品）、麦麸、豆饼、豆粕等、植物栽培介质[不包括陶瓷土粉和植物生长营养液（不含动物成分或未经加工的植物成分和有毒有害物质）]
特许检疫审批	动植物病原体（包括菌种、毒种等）、害虫及其他有害生物、动物尸体、土壤等流行国家（地区）的有关动植物及其产品和其他检疫物、动物尸体、土壤等
无须检疫审批	部分风险较小的动物产品，例如蓝湿（干）皮、已鞣制皮毛、洗净羽绒、洗净毛、碳化毛、毛条、贝壳类、水产品、蜂产品、蛋制品（不含鲜蛋）、奶制品（鲜奶除外）、熟制肉类产品（如香肠、火腿、肉类罐头、食用高温炼制动物油脂等）
检疫审批申请条件	①输出和途经国家（地区）无相关的动植物疫情；②符合中国有关动植物检疫法律、法规和部门规章的规定；③符合中国与输出国家（地区）签订的双边检疫协定（包括检疫协议、议定书、备忘录等）；④饲料及饲料添加剂，进境动物遗传物质、非食用动物产品、活动物、肉类及其产品、蛋类、燕窝、乳品、可食用骨蹄角及其产品、动物源性中药材、水产品、水果、烟草、粮食、杂豆、杂粮、茄果类蔬菜、植物源性中药材的输出国家（地区）和生产企业应在海关总署公布的相关检验检疫准入名单内；⑤可以核销的进境动植物产品，应当按照有关规定审核其上一次审批的"进境动植物检疫许可证"的使用、核销情况

■实物展台
进境动植物
检疫许可证

海关对入境动物及其产品的检疫审批，采取的是前审后批的方式。各直属海关负责所辖地区入境动植物检疫审批申请的初审工作，初审合格的，由初审机构签署初审意见并将所有材料上报海关总署审核。海关总署根据审核情况，自初审机构受理申请之日起20日内签发进境动植物检疫许可证或者进境动植物检疫许可证申请未获批准通知单。20日内不能做出许可决定的，经海关总署负责人批准，可以延长10日，并应当将延长期限的理由告知申请单位。申请入境动植物及其产品检疫审批需向海关提交的材料参见表4.6。

表4.6　申请入境动植物及其产品检疫审批需向海关提交的材料

类别	应向海关提交的材料
活动物	除食用水生动物外，需要提供入境动物指定隔离场使用证。水生动物自输出国家（地区）出境后，中转第三方国家（地区）入境的，提供运输路线及在第三方国家（地区）中转的处理情况，包括是否离开海关监管区，是否更换运输工具、拆换包装及进入第三方国家（地区）水体环境，等等
动物遗传物质	代理进口的，提供与货主签订的代理进口合同或者协议复印件
食品	申请单位与海关总署公布的定点企业生产、加工、存放单位签订的生产、加工、存放合同（申请单位与定点企业一致的，不需要提供）
非食用动物产品	Ⅰ级风险非食用动物产品提供加工、存放单位证明材料（申请单位与生产、加工、存放单位不一致的，提供申请单位与指定企业签订的生产、加工、存放合同）
生物材料	进口Ⅰ级和Ⅱ级风险产品提供说明数量、用途、引进方式、入境后防疫措施的书面申请，科学研究的立项报告及相关主管部门的批准立项证明文件
粮食与烟叶	生产、加工、存放单位考核报告
水果	指定冷库证明（申请单位与存放单位不一致的，还需提交与备案冷库签订的仓储协议）
饲料	Ⅰ级风险的饲料和饲料添加剂提供生产、加工、存放单位证明材料（申请单位与生产、加工、存放单位不一致的，提供申请单位与指定企业签订的生产、加工、存放合同）
过境动物	过境路线说明；输出国家（地区）官方检疫部门出具的动物卫生证书复印件；输入国家（地区）官方检疫部门出具的准许动物进境的证明文件
特许审批	因科学研究等特殊需要，引进《进出境动植物检疫法》第五条第一款所列禁止入境的，提交说明其数量、用途、引进方式、入境后防疫措施的书面申请；科学研究的立项报告及相关主管部门的批准立项证明文件

2. 报检

入境动物抵达口岸前，进口商须按规定向入境口岸海关报检，由口岸海关实施检疫。入境后须办理转关手续的检疫物，除活动物和来自动物疫情流行国家或地区的检疫物由入境口岸检疫外，其他均应分别向入境口岸海关报检和在指运地海关报检。向指运地海关报检时应当提供相关单证的复印件和进境口岸海关签发的审结通知书。

注意：指运地一般为转关货物运输目的地和最终报关地。

办理入境动物及其他检疫物报检时，除电子申报录入外，还须按检疫要求出具下列有关单证：①输出国家或地区政府动植物检疫机构出具的检疫证书（正本）；②进境动植物检疫许可证（分批进口的，还须提供许可证复印件进行核销）；③外贸合同、发票、装箱单、海运提单（或铁路运单、航空运单、海运单）、原产地证书等；④输入活动物的，应提供隔离场审批证明；⑤输入动物遗传物质的，应提供使用单位备案证明书；⑥输入国家规定的禁止入境的动物及其他检疫物等，还须持特许审批单。

无输出国（地区）官方有效检疫证书或未依法办理检疫审批手续的，海关将根据情况做出退回或销毁处理。

3. 检疫

入境动物必须在入境口岸进行隔离检疫。

入境活动物、动物遗传物质抵达入境口岸时，海关检疫人员须登机、登轮、登车进行现场检疫。对现场检验检疫不合格的出具相关单证，如检疫调离通知单，并将入境活动物、动物遗传物质调至口岸海关指定的场所做进一步的、更为全面的隔离检疫。大、中动物的隔离检疫期为 45 天，其他动物的隔离检疫期为 30 天，需延长或缩短隔离检疫期的，应当报海关总署批准。

检疫规定：①检疫工作完毕后，对检疫合格的动物、动物遗传物质，向报关人员出具动物检疫证书和相关单证，准许入境；②检出《进境动物检疫疫病名录》中一类病的全群动物或动物遗传物质禁止入境，做退回或销毁处理；③检出《进境动物检疫疫病名录》中二类病的阳性动物禁止入境，做退回或销毁处理，同群的其他动物放行，并进行隔离观察；④检出阳性的动物遗传物质禁止入境，做退回或销毁处理；⑤检疫中发现有检疫名录以外的传染病、寄生虫病，但国务院农业行政主管部门另有规定的，按规定做退回或销毁处理；⑥对入境动物在运输途中需提供运递证明的，检验检疫部门出具纸质"入境货物调离通知单"。

（二）入境动物产品报检

1. 检疫审批

我国对入境动物产品实行检疫审批制度。可以核销的入境动物产品，应当按照有关规定审核其上一次审批的进境动植物检疫许可证的使用、核销情况。

2. 报检

输入动物产品在入境前或入境时，应向入境地海关报检，约定检疫时间。入境后需调离入境口岸办理转关手续的，应向入境地海关报检，到达指运地时，应当向指运地海关申报并实施检疫。

海关对向我国输入动物产品的生产、加工、贮存的境外企业实施注册登记管理制度。生产、加工、仓储入境动物肉类、水产品、原皮、原毛、原羽毛/羽绒、生骨、生蹄、生角、明胶、蚕茧等的境外企业，必须取得海关批准的动物产品定点加工、仓储企业资格。

海关对进口肉类产品、水产品实施准入制度，只有列入《符合评估审查要求及有传统贸易的国家或地区输华食品目录》的国家或地区对应的产品，才能入境，并且只能从海关指定的口岸入境。入境时需要上传进境动植物检疫许可证正本、输出国家（地区）官方签发的检验检疫证书正本、原产地证书（水产品不提供）、贸易合同、提单、装箱单、发票等单证。经港澳中转入境的肉类产品，须加验港澳中检公司签发的检验证书正本，对列入《实施企业注册的进口食品目录》的水产品，还应提供注册编号。入境动物源性饲料及饲料添加剂的，还须提供进口饲料和饲料添加剂产品登记证复印件。

3. 检疫

经海关口岸查验、感官检验和实验室检测合格的动物产品，检验检疫部门出具"入境货物检验检疫证明"，允许加工、销售和使用。经检疫不合格的，须做检疫处理的，签发"检验检疫处理通知书"；检疫处理仍不合格的，在海关的监督下，做退回、销毁或者无害化处理。

第四节　植物及其产品报检

出入境植物主要包括植物及其产品和其他检疫物。

植物是指栽培植物、野生植物和它们的种子、种苗及其他繁殖材料等，包括栽培、野生的可供繁殖的植物全株或者部分，如植株、苗木（含试管苗）、果实、种子、砧木、接穗、插条、叶片、芽体、块根、块茎、鳞茎、球茎、花粉、细胞培养材料等。为了避免与广义的植物检疫混淆，通常将这部分检疫物统称为种子、苗木（简称种苗）。

植物产品是指来源于植物未经加工或者虽经加工但仍有可能传播病虫害的产品。植物产品包括粮谷类、豆类、木材类、竹藤柳草类、饲料类、棉花类、麻类、籽和油类、烟草类、茶叶和其他饮料原料类、糖和制糖原料类、水果类、干果类、蔬菜类、干菜类、植物性调料类、药材类以及其他类等。

其他检疫物包括植物性有机肥料、植物性废弃物、植物产品加工后产生的下脚料和其他可能传带植物有害生物的检疫物。

一、出境植物及其产品报检

出境植物检疫是指对贸易性和非贸易性的出境植物及其产品和其他检疫物实施的检疫。

海关对出境植物检疫物的生产、加工、存放过程实施检疫监督管理制度，对生产、加工、存放出境植物检疫物的场所实施注册登记管理，所有出境的植物及产品都必须来自经海关注册登记的生产、加工、存放单位。

（一）报检范围

（1）贸易性的出境植物及其产品和其他检疫物（商品）。

（2）作为展出、援助、交换、赠送等用途的非贸易性的出境植物及其产品和其他检疫物（非商品）。

（3）进口国家（地区）有植物检疫要求的出境植物及其产品。

（4）以上出境植物及其产品和其他检疫物的装载容器、包装物及铺垫材料。

我国对出境植物及其产品的检疫实行分类管理制度。凡需出具植物检疫证书、熏蒸/消毒证书的出境检疫物，都必须批批自检。粮谷类出境检疫物，无论是否需出具植物检疫证书、熏蒸/消毒证书或换证凭单，必须批批自检。

（二）报检

1. 报检的时间和地点

出境水果应向包装厂所在地海关报检，并按规定提供有关单证及产地供货证明，出境水果的来源地不清楚的，海关不予受理报检。

出境粮食应当在粮食出境前向储存或者加工企业所在地海关报检。

出境竹木草制品和转基因产品的应当提前向所在地海关报检。

2. 报检应提供的单证

出境水果来自注册登记的果园、包装厂的，须提供注册登记证书复印件；出境水果来自包装厂所在地海关辖区以外其他注册果园的，须提供水果产地供货证明。

出境粮食的，需要提供贸易合同、发票、自检合格证明等材料，贸易方式是凭样成交的还应提供成交样品。

出境竹木草制品的，除了提供合同、发票、装箱单等有关外贸单证电子信息外，出境竹木草制品一类、二类企业申报时还需要提供出境竹木草制品的厂检记录单。

出境转基因产品，需要进行转基因测试或者出具非转基因证明的，提供输入国家（地区）官方发布的转基因产品入境要求。

3. 检疫

报关人员应陪同检疫人员实施检疫。检疫人员首先要了解货物存放的环境是否符合检疫管理的要求，要检查全部货物的存放情况及报检货物的生产加工日期及地点、存放时间、包装情况等，同时要核对报检单与货物的相符情况。检疫合格则签证放行，检疫不合格则根据检疫情况做出重新整理、换货或除害处理合格后放行的决定。

4. 签证

根据政府间双边植物检验检疫协定、协议和备忘录或输入国（地区）要求，经检验检疫合格的，出具植物检疫证书或检验证书、卫生证书；经认可的检疫处理后合格的，出具熏蒸/消毒证书或植物检疫证书。

出境植物应在放行单有效期内出境；超过放行单有效期的，报关人员应重新报检。

出境口岸对出境植物按照 1%～3% 的比例抽查、核对货证，经查验货证相符的放行，经查验货证不符的不准出境。

■ 实物展台

| 出境货物换证凭单 | 植物检疫证书 | 卫生证书 | 熏蒸/消毒证书 |

职场训练 4.2

检验检疫部门不接受来自非注册果园和包装厂的水果出口报检。请问出口水果报检时应考虑哪些方面的问题？

二、入境植物及其产品报检

海关对拟向中国输出植物及其产品的国外生产、加工、存放单位实行注册管理制度，所有入境的植物及其产品都必须来自经海关注册登记的生产、加工、存放单位。

（一）报检范围

凡是入境的植物及其产品和其他检疫物，均属实施检验检疫的范围。

1. 入境应符合的条件

（1）入境植物不得带有国家禁止入境的植物危险性病、虫、杂草。

（2）入境植物不得带有有关协定、贸易合同中规定的应检病、虫，这些多属于我国尚未发现或分布并不广泛的病、虫。

（3）引进种子、种苗或其他繁殖材料，经营者须事先提出引种计划，到有关主管部门办理审批手续。

（4）必须附有输出国（地区）官方植物检疫部门出具的植物检疫证书和原产地证。

（5）不得带有天然土壤。

2. 检疫审批

国家对入境的植物及其产品实行检疫审批制度。海关对入境植物及其产品的检疫审批采取的是前审后批的方式。

（1）检疫审批办理。检疫审批手续应当在贸易合同或者协议签订前办妥，并取得进境动植物检疫许可证。我国海关对入境植物及其产品提出的检疫要求须在贸易合同或协议中订明。

（2）检疫审批类型。需要办理一般检疫审批的包括果蔬类、烟草类、粮谷类、豆类、饲料类、薯类、植物栽培介质。需要办理特许检疫审批的包括植物病原体（包括菌种、毒种等），植物疫情流行国家和地区的有关植物、植物产品和其他检疫物。

需要办理特许检疫审批的植物是指列入《进境植物检疫禁止进境物名录》中的植物。

（二）报检

1. 报检的时间和地点

入境种子、种苗等繁殖材料的应在入境前 7 天持有关资料向海关申报并预约检疫时间。入境植物及产品均应在货物入境前或入境时报检并约定检疫时间。

入境水果、烟叶和茄科类蔬菜的应在入境前向海关报检，并约定检疫时间。

入境粮食和植物源性饲料的应在入境前向入境口岸海关报检。入境粮食应当从海关指定口岸入境。

其他入境植物产品（原木、干果、干菜等）入境前应当持合同、输出国家（地区）官方出具的植物检疫证书向海关报检，并约定检疫时间。

海关总署对入境转基因动植物及其产品、微生物及其产品和食品实行申报制度。入境转基因产品的，在办理入境手续时，应当在申报信息货物名称栏中注明是转基因产品。

2. 报检应提供的单证

入境植物及其产品除了按一般要求录入申报数据外，还需上传合同、发票、提单等单证。

特殊情况下应提供的单证如下。

入境种子、种苗等繁殖材料的应提供进境动植物检疫许可证（适用于海关总署审批的引进种子、苗木）或引进种子、苗木检疫审批单或引进种子、苗木和其他繁殖材料检疫审批单及输出国（地区）官方植物检疫证书、原产地证书等文件。带有土壤或生长介质的，经营者还须办理土壤和生长介质的特许检疫审批手续。

入境水果、烟叶和茄科类蔬菜的提供进境动植物检疫许可证及输出国（地区）官方植物检疫证书、原产地证书等有关文件。

入境粮食和植物源性饲料的提供约定检验方式标准或成交样品、原产地证书及按规定应当提供的其他单证，并根据产品的不同要求提供"进境动植物检疫许可证"、输出国（地区）官方植物检疫证书。需要办理并取得农业农村部进口饲料和饲料添加剂登记证的产品还应提供进口饲料和饲料添加剂登记证书复印件。

入境原木的提供输出国家（地区）官方检疫部门出具的植物检疫证书，证明不带有中国关注的检疫性有害生物或双边检疫协定中规定的有害生物和土壤。原木带有树皮的，应当在输出国家（地区）进行有效的除害处理，并在植物检疫证书中注明除害处理的方法、使用药剂、剂量、处理时间、处理温度。原木不带树皮的，应在植物检疫证书中做出声明。原木应从入境原木指定监管场地所在口岸入境。

入境干果、干菜、原糖、天然树脂、土产类、植物性油类产品等需要办理简易审批的，在货物入境前办理简易审批手续，取得进境动植物检疫许可证。

入境转基因产品的还需提供农业农村部颁发的农业转基因生物安全证书、农业转基因生物标识审查认可批准文件正本。

> **思考与讨论**
>
> 为什么要对出入境动植物及其产品实施检验检疫？

3. 检疫

入境植物及其产品检疫包括产地检疫、现场检疫、实验室检疫、隔离检疫。入境植物检疫的依据有《进出境动植物检疫法》《进出境动植物检疫法实施条例》《进境植物繁殖材料检疫管理办法》《进出境转基因产品检验检疫管理办法》《进境水果检验检疫监督管理办法》和政府间双边协定或合作备忘录。

经海关实施现场检疫、实验室检疫或处理合格的，签发入境货物检验检疫证明，准予入境销售或使用。入境后需要隔离检疫的，经营者还需要向海关申请隔离场或临时隔离场。

注意：经检疫合格的动植物、动植物产品和其他检疫物有下列情形之一的，应当重新报检：①更改输入国家或者地区，更改后的输入国家或者地区又有不同检疫要求的；②改换包装或者原未拼装后来拼装的；③超过检疫规定有效期的。

> **视野拓展**
>
> 本章内容所涉及的《进出口商品检验法》《进出境动植物检疫法》《国境卫生检疫法》《食品安全法》

等法律及其实施条例/细则，分别规定了出入境检验检疫的目的和任务、责任范围、授权执法机关和管辖权限、执法程序、执法监督和法律责任等重要内容，从根本上确定了出入境检验检疫工作的法律地位。

中国人大网"权威发布—法律文件"栏目内容丰富，读者可通过该栏目阅读相关内容，了解更多更详细的检验检疫法律、法规知识。

第五节　特殊货物报检

一、进出口食品报检

进出口食品生产经营者应当依照中国缔结或者参加的国际条约、协定，以及中国法律法规和食品安全国家标准从事进出口食品生产经营活动，依法接受监督管理，保证进出口食品安全，对社会和公众负责，承担社会责任。

1. 进出口食品生产经营企业的备案

出口食品生产企业应当向所在地海关备案。境外国家（地区）对中国输往该国家（地区）的出口食品生产企业实施注册管理且要求海关总署推荐的，出口食品生产企业须向所在地海关提出申请，所在地海关进行初核后报海关总署。

海关总署对向中国境内出口食品的境外生产企业实施注册管理。向中国境内出口食品的境外出口商或者代理商应当向海关总署备案。食品进口商应当向其所在地海关备案。

2. 报检范围

出口食品报检范围：供人食用、饮用的成品和饮料以及按照传统习惯加入药物的食品和食品添加剂等。

进口食品报检范围：食品、食品添加剂和食品相关产品。

食品是指供人食用或者饮用的成品和原料及按照传统既是食品又是药品的物品，但是不包括以治疗为目的的物品。食品添加剂是指为改善食品品质和色、香、味，以及因防腐、保鲜和加工工艺需要而加入食品中的化学合成或者天然物质。食品相关产品是指用于食品的包装材料、容器、洗涤剂、消毒剂和用于食品生产经营的工具、设备。

3. 报检应提供的单证

出口食品应向出口食品生产企业所在地海关报检。出口食品企业除提供合同、信用证、发票、装箱单等有关外贸单证电子信息外，还应提供生产企业（包括加工厂、冷库、仓库）的出口食品生产企业备案证明、海关出具的出入境食品包装及材料检验检疫结果单。

进口食品应向报关地海关报检。报检时除需要提供合同、信用证、发票、装箱单、提单等有关外贸单证电子信息外，还应提供符合中国检验检疫要求的单证，具体如下。①入境动植物源性食品的，提供相应的动植物检疫许可证、输出国家（地区）出具的检疫证书及原产地证书。②入境食物植物油的，除提供产品符合我国现行食品安全国家标准的证明文件等材料外，还应在申报信息的"合同订立的特殊条款以及其他要求"栏中注明其产品境外生产企业的名称。③入境食品添加剂的，提供注明产品用途（食品加工用）的贸易合同或者贸易合同中买卖双方出具的用途声明（食品加工用）、食品添加剂完整的成分说明；进口企业是经营企业的，提供加盖企业公章的工商营业执照和经营许可证复印件；进口企业是食品生产企业的，提供加盖企业公章的食品生产许可证；需办理检验检疫审批的，提供进境动植物检疫许可证。④进口预包装食品被抽中现场查验和实验室检验的，提交其合格证明材料、进口预包装食品的标签原件和翻译件、中文标签样张及其他证明材料。

4. 检验检疫

出口食品应当依法由产地海关实施检验检疫，口岸海关实施查验，查验不合格的，不准出口。

进口食品应当符合中国法律法规和食品安全国家标准，中国缔结或者参加的国际条约、协定有特殊要求的，还应当符合国际条约、协定的要求。进口尚无食品安全国家标准的食品，应当符合国务院卫生行政部门公布的暂予适用的相关标准要求。

进口食品运达口岸后，应当存放在海关指定或者认可的场所，需要移动的必须经海关允许并按照海关要求采取必要的安全防护措施。海关根据监督管理需要，对进口食品实施现场查验。进口食品经海关评定合格的，准予进口。

二、进出口化妆品报检

化妆品是指涂、擦、散布于人体表面任何部位（表皮、毛发、指/趾甲、口唇等）或者口腔黏膜、牙齿，以达到清洁、消除不良气味、护肤、美容和修饰目的的产品。海关对进出口化妆品实施注册和备案管理。

1. 报检范围

进出口化妆品报检范围：列入《法检目录》及有关国际条约、相关法律、行政法规规定的由海关检验检疫的化妆品，包括成品和半成品。

2. 报检应提供的单证

进出口化妆品应按照海关相关规定报检。除按规定提供外贸单证外，首次进出口化妆品的还应提供如下信息。

首次出口：①企业已经取得化妆品生产许可，且化妆品符合进口国家（地区）相关法规和标准的要求，正常使用不会对人体健康产生危害等内容的自我声明；②销售包装化妆品成品的，提交外文标签样张和中文翻译件；③出口化妆品生产企业备案材料。

首次进口：①国家实施卫生许可的化妆品，应当取得国家相关主管部门批准的进口化妆品卫生许可批件，海关对进口化妆品卫生许可批件电子数据进行系统自动比对验核；②国家实施备案的化妆品，应当凭备案凭证办理报检手续；③国家没有实施卫生许可或者备案的化妆品，应当提供具有相关资质的机构出具的可能存在安全性风险物质的有关安全性评估资料和在生产国家（地区）允许生产、销售的证明文件或者原产地证明；④销售包装化妆品成品除前三项外，还应当提交中文标签样张和外文标签及翻译件；⑤非销售包装的化妆品成品还应当提供包括产品的名称、数/重量、规格、产地、生产批号和限期使用日期（生产日期和保质期）、加施包装的目的地名称、加施包装的工厂名称、地址、联系方式。

3. 检验检疫

出口化妆品由产地海关实施检验检疫，口岸海关实施口岸查验。出口化妆品经检验检疫合格，进口国家（地区）对检验检疫证书有要求的，应当按照要求同时出具有关检验检疫证书。出口化妆品经检验检疫不合格或不能进行技术处理或者技术处理后重新检验仍不合格的，不准出口。

进口化妆品由口岸海关实施检验检疫。海关根据我国国家技术规范的强制性要求以及我国与出口国家（地区）签订的协议、议定书规定的检验检疫要求，对进口化妆品实施检验检疫。我国尚未制定国家技术规范强制性要求的，可以参照海关总署指定的国外有关标准进行检验。检验检疫合格的，允许进口。

三、进出口玩具报检

1. 检验检疫标准

检验检疫的范围包括列入《法检目录》及法律、行政法规规定必须实施检验检疫的进出口玩具。海关对《法检目录》外的入境玩具按规定实施抽查检验，对存在缺陷可能导致儿童伤害的进出口玩具的召回实施监督管理。

出口玩具按照输入国家（地区）的技术法规和标准实施检验，贸易双方约定的技术要求高于技术法规和标准的，按照约定要求实施检验。输入国家（地区）的技术法规和标准无明确规定的，按照我国国家技术规范的强制性要求实施检验。政府间已签订协议的，按照协议规定的要求实施检验。

进口玩具按照我国国家技术规范的强制性要求实施检验。

2. 报检要求

出口玩具由产地海关实施检验。出口玩具经产地海关检验合格后，发货人应当在规定的期限内向口岸海关申请查验。未能在检验有效期内出口或者在检验有效期内变更输入国家（地区）且检验要求不同的，应当重新向海关报检。

进口玩具的报检，除应提交外贸单证外，列入《强制性产品认证目录》的进口玩具还应当提交强制性产品认证证书，海关对强制性产品认证证书电子数据进行系统自动比对验核。

进口玩具经检验合格的，海关出具检验证明。在国内市场销售的进口玩具，其安全、使用标识应当符合我国玩具安全的有关强制性要求。

((•))警钟长鸣

仿真枪不是"塑料玩具"

（杭州海关网 2021 年 12 月 3 日消息）近日，经送公安部门鉴定，义乌海关此前查获的一批"塑料玩具"实为仿真枪，属于国家禁止进出境物品，涉及 5 种型号，数量共 2 399 支。此前，经杭州海关前期风险分析后，杭州海关所属义乌海关对一票申报品名为"塑料玩具、直杆雨伞"等的出口货物实施查验后，发现"塑料玩具"中夹藏了仿造冲锋枪、狙击步枪、自动步枪等类型的仿真枪，该批仿真枪无论是外观还是尺寸都和真枪近似。

提醒：我国对枪支有严格的管理制度，明令禁止制造和销售仿真枪。仿真枪属于国家禁止进出境物品，运输、携带、邮寄仿真枪进出境的，海关将予以没收销毁，并按照相关法律法规进行处罚，情节严重构成犯罪的，将依法追究刑事责任。

本 章 小 结

出境货物检验检疫的工作流程是先检验检疫，后通关放行。入境货物检验检疫的工作流程是先通关放行，后检验检疫。

出入境检验检疫的一般工作流程包括检验检疫申报、抽样/制样、检验检疫、卫生除害处理（检疫处理）、签证放行。

国家对出入境动物及动物产品实施检疫审批制度。出入境动物及其产品的检疫包括动物检疫、动物产品检疫及其他检疫物检疫。凡是出入境的动物及其产品和其他检疫物，装载动物及其产品和其他检疫物的装载容器、包装物以及来自动物疫区的运输工具，均属于实施检疫的范围。

国家对贸易性和非贸易性的出入境植物及其产品和其他检疫物（统称出入境植物检疫物）均要实施检疫。出入境检验检疫机构对出入境植物检疫物的生产、加工、存放过程实施检疫监督管理制度；对生产、加工、存放出境植物检疫物的场所实施注册登记管理制度；对经检疫合格的出境植物检疫物在出境口岸实行监管装运。

进出口食品生产经营者应当依照中国缔结或者参加的国际条约、协定，以及中国法律法规和食品安全国家标准从事进出口食品生产经营活动，依法接受监督管理，保证进出口食品安全，对社会和公众负责，承担社会责任。海关总署对出口食品生产企业实施备案管理；对向中国境内出口食品的境外生产企业实施注册管理。

化妆品是指涂、擦、散布于人体表面任何部位（表皮、毛发、指/趾甲、口唇等）或者口腔黏膜、牙齿，以达到清洁、消除不良气味、护肤、美容和修饰目的的产品。

海关对列入《法检目录》及法律、行政法规规定必须实施检验检疫的进出口玩具实施检验检疫，对《法检目录》外的入境玩具按规定实施抽查检验，对存在缺陷可能导致儿童伤害的进出口玩具的召回实施监督管理。

基础与能力训练

一、名词解释

1. 动物　　2. 动物产品　　3. 植物　　4. 植物产品

5. 卫生检疫　6. 动植物检疫　7. 化妆品　8. 玩具

二、简答题

1. 进/出境货物报检的时间和地点有哪些要求？

2. 进/出境货物报检时应提供哪些资料？

3. 进/出境货物放行的方式与要求有哪些？

4. 出境动植物报检的要求有哪些？

5. 入境动植物的检疫要求有哪些？

6. 进出口化妆品报检的要求有哪些？

7．进出口食品报检的要求有哪些?

8．进出口玩具报检的要求有哪些?

三、实训项目

2023 年年初，上海康丰进出口有限公司从德国进口了一批铝合金板用于生产探照灯的灯罩，该批货物 2023 年 1 月 22 日到达上海吴淞港。若你是上海康丰进出口有限公司的报关人员，获得示例 4.1 至示例 4.5 所示的销售合同、提单、发票、装箱单和到货通知书等单据。请依次完成该批货物的进口报检工作，完成"单一窗口"进口整合申报—入境检验检疫申请界面导出的纸质"中华人民共和国海关入境货物检验检疫申请"的填写，如示例 4.6 所示。

示例 4.1

销售合同
SALES CONTRACT

卖方 SELLER	CMR TRADING GMBH LERCHENWEG 10 97532 SAND GERMANY	编号 NO.	CMR453676
		日期 DATE	NOV 6, 2022
买方 BUYER	SHANGHAI CONF IMP/EXP CO., LTD. NO.34 YANAN ROAD, SHANGHAI, CHINA	地点 PLACE	SHANGHAI

买卖双方同意以下条款达成交易：

This contract is made by and agreed between the BUYER and the SELLER, in accordance with the Terms and conditions stipulated below:

1．品名及规格 Commodity & Specification	2．数量 Quantity	3．单价及价格条款 Unit Price & Trade Terms	4．金额 Amount
ALUMINUM ALLOY SHEET THICKNESS: 4mm STANDARD SIZE: 1 220mm × 2 440mm	4 167.52 SQUARE METER	EUR 6.87/SQUARE METER CIF SHANGHAI	EUR 28 630.86

5．总值 Total Value	TWENTY EIGHT THOUSAND SIX HUNDRED AND THIRTY EUR DOLLARS AND EIGHTY SIX CENTS TOTAL
6．唛头 Marks	SCF SHANGHAI
7．装运期及运输方式 Time of Shipment & Means of Transportation	NOT LATER THAN DEC.8, 2022 BT VESSEL
8．装运港及目的地 Port of Loading & Destination	From: HAMBURG, GERMANY To: SHANGHAI, CHINA
9．保险 Insurance	TO BE COVERED BY THE SELLER
10．付款方式 Terms of Payment	By T/T IN ADVANCE
11．备注 Remarks	TRANSSHIPMENT ALLOWED, PARTIAL SHIPMENT NOT ALLOWED
The Buyer	The Seller
SHANGHAI CONF IMP/EXP CO., LTD.	CMR TRADING GMBH

示例 4.2

Ocean Bill of Lading

Shipper: CMR TRADING GMBH LERCHENWEG 10 97532 SAND GERMANY	B/LND.: CL4892095 COSCS CONTAINER LINES BILL OF LADING
Consignee TO ORDER	
Notify Party SHANGHAI CONF IMP/EXP CO., LTD. NO.34 YANAN ROAD, SHANGHAI, CHINA	
Ocean Vessel Voy No. HONG YE 489E	Port of Loading HAMBURG
Port of Discharge	Place of Delivery SHANGHAI, CHINA

Marks & Number	Number and Kind of Packages Designation of Goods	Gross Weight (kg)	Net Weight (kg)
SCF SHANGHAI	ALUMINUM ALLOY SHEET THICKNESS: 4mm STANDARD SIZE: 1 220mm × 2 440mm TOTAL ONE 40 ' CONTAINER FREIGH PREPAID	22 968.75	22 921.36

CONTAINER	TARE	SEAL	
TEXU2 263 978	3 560	22 786	

示例 4.3

发 票

COMMERCIAL INVOICE

ISSURE:

CMR TRADING GMBH

LERCHENWEG 10

97532 SAND GERMANY

TO:

SHANGHAI CONF IMP/EXP CO., LTD.

NO.34 YANAN ROAD, SHANGHAI, CHINA

MARKS & NO.	DESCRIPTION OF GOODS	QUANTITY	U/PRICE	AMOUNT
SCF SHANGHAI	ALUMINUM ALLOY SHEET THICKNESS: 4mm STANDARD SIZE: 1 220mm × 2 440mm ORIGIN: GERMANY	4 167.52 SQUARE METER	EUR 6.87/ SQUARE METER CIF SHANGHAI	EUR 28 630.86
TWENTY EIGHT THOUSAND SIX HUNDRED AND THIRTY EUR DOLLARS AND EIGHTY SIX CENTS TOTAL				

示例 4.4

装箱单
PACKING LIST

FROM:
CMR TRADING GMBH
LERCHENWEG 10
97532 SAND GERMANY
TO:
SHANGHAI CONF IMP/EXP CO., LTD.
NO.34 YANAN ROAD, SHANGHAI, CHINA

MARKS & NO.	DESCRIPTION OF GOODS	QUANTITY	GROSS WEIGHT (kg)	NET WEIGHT (kg)
SCF SHANGHAI	ALUMINUM ALLOY SHEET THICKNESS: 4mm STANDARD SIZE: 1 220mm × 2 440mm ORIGIN: GERMANY	4 167.52 SQUARE METER	22 968.75	22 921.36

示例 4.5

到货通知书

上海中远集装箱运输船务代理公司
ARRIVAL ADVICE 到货通知书

尊敬的客户：上海康丰进出口有限公司

一、贵公司进口货物预计于 2023 年 1 月 22 日至上海吴淞港

船名航次：HONG YE/489E

提单号：CL4892095

件数：　　　　　净重：22 921.36kg　　　　　体积：52.546m³

2023 年 1 月 23 日 9 时可来我公司办理换单手续，如方便请来电联系。谢谢！

请将正确的中文名称以书面形式传至我公司，以便贵公司能及时报关，如贵公司提供的中文品名有错漏或未及时提供，我公司不承担因翻译不当所造成的一切后果。

支票抬头请开：上海中远集装箱运输船务代理公司

二、收费如下：

（1）换单费：　CNY100.00

（2）分拨费：

（3）海运费：

（4）代理费：

（5）THC：　CNY360.003

（6）危险品：

三、请在收到本通知后，携带加盖公章的正本提单前来换单（如果提单为电放的请携带贵公司正本电放保函）；若贵公司未收到提单，请速与发货人联系并向其索取，我公司不承担由于通知不到所引起的一切责任和产生的费用。

四、本通知根据启运港提供的提单与舱单上的"收货人"与"通知人"的地址发送，如上述信息有误，我公司不承担由于通知不到而产生的损失。

五、根据《中华人民共和国海关法》规定，海运进口货之收货人必须在船舶申报之日起 14 天内向海关申报。逾期由海关征收滞报金，如在 3 个月内不提取货物做无主货处理。凡船抵港后 10 天内不提取货物，由此产生的滞箱费、疏港费等后果均由收货人承担。

公司地址：上海市吉庆路 453 号 20076

电话：021-12345678

上海中远集装箱运输船务代理公司
2023 年 1 月 21 日

示例4.6

中华人民共和国海关

入境货物检验检疫申请

电子底账数据号：

申请单位（加盖公章）：　　　　　　　　　　　　　　　　　　　*编号：

申请单位登记号：　　　　联系人：　　　　电话：　　　　申请日期：　年　月　日

收货人	（中文）	企业性质（划"√"）　　合资□合作□外资□				
	（外文）					
发货人	（中文）					
	（外文）					
货物名称（中/外文）	H.S.编码	原产国（地区）	数/重量	货物总值		包装种类及数量
运输工具名称号码					合同号	
贸易方式		贸易国别（地区）			提单/运单号	
到货日期		启运国家（地区）			许可证/审批号	
卸货日期		启运口岸			入境口岸	
索赔有效期至		经停口岸			目的地	
集装箱规格、数量及号码						
合同订立的特殊条款 以及其他要求		货物存放地点				
		用途				

随附单据（划"√"或补填）		标记及号码	*外商投资财产（划"√"）		□是□否
□ 合同	□ 到货通知		*检验检疫费		
□ 发票	□ 装箱单		总金额 （人民币元）		
□ 提/运单	□ 质保书				
□ 兽医卫生证书	□ 理货清单		计费人		
□ 植物检疫证书	□ 磅码单				
□ 动物检疫证书	□ 验收报告				
□ 卫生证书			收费人		
□ 原产地证					
□ 许可/审批文件					

申请人郑重声明： 　1. 本人被授权申请检验检疫。 　2. 上列填写内容正确属实，货物无伪造或冒用他人的厂名、标志、认证标志，并承担货物质量责任。 　　　　　　　　　　签名：	领取证单	
	日期	
	签名	

注：有"*"号栏由海关填写

补充习题及实训

扫描二维码做更多练习，巩固本章所学知识。

第五章

运输工具及其他检疫物报检

【学习目标】

知识目标： 了解并掌握出入境运输工具的检验检疫和报检要求；熟悉并掌握出入境集装箱的检验检疫和报检要求；清楚出入境快件、邮寄物和特殊物品的报检要求。

技能目标： 具有根据不同的出入境运输工具进行检验检疫申报的能力；具有对出入境集装箱进行检验检疫申报的能力；具有对出入境快件、邮寄物和特殊物品进行检验检疫申报的能力。

素养目标： 具有丰富的专业知识，全面掌握运输工具、集装箱、快件、邮寄物和特殊物品的检验检疫要求，胜任相应货物报检工作；具有良好的职业意识和职业道德操守，爱国、诚信。

【引　例】

青岛海关对入境油轮实施卫生监督发现大量德国小蠊

（海关发布公众号 2023 年 8 月 17 日消息）近日，青岛海关所属烟台海关在对入境油轮实施卫生监督时，在厨房、食品库等区域发现蜚蠊（蟑螂）踪迹。在海关监督指导下，检疫处理单位对 82 平方米侵害区实施"喷洒除虫+毒饵诱捕"综合除虫措施。经监测，蜚蠊死亡数量达 500 至 600 只/平方米，共计 4 万余只。捕获的蜚蠊经形态学鉴定为德国小蠊。除虫后蜚蠊得到有效控制，目前，该轮已正常装卸货物后离境。

思考讨论：

1. 国家为什么要对出入境交通运输工具实施卫生检疫？
2. 国家对出入境集装箱的检验检疫有哪些规定？
3. 国家对出入境快件、邮寄物、特殊物品报检有哪些规定？

运输工具流动性强，来自不同的国家（地区），携带有害生物的风险较高，因而是传带疫病的重要载体。我国规定，输入的动植物及其产品及其他检疫物，未经海关检疫同意，不准卸离运输工具。海关对出入境运输工具的检疫监管分为两部分：一部分是对运输工具的卫生状况及人员的健康状况进行的卫生检疫监管；另一部分是对装载动植物及其产品和其他检疫物以及来自动植物疫区的运输工具的检疫监管。

第一节　运输工具报检

出入境运输工具是指用于载运人员、货物、物品进出境的各种船舶、航空器、铁路列车、公路车辆和驮畜。根据《海关法》《国境卫生检疫法》及其实施细则、《进出境动植物检疫法》及其实施条例的规定，海关依法对出入境运输工具实施检验检疫。

一、运输工具报检概述

出入境运输工具到达或者驶离设立海关的地点前，数据传输义务人应当采用电子数据和纸质申报单形式向口岸海关报检。进境运输工具在进境以后向海关申报以前，出境运输工具在办结海关手续以后出境以前，应当按照交通运输主管机关规定的路线行进；交通运输主管机关没有规定的，由海关指定。进境运输工具在进境申报以后出境以前，应当按照海关认可的路线行进。

（一）舱单信息传输

海关对出入境船舶、航空器、铁路列车以及公路车辆实行舱单管理。

出入境运输工具负责人、无船承运业务经营人、货运代理企业、船舶代理企业、邮政企业以及快件经营人等舱单电子数据传输义务人应当按照海关备案的范围在规定时限内向海关传输舱单电子数据。对未按照规定传输舱单及相关电子数据的，海关可以暂不予办理运输工具出入境申报手续。因计算机故障等特殊情况无法向海关传输舱单及相关电子数据的，经海关同意，可以采用纸质形式在规定时限内向海关递交有关单证。

海关舱单管理系统对舱单实施逻辑检控和审核，对不符合舱单填制规范的，退回舱单传输人予以修改；对通过逻辑检控和审核的，海关进行风险甄别。海关风险防控局根据预先设定的甄别条件，对筛选出的仓单进行分析，自动和人工下达布控查验、货物禁卸等指令。在通过海关对舱单传输及高风险舱单货物查验、验证等安全准入审查后或配合海关对相应安全准入问题做出处置后，进出口货物收发货人即可正常向海关传输报关数据。

（二）出境运输工具报检

出境运输工具应在出境前向口岸海关报检。

（1）载有货物、物品。舱单传输人应当在办理货物、物品申报手续以前向海关传输预配舱单（预配舱单是载有出境运输工具预计装载货物、物品或者乘载旅客信息的舱单）主要数据。海关接受预配舱单主要数据传输后，舱单传输人应当在下列时限内向海关传输预配舱单其他数据：①集装箱船舶装船的 24 小时以前，非集装箱船舶在开始装载货物、物品的 2 小时以前；②航空器在开始装载货物、物品的 4 小时以前；③铁路列车在开始装载货物、物品的 2 小时以前；④公路车辆在开始装载货物、物品的 1 小时以前。

注意：以集装箱运输的货物、物品，出口货物发货人应当在货物、物品装箱以前向海关传输装箱清单电子数据。

（2）载有旅客。舱单传输人应在出境旅客开始办理登机（船、车）手续的 1 小时以前向海关传输预配舱单电子数据。

出境货物、物品运抵海关监管作业场所，以及旅客、邮件抵达通关场所时，相关场所经营人应当以电子数据方式向海关提交运抵报告（运抵报告是相关场所经营人向海关提交的反映货物及物品实际到货情况的记录）。

在原始舱单和预配舱单按规定的时限传输后，有下列情形之一的，舱单传输人可以向海关办理变更手续：①货物、物品因不可抗力灭失、短损，造成舱单电子数据不准确的；②装载舱单中所列的出境货物、物品，因装运、配载等原因造成部分或者全部货物、物品退关或者变更运输工具的；③大宗散装货物、集装箱独立箱体内载运的散装货物的溢短装数量在规定范围以外的；④其他客观原因造成传输错误的。

（三）入境运输工具报检

入境运输工具应在入境前或入境时向口岸海关报检。原始舱单电子数据传输以前，运输工具负责人应当将运输工具预计抵达境内目的港的时间通知海关。运输工具抵港以前，运输工具负责人应当将运输工具确切的抵港时间通知海关。运输工具抵达设立海关的地点时，运输工具负责人应当向海关进行运输工具抵港申报。

1. 载有货物、物品

舱单传输人应当在入境货物、物品运抵目的港以前，在下列时限内向海关传输原始舱单（原始舱单是舱单传输人向海关传输的反映入境运输工具装载货物、物品或者乘载旅客信息的舱单）的主要数据。①集装箱船舶装船的 24 小时以前，非集装箱船舶抵达境内第一目的港的 24 小时以前。②航程 4 小时及以下的，航空器起飞前；航程超过 4 小时的，航空器抵达境内第一目的港的 4 小时以前。③铁路列车抵达境内第一目的站的 2 小时以前。④公路车辆抵达境内第一目的站的 1 小时以前。

舱单传输人应当在入境货物、物品运抵目的港以前向海关传输原始舱单其他数据。海关接受原始舱单主要数据传输后，收货人、受委托报关企业方可向海关办理货物、物品的申报手续。海关若发现原始舱单中列有我国禁止入境的货物、物品，可以通知运输工具负责人不得装载入境。

2. 载有旅客

舱单传输人应当在下列时限内向海关传输原始舱单电子数据。①船舶抵达境内第一目的港的 2 小时以前。②航程在 1 小时以下的，航空器抵达境内第一目的港的 30 分钟以前；航程在 1 小时至 2 小时的，航空器抵达境内第一目的港的 1 小时以前；航程在 2 小时以上的，航空器抵达境内第一目的港的 2 小时以前。③铁路列车抵达境内第一目的站的 2 小时以前。④公路车辆抵达境内第一目的站的 1 小时以前。

二、运输工具报检办理流程

所有出入境交通运输工具都应向海关申报并接受卫生检疫。来自动植物疫区的入境交通运输工具，装载入境或过境动物的运输工具都必须接受动植物检疫。

海关对出入境运输工具办理检疫的方式是即时办理，即审即办。

（一）出入境船舶检疫

出入境船舶是指进出中华人民共和国国境口岸的外国籍船舶和航行国际航线的中华人民共和国国籍船舶。出入境船舶应在各水运口岸隶属海关办理出入境检疫。

1. 出境检疫

出境的船舶在离境口岸接受检验检疫，办理出境检验检疫手续。装运出口易腐烂变质食品、冷冻品的船舱，必须在装货前申请适载检验，取得检验证书；未经检验合格的，不准装运。

（1）船方或者其代理人在船舶离境前 4 小时内向海关申报，办理出境检疫手续。已办理手续但出现人员、货物的变化或者因其他特殊情况 24 小时内不能离境的，须重新办理手续。船舶在口岸停留时间不足 24 小时的，经海关同意，船方或者其代理人在办理入境手续时，可以同时办理出境手续。

（2）海关对申报内容进行审核，确定是否登轮检疫，并及时通知船方或者其代理人。

（3）船方或者其代理人向海关提交相关材料（入境时已提交且无变动的可免于提供）。

（4）对于需实施登轮检疫的出境船舶，检疫人员登轮开展检疫工作。

（5）经审核船方提交的出境检疫资料或者经登轮检疫，符合有关规定或实施相应的卫生处理措施，消除公共卫生风险后的船舶，海关签发交通工具出境卫生检疫证书，并在船舶出境口岸联系单上签注；对两岸直航船舶，签发船舶出港卫生检疫证书；对来往港澳的小型船舶，在登记簿上做好登记。

2. 入境检疫

入境船舶必须在最先抵达口岸的指定地点接受检疫，办理入境手续，并悬挂检疫信号等候查验，在海关发给入境检疫证前不得降下检疫信号。白天入境时应在船舶明显处悬挂国际通用语旗。"Q"字旗表示本船没有染疫，请发给入境检疫证；"QQ"字旗表示本船染疫或者有染疫嫌疑，请即刻实施检疫。夜间入境时应在明显处垂直悬挂灯号，红灯 3 盏表示本船没有染疫，请发给入境检疫证；红、红、白、红 4 盏灯表示本船染疫或者有染疫嫌疑，请即刻实施检疫。

接受入境检疫的船舶，在航行中发现检疫传染病、疑似检疫传染病，或者有人非因意外伤害而死亡并且死因不明的，船方须立即向入境口岸海关报告。

（1）船方或者其代理人在船舶预计抵达口岸 24 小时前（航程不足 24 小时的，在驶离上一口岸时）向海关申报，填报入境检疫申报书。如船舶动态或者申报内容有变化，船方或者其代理人应当及时向海关更正。

（2）海关对申报内容进行审核，确定检疫方式（锚地检疫、电讯检疫、靠泊检疫和随船检疫），并将确定的检疫方式及时通知船方或者其代理人。

📚 知识链接

入境船舶检疫方式

船舶检疫应根据具体情况选择不同的方式，对入境船舶实施不同检疫方式的情形参见表 5.1。

表 5.1　对入境船舶实施不同检疫方式的情形

检疫方式	实施情形
锚地检疫	①来自检疫传染病疫区的；②来自动植物疫区，国家有明确要求的；③有检疫传染病病人、疑似检疫传染病病人，或者有人非因意外伤害而死亡并且死因不明的；④装载的货物为活动物的；⑤发现有啮齿动物异常死亡的；⑥废旧船舶；⑦未持有有效的除鼠/免予除鼠证书的；⑧船方申请锚地检疫的；⑨海关工作需要的
电讯检疫	持有我国海关签发的有效交通工具卫生证书，并且没有实施锚地检疫所列情况的船舶，经船方或者其代理人申请的
靠泊检疫	对未持有有效交通工具卫生证书，且没有实施锚地检疫所列情况或者因天气、潮水等原因无法实施锚地检疫的船舶，经船方或者其代理人申请的
随船检疫	旅游船、军事船、要人访问所乘船舶等特殊船舶以及遇有特殊情况的船舶（如船上有病人需要救治、特殊物资急需装卸、船舶急需抢修等），经船方或者其代理人申请的

（3）船方或者其代理人向海关提交相关材料。

（4）对于需实施靠泊检疫或锚地检疫的入境船舶，检疫人员登轮开展检疫工作。

（5）海关根据不同检疫结果签发相应的证单。入境船舶检疫证单名称及适用情形参见表5.2。

表5.2　入境船舶检疫证单名称及适用情形

检疫证单名称	适用情形
船舶入境卫生检疫证	经检疫判定没有染疫的入境船舶
船舶进港卫生检疫证书	对两岸直航船舶签发。而对于来往港澳的小型船舶，需在登记簿上做好登记
船舶入境卫生检疫证	对经检疫判定染疫、有染疫嫌疑或者来自传染病疫区应当实施卫生除害处理的或者有其他限制事项的入境船舶，在实施相应的卫生除害处理或者注明应当接受的卫生除害处理事项后签发
运输工具检疫证书	对来自动植物疫区经检疫判定合格的船舶，应船舶负责人或者其代理人要求签发
检验检疫处理通知书	对须实施卫生除害处理的，并在处理合格后，应船方要求签发

（6）有下列情形之一的，必须实施卫生控制措施，签发船舶卫生控制措施证书：①发现传染病病人；②发现鼠患，或其他媒介生物超过控制标准的；③发现化学、生物、核辐射污染证据；④发现有证据表明存在其他公共卫生风险，检验检疫机构认为需要实施卫生控制措施的。对没有上述情况的船舶免予实施卫生控制，签发船舶免予卫生控制措施证书，同时应将检查中发现的问题及改进意见在证书上标注或告知船方。

职场训练 5.1

对确定来自疫区的出入境运输工具实施动植物检疫的依据是什么？对来自疫区的不论是否装载动植物的运输工具都要实施检疫吗？对检疫合格和卫生处理合格的运输工具应签发哪些证件？

（二）出入境航空器检疫

出入境航空器应在各机场口岸海关办理检疫。

1. 申报

（1）出境航空器：出境航空器的负责人或代理人须在航空器关闭舱门前15分钟向海关申报。

（2）入境航空器：入境航空器的负责人或代理人须在航空器入境前或入境时，向海关申报，如申请电讯检疫，则需在航空器预计到港前30分钟申报。在航空器到达前，如发现以下情况之一的，机长应及时通知地面航空站，并在最短的时间内向海关报告：①人员感染或疑似感染传染病；②人员出现传染病症状/体征；③人员非因意外伤害而死亡，并且死因不明；④发现医学媒介生物或医学媒介生物活动迹象；⑤发现可疑的核与辐射、生物、化学污染源或危害事实。

职场训练 5.2

一架装载有宠物狗的飞机因特殊情况，需在中国境内停留后飞往美国，在飞机停靠期间对其实施检疫需要注意哪些事项？

2. 实施检疫

海关审核航空公司提供的申报材料，评估检疫风险，确定检疫方式，并实施查验。对出入境航空器实施不同检疫方式的情形参见表5.3。

表 5.3　对出入境航空器实施不同检疫方式的情形

检疫方式	实施情形
登机检疫	①出境航空器的负责人或代理人向海关提供申报材料，接受检疫查验。②入境航空器在抵港后，机长或其授权的代理人对海关工作人员提出的有关航空器卫生状况、机上人员健康状况、承载物品等情况的询问，应如实回答。未完成检疫查验，除经海关许可外，任何人不得上下航空器，不得装卸行李、货物等物品。经海关检疫合格或检疫许可后，方准下客和卸载行李、货物
电讯检疫	在收到海关给予电讯检疫批准回复后，出境航空器可直接起飞离港，入境航空器在抵港后，可以直接上下人员、装卸货物

检疫完成后分不同情况签发运输工具检疫证书、交通工具出境卫生检疫证书、航空器进港检疫证书、航空器出港卫生检疫证书等证书。

职场训练 5.3

对装载进出境植物及其产品、其他检疫物和来自植物疫区的入境（含过境或迫降）飞机应怎样进行检验检疫？

（三）出入境列车检疫

出入境的列车应在各隶属海关接受检疫。

1. 申报

（1）出境列车的申报。出境列车的负责人或代理人须在离开出境口岸 30 分钟前向海关申报。

（2）入境列车的申报。入境列车的负责人或代理人须在列车入境前或入境时，向海关申报，如申请电讯检疫，列车运营者或其代理人应当在列车预计抵达入境口岸 30 分钟前申报。在列车到达前，如发现以下情况之一的，列车长应及时通知入境口岸车站，并在最短的时间内向海关报告：①人员感染或疑似感染传染病；②人员出现传染病症状/体征；③人员非因意外伤害而死亡，并且死因不明；④发现医学媒介生物或医学媒介生物活动迹象；⑤发现可疑的核与辐射、生物、化学污染源或危害事实。

2. 实施检疫

海关审核列车的负责人或代理人提供的申报材料，评估检疫风险，确定检疫方式，并实施查验。对出入境列车实施不同检疫方式的情形参见表 5.4。

表 5.4　对出入境列车实施不同检疫方式的情形

检疫方式	实施情形
登车检疫	①列车到站后，检疫人员首先登车，经判定无染疫情况下，其他人员方可上下列车。②列车长应当向检疫人员报告车上人员的健康状况及车体卫生状况，提交申报单、旅客/乘务人员名单、货物清单，以及其他检疫有关证书、文件。③检疫人员依法查阅相关证件资料，了解列车运行途中卫生情况，做好查验记录。列车长对检疫人员提出的有关卫生状况和人员健康状况的询问，应当如实回答，并在查验记录上签字确认。④对来自或途经检疫传染病及监测传染病流行地区的列车，或者车上载有病人和非意外伤害死亡且死因不明者，检疫人员应当进行流行病学调查、收集相关资料，对病人按规定进行医学处置，对列车指定地点停靠并进行相应的检疫处理。⑤检疫人员对入境、出境人员及列车实施传染病监测、卫生检查、核生化有害因子监测等检疫查验后，经判定未染疫，签发相应出入境卫生检疫证书
电讯检疫	在收到海关给予电讯检疫批准回复后，入境列车在抵站后可以直接上下人员、装卸货物，出境列车可直接离境
随车检疫	根据公共卫生风险评估结果，对需实施随车检疫的列车，海关派员实施随车检疫，随车检疫人员在列车上开展检疫查验和卫生监督等工作

入境列车经海关检疫判定没有染疫的，签发运输工具检疫证书；对经检疫判定染疫、有染疫嫌疑或者来自传染病疫区应当实施检疫处理的入境列车，应当向列车负责人或代理人出具检验检疫处理通知书，并在处理合格后，签发运输工具检疫处理证书。出境列车经海关审核列车负责人或代理人提交的出境检验检疫资料或者经登车检验检疫，符合有关规定的，签发交通工具出境卫生检疫证书；对需检疫处理的，实施相应的检疫处理措施，消除公共卫生风险后，签发交通工具出境卫生检疫证书。

（四）出入境汽车检疫

出入境汽车应在隶属海关进行备案并接受检疫。

1. 出境检疫

常态下，实施"主动申报"制度，出境车辆存在应检疫内容的，车辆负责人或驾驶员应在出境时向海关申报，提交"出入境车辆检疫申报卡"。海关根据申报结果，实施指定车道或指定车位登车检疫。

常态下，海关在车道对出境车辆实施巡检，巡检发现异常的，实施指定地点登车检疫。疫情状态下，海关根据海关总署疫情公告、警示通报或相关文件要求，对出境车辆采取相应检疫措施。

2. 入境检疫

（1）对所有入境车辆实施核与辐射有害因子监测，对符合检疫处理指征的车辆进行检疫处理。

（2）常态下，实施"主动申报"制度，即所有入境车辆负责人或驾驶员应在入境时向海关申报，提交"出入境车辆检疫申报卡"。申报内容包括：①司乘人员及旅客有发烧、咳嗽等传染病症状，或最近一周内到过传染病疫区或接触过传染病病人的；②司乘人员携带微生物、人体组织、生物制品、血液及其制品、动植物及其产品、活体动物、废旧物品、放射性物质以及其他应申报物品的；③司乘人员未按要求持有有效的预防接种证、国际旅行健康检查证明书或其他有关检疫证明的。

（3）疫情状态下，根据海关总署疫情公告、警示通报或相关文件，要求实施全申报制度的，车辆负责人或驾驶员在入境时或抵达口岸前，通过电子、纸质等多种方式向海关申报。

（4）海关根据申报内容和检疫工作需要，评估风险，确定检疫方式，包括电讯检疫、车道检疫和指定地点（指定车道或指定车位）登车检疫。检疫指令在车辆入境时下达。

对入境车辆实施不同检疫方式的情形参见表5.5。

表 5.5   对入境车辆实施不同检疫方式的情形

检疫方式	实施情形
电讯检疫	入境车辆可直接办理通关手续
车道检疫	海关在车道对司乘人员实施体温监测、医学巡查、携带物巡检、车辆卫生状况巡视等。对发现异常的，实施指定地点登车检疫
指定地点登车检疫	海关在口岸指定地点登车检疫，实施司乘人员健康检查、携带物检查、医学媒介生物监测、车辆卫生状况检查、核生化监测等，根据检疫及处置结果，签发相应检疫证书或证明文件

《》警钟长鸣

入境运煤车备胎夹藏牛百叶约273千克

（海关发布公众号 2023 年 7 月 13 日消息） 7 月 10 日，呼和浩特海关所属乌拉特海关在中蒙甘其毛都口岸对一辆入境运煤车实施机检查验时，发现该车的两个备胎里有填充物，疑似夹藏了走私物品。经海关关员现场登临检查，查获 273.15 千克牛百叶。目前，案件已移交缉私部门处理。

提醒： 根据相关规定，以藏匿、伪装、瞒报或其他方式逃避海关监管，运输、携带、邮寄国家禁止或限制进出境的货物、物品或者依法应当缴纳税款的货物、物品进出境的，属走私行为，情节严重构成犯罪的，将被依法追究刑事责任。

3. 车辆停留口岸期间的卫生监管

（1）对口岸停留的车辆，按比例抽查实施卫生监督，抽查重点为大型客运车辆、装载废旧物品/活体动物等检疫高风险货物的货运车辆。

（2）对口岸停留的车辆发现以下情况的，车辆负责人或驾驶员应当立即向海关报告，申请临时检疫：①发现检疫传染病、疑似检疫传染病的；②有人非因意外伤害而死亡并且死因不明的；③突发公共卫生事件的。

第二节 集装箱报检

进出境集装箱是指国际标准化组织所规定的集装箱，包括出境、进境和过境的实箱及空箱。海关总署根据有关法律法规的规定，修正了《进出境集装箱检验检疫管理办法》（海关总署第262 号令附件 15），依法对集装箱实施检验检疫。

一、集装箱报检概述

集装箱检验检疫主要是对集装箱箱体和集装箱载运的动植物产品实施的检疫。集装箱在出入境前、出入境时或过境时，承运人、货主或其代理人，必须向海关报检并预约检验检疫的时间，海关按照有关规定对报检集装箱实施检验检疫。

海关对出入境集装箱的检验检疫，采取的是即时办理，即审即办方式。

（一）检验检疫范围

出境集装箱的检验检疫：①所有出境集装箱应实施卫生检疫；②装载动植物、动植物产品和其他检验检疫物的集装箱应实施动植物检疫；③装运出口易腐烂变质食品、冷冻品的集装箱应实施适载检验；④输入国要求实施检验检疫的集装箱，按要求实施检验检疫；⑤法律、行政法规、国际条约规定或贸易合同约定的其他应当实施检验检疫的集装箱按有关规定、约定实施检验检疫。

入境集装箱的检验检疫：①所有入境集装箱应实施卫生检疫；②来自动植物疫区的，装载动植物、动植物产品和其他检验检疫物的，以及箱内带有植物性包装物或铺垫材料的集装箱，应实施动植物检疫；③法律、行政法规、国际条约规定或者贸易合同约定的其他应当实施检验检疫的集装箱，按有关规定、约定实施检验检疫。

（二）检验检疫的要求和重点

（1）集装箱检验检疫的要求：①集装箱箱体表面须贴有集装箱所用裸露木材已按照有关规定进行免疫处理的免疫牌（标识）；②未携带啮齿动物及蚊、蝇、蟑螂等病媒昆虫；③未被人类传染病和国家公布的一、二类动物传染病及寄生虫病病原体污染；④未携带植物危险性病、虫、杂草以及其他有害生物；⑤未携带土壤、动物尸体、动植物残留物。

（2）集装箱检验检疫的重点：集装箱是否来自疫区，是否被人类传染病和动物传染病病原体污染，是否带有植物危险性病、虫、杂草以及其他有害生物，有无啮齿动物、蚊、蝇、蟑螂等病媒生物，是否被有毒有害物质污染，是否清洁，是否带有土壤、动植物残留物，有无废旧物品、特殊物品、尸体、棺柩等，并按规定实施卫生除害处理。

（三）检验检疫的方式

1. 强制性检验

强制性检验主要是对装运出口易腐烂变质食品、冷冻品的集装箱，在装运前实施清洁、卫生、冷藏效能、密固状况等的适载性检验。

强制性检验的检验内容包括：①箱体、箱门完好，箱号清晰，安全铭牌齐全；②箱体无有毒有害危险品标识；③箱内清洁、卫生、无有毒有害残留物，且封密状况良好；④箱内温度达到冷藏要求，符合《进出口商品检验法》及其实施条例的规定。

> **实物展台**
> "单一窗口"货物申报—出境集装箱实载申报界面

2. 非强制性检验

非强制性检验的范围包括集装箱载损鉴定、集装箱货物的装箱鉴定、集装箱货物的拆箱鉴定、集装箱承租鉴定、集装箱退租鉴定、集装箱的单项鉴定。

二、集装箱报检办理流程

1. 报检

出境集装箱应在装货前向所在地海关报检，未经海关许可，不准装运。

入境集装箱应向入境口岸海关报检，未经海关许可，不得提运或拆箱。报检时，应提供集装箱数量、规格、号码，到达或离开口岸的时间，装箱地点和目的地，货物的种类、数量和包装材料等单证或情况的电子信息。

> **思考与讨论**
> 国际物流园区的入境集装箱有什么样的报检要求？

2. 实施检疫

装载货物的出境集装箱，出境口岸海关凭启运地海关出具的检验检疫证单验证放行（法律、法规另有规定的除外）。在出境口岸装载拼装货物的集装箱，由出境口岸海关实施检验检疫。

装载货物的入境集装箱，入境地海关根据有关工作规范、企业信用等级、产品风险等级，判别是否需要实施现场查验，对无须现场查验的，审核报检资料后出具"入境货物检验检疫证明"；对需要进行现场查验的，查验合格的出具"入境货物检验检疫证明"；经查验后需经过卫生除害处理、其他无害化处理的，处理后符合检验检疫要求的集装箱，按照规定签发"检验检疫处理通知书""入境货物检验检疫证明"；经查验后必须做销毁或退运处理的，签发"检验检疫处理通知书"与"检验证书"，按照规定移交环保部门处理或直接监督销毁。

过境集装箱由进境口岸海关实施查验，离境口岸不再检验检疫。过境集装箱经查验发现有可能中途撒漏造成污染的，报关人员应按进境口岸海关的要求，采取密封措施；无法采取密封措施的，不准过境。发现被污染或危险性病虫害的集装箱，应做卫生除害处理或不准过境。

3. 卫生除害

集装箱卫生除害处理主要有熏蒸、消毒和杀虫三种方法。出入境集装箱卫生除害处理工作应当依法实施并接受海关监督。出入境集装箱有下列情况之一的，应当做卫生除害处理：①来自检疫传染病或监测传染病疫区的；②被传染病污染的或可能传播检疫传染病的；③携带有与人类健康有关的病媒昆虫或啮齿动物的；④检疫发现有国家公布的一、二类动物传染病及寄生虫病名录，以及植物危险性病、虫、杂草名录中所列病虫害和对农、林、牧、渔业有严重危险的其他病虫害的，发现超过规定标准的一般性病虫害的；⑤装载废旧物品或腐败变质有碍公共卫生物品的；⑥装载尸体、棺柩、骨灰等特殊物品的；⑦输入国家或地区要求做卫生除害处理的；⑧国家法律、行政法规或国际条约规定必须做卫生除害处理的。

第三节　快件、邮寄物、特殊物品报检

一、快件报检

出入境快件是指依法经营出入境快件的企业（快件运营人），在特定时间内以快速的商业运输方式承运的出入境货物和物品。海关依法对出入境快件实施检验检疫。

1. 报检

（1）报检的范围。报检范围包括：①《进出境动植物检疫法》及其实施条例和《国境卫生检疫法》及其实施细则，以及有关国际条约、双边协议规定应当实施动植物检疫和卫生检疫的；②列入海关实施检验检疫《法检目录》的；③其他有关法律法规规定应当实施检验检疫的。

（2）报检的时间和地点。快件运营人应按有关规定向海关办理报检手续。出境快件在其运输工具离境 4 小时前，快件运营人应向离境口岸海关办理报检手续。入境快件到达海关监管区时，快件运营人应及时向所在地海关办理报检手续。快件运营人可以通过电子数据交换（EDI）的方式申请办理报检手续。

（3）报检应提供的单证。快件运营人在申请办理出入境快件报检时，应提供报检单、总运单、每一快件的分运单、发票等有关单证，并应当符合下列要求：①输入动物、动物产品、植物种子、种苗及其他繁殖材料的，应当取得相应的检疫审批许可证和检疫证明；②因科研等特殊需要，输入禁止进境物的，应当取得海关总署签发的特许审批证明；③属于微生物、人体组织、生物制品、血液及其制品等特殊物品的，应当取得相关审批；④属于实施进口安全质量许可制度、出口质量许可证制度和卫生注册登记制度管理的，应提供有关证明。

2. 检疫

海关对出入境快件应以现场检验检疫为主，特殊情况的，可以取样做实验室检验检疫。快件类别和检疫要求参见表5.6。

表 5.6　快件类别和检疫要求

类别	出境检疫要求	入境检疫要求
A 类：国家法律法规规定应当办理检疫许可证的快件	依据输入国家（地区）和中国有关检验规定实施检疫	按照国家法律法规和相关检疫要求实施检疫
B 类：属于实施进口安全质量许可制度、出口质量许可制度以及卫生注册登记制度管理的快件	实施重点检验，审核出口质量许可证或者卫生注册证，查看有无相关检验检疫标志、封识；无出口质量许可证、卫生注册证或者相关检验检疫标志、封识的，不得出境	实施重点检验，审核进口安全质量许可证，查看有无进口安全质量许可认证标志或者卫生注册标志；无进口安全质量许可证、卫生注册证或者无进口安全质量许可标志或者卫生注册标志的，做暂扣或退货处理，必要时进行安全、卫生检测
C 类：样品、礼品、非销售展品和私人自用物品	免予检验，物主有检疫要求的，实施检疫	免予检验，应实施检疫的，按有关规定实施检疫
D 类：以上三类以外的货物和物品	按 1%～3% 的比例进行抽查检验	按 1%～3% 的比例进行抽查检验

入境快件有下列情形之一的，由海关做退回或者销毁处理，并出具有关证明：①未取得检疫审批并且未能按规定要求补办检疫审批手续的；②按法律法规或者有关国际条约、双边协议的规定，须取得输出国（地区）官方出具的检疫证明文件或者有关声明，而未能取得的；③经检疫不合格又无有效方法处理的；④不能进行技术处理或者经技术处理后，重新检验仍不合格的；⑤其他依据法律法规的规定须做退回或者销毁处理的。

二、邮寄物报检

出入境邮寄物报检是对通过国际邮政渠道出入境的动植物、动植物产品和其他检疫物实施的检验检疫。出入境邮寄物的检验检疫主要是为了防止传染病、寄生虫病、危险性病虫杂草及其他有害生物随邮寄物传入、传出国境，保护我国农、林、牧、渔业生产安全和人体健康。依法应实施检疫的出入境邮寄物，未经检疫的，不得运递。

1. 报检的范围

报检范围：①入境的动植物、动植物产品及其他检疫物；②出入境的微生物、人体组织、生物制品、血液及其制品等特殊物品；③来自疫区的、被检疫传染病污染的或者可能成为检疫传染病传播媒介的邮包；④入境邮寄物所使用或携带的植物性包装物、铺垫材料；⑤含属许可证制度管理和须加贴检验检疫标志方可入境的物品；⑥可能引起生物恐怖的可疑出入境物品；⑦其他法律法规、国际条约规定需要实施检疫的出入境邮寄物。

🔔警钟长鸣

海关查获装有大量甲虫的塑料罐

（海关发布公众号 2023 年 7 月 20 日消息）近日，济南邮局海关在对一进境邮件进行开箱查验时，查获两个装有大量甲虫的塑料罐，共装有甲虫 1 000 只，重 2 千克，同时罐内伴有刺鼻性气味。经鉴定，罐内甲虫为亚氏双凹粪金龟、嗡蜣螂属甲虫、巨人巨蜣螂、神农洁蜣螂、牛头蜣螂，均已死亡。

提醒： 根据《禁止携带、寄递进境的动植物及其产品和其他检疫物名录》，未经我国行政主管部门审批许可，禁止携带、寄递动物尸体、动物标本、动物源性废弃物进境。

2. 出境检疫

出境邮寄物出现下列情况时，寄件人须向所在地海关申报，海关将按照有关国家（地区）的检验检疫要求，实施现场和实验室检疫：①寄往与我国签订双边植物检疫协定的国家（地区）或输入国（地区）有检疫要求的；②邮寄物中含有微生物、人体组织、生物制品、血液及其制品等特殊物品的；③寄件人有检疫需要的。

3. 入境检疫

邮寄物入境后，邮政部门应及时通知海关实施现场检疫，并向海关提供入境邮寄物品清单。需要检疫审批的物品，须提供检验检疫的审批单证。

三、特殊物品报检

1. 基本概念

出入境特殊物品是指微生物、人体组织、人类遗传资源、生物制品、血液及其制品等。

微生物是指病毒、细菌、真菌、放线菌、立克次氏体、螺旋体、衣原体、支原体等医学微生物菌（毒）种及样本以及寄生虫、环保微生物菌剂。人体组织是指人体细胞、细胞系、胚胎、器官、组织、骨髓、分泌物、排泄物等。人类遗传资源是指含有人体基因组、基因及其产物的器官、组织、细胞、血液、制备物、重组脱氧核糖核酸（DNA）构建体等遗传材料及相关的信息资料。生物制品是指用于人类医学、生命科学相关领域的疫苗、抗毒素、诊断用试剂、细胞因子、酶及其制剂以及毒素、抗原、变态反应原、抗体、抗原-抗体复合物、核酸、免疫调节剂、微生态制剂等生物活性制剂。血液是指人类的全血、血浆成分和特殊血液成分。血液制品是指各种人类血浆蛋白制品。

2. 卫生检疫审批

海关总署统一管理全国出入境特殊物品的卫生检疫监督管理工作，主管海关负责所辖地区的出入境特殊物品卫生检疫监督管理工作。

申请特殊物品卫生检疫审批需提供的材料：①入/出境特殊物品卫生检疫审批申请表；②物品描述性材料，包括物品中英文名称、类别、成分、来源、用途、主要销售渠道、输出输入的国家（地区）、生产商等；③入境用于预防、诊断、治疗人类疾病的生物制品、人体血液制品的提供国务院药品监督管理部门发给的进口药品注册证书；④物品含有或者可能含有病原微生物的，应当提供病原微生物的学名（中文和拉丁文）、生物学特性的说明性文件（中英文对照件）以及生产经营者或者使用者具备相应生物安全防控水平的证明文件；⑤出境用于预防、诊断、治疗的人类疾病的生物制品、人体血液制品的提供药品监督管理部门出具的销售证明；⑥出境物品涉及人类遗传资源管理范畴的取得人类遗传资源管理部门出具的批准文件，海关对有关批准文件电子数据进行系统自动比对验核；⑦使用含有或者可能含有病原微生物的特殊物品的单位提供与生物安全风险等级相适应的生物安全实验室资质证明，BSL-3 级以上实验室必须获得国家认可机构的认可；⑧出入境高致病性病原微生物菌（毒）种或者样本的提供省级以上人民政府卫生主管部门的批准文件。

特殊物品审批单的有效期：含有或者可能含有高致病性病原微生物的 3 个月，含有或者可能含有其他病原微生物的有效期为 6 个月，其他的有效期为 12 个月。特殊物品审批单在有效期内可以分批核销使用，超过有效期的，应当重新申请。

🔔))警钟长鸣

人体胎盘素注射液

（海关发布公众号 2023 年 6 月 23 日消息）近日，烟台海关在空港旅检渠道对进境旅客行李物品进行 CT 机检查验时，发现一名旅客的随身手提袋图像异常。经开袋查验，查获人体胎盘素注射液 66 支及注射用针管、针头若干，每支容量 2 毫升。

提醒： 人体胎盘素注射液属于特殊物品，根据规定，进出境特殊物品必须向海关申报，接受海关卫生检疫监管，未经海关许可，禁止进出境。

3. 报检

出境特殊物品的报关人员应当在出境前凭特殊物品审批单及其他材料向其所在地海关报检。入境特殊物品到达口岸后，报关人员应当凭特殊物品审批单及其他材料向入境口岸海关报检。对需实验室检测的入境特殊物品，货主或者其代理人应当按照口岸海关的要求将特殊物品存放在符合条件的储存场所，经检疫合格后方可移运或者使用。含有或者可能含有病原微生物、毒素等生物安全危害因子的入境特殊物品，口岸海关实施现场查验后应当及时电子转单给目的地海关。目的地海关应当实施后续监管。

报检材料不齐全或者不符合法定形式的，海关不予入境或者出境。

本 章 小 结

国际间货物贸易是通过运输工具从一个国家或地区向另一个国家或地区转运完成的，而大多数货物是通过集装箱来装载的。运输工具或集装箱在运载货物的同时也具有携带或传播有害生物的潜在危险。对此，《海关法》《国境卫生检疫法》《进出境动植物检疫法》等对出入境运输工具的检疫做出了明确的规定。

出入境运输工具必须进行卫生检疫和除害处理，出入境运输工具在我国境内停留或运行期间必须接受我国海关检验检疫部门的管制。出入境运输工具必须进行检验检疫。

集装箱在出入境前、出入境时或过境时，承运人、货主或其代理人，必须向海关报检并预约检验检疫的时间，海关按照有关规定对报检集装箱实施检验检疫。

出入境快件是指依法经营出入境快件的企业（快件运营人），在特定时间内以快速的商业运输方式承运的出入境货物和物品。海关依法对出入境快件实施检验检疫。

出入境邮寄物报检是对通过国际邮政渠道出入境的动植物、动植物产品和其他检疫物实施的检验检疫。出入境邮寄物的检验检疫主要是为了防止传染病、寄生虫病、危险性病虫杂草及其他有害生物随邮寄物传入、传出国境，保护我国及他国农、林、牧、渔业生产安全和人体健康。

出入境特殊物品是指微生物、人体组织、人类遗传资源、生物制品、血液及其制品等。

基础与能力训练

一、名词解释

1. 出入境运输工具　2. 出入境船舶　3. 进出境集装箱　4. 集装箱检疫

5. 集装箱强制性检验　6. 快件　　　7. 邮寄物　　　8. 特殊物品

二、简答题

1. 简述船舶出入境卫生检疫的主要内容。

2. 简述航空器出入境卫生检疫的重点。

3. 简述列车出入境卫生检疫的重点。

4. 如何完成出入境汽车报检?

5. 简述集装箱的检验检疫要求。

6. 快件报检有哪些要求?

7. 邮寄物报检有哪些要求?

8. 特殊物品报检有哪些要求?

三、实训项目

查阅相关资料,为出境集装箱的承运人、货主或代理人制作一份报检指南。

补充习题及实训

扫描二维码做更多练习,
巩固本章所学知识。

第六章

进出口税费计算

【学习目标】

知识目标：熟悉我国关税的构成；了解海关征收税款的一般程序；掌握完税价格的计算；熟悉并掌握进出口关税、进口环节税和其他税费的征收程序和计算方法。

技能目标：具有对完税价格的核算能力；具有按照进出口税费核算作业程序及计算公式对进出口货物进行进出口关税、进口环节税和其他税费进行核算的能力。

素养目标：具有依法纳税意识和较强社会责任感；全面掌握国家海关税费征收相关法律法规；尊重规则，能完成进出口货物税费核算业务；具备吃苦耐劳、诚实守信，敬业高效的职业作风。

【引　例】

宁波海关缉私局连续查获雪茄走私案

（海关发布公众号 2023 年 8 月 3 日消息）近日，宁波海关缉私局根据线索，连续查获雪茄走私案件 8 起。经查，犯罪嫌疑人为牟取非法利益，从境外网站购买雪茄并通过国际邮件渠道以低报价格或者伪报品名的方式走私进境。经初步查证，涉及雪茄 11 000 余支、烟丝 100 余罐，涉嫌偷逃税款 120 万元人民币。

思考讨论：

1. 为什么利用低报价格走私会给国家税收造成损失？
2. 什么是出口关税？征收出口关税有什么样的要求？
3. 什么是进口关税？征收进口关税有什么样的要求？

对进出口货物征收关税及相关税费是国家运用经济手段来调节进出口货物数量的基本方法。关税制度是国家关税政策的具体化、制度化、法律化，它由关税征收制度、减免制度、保税制度、退补制度、缴纳制度、纳税争议复议制度和违法行为处理制度构成，属海关管理的基本制度之一。征收进出口税费的法律依据是《海关法》《进出口关税条例》以及相关的法律法规。

第一节　认识关税

一、关税概述

关税属于国家对进出口货物和进出境物品所征收的进出境环节的流转税。广义的关税，不仅包括关税本身，还包括海关在进出境环节应征的其他国内税费，如增值税、消费税、船舶吨税等。

世界海关组织将关税定义为"在海关税则中规定的对进出境货品征收的税"。所以，关税是由国家海关对进出国境或关境的货物、物品征收的一种税。关税的课税对象是法律规定征收关税的标的物。我国《海关法》规定的关税课税对象是准许进出中国关境的货物和物品。

思考与讨论

一个国家为什么要设立关税？设立关税一定是贸易保护吗？

（一）关税的课税标准

关税是由海关代表国家、按照国家制定的关税政策和公布实施的税法及进出口税则，对进出关境的货物、物品征收的一种流转税。在国际贸易中，它一直被各国公认为一种重要的经济保护手段。课税标准就是将课税对象数量化、金额化的标准。

1. 正税

正税是指按照《进出口税则》中的进口税率征收的关税，具有规范性、相对稳定性的特点。正税一般有从量税、从价税、复合税、滑准税等几种计征方法。

（1）从量税。从量税以商品的重量、容量、长度、面积、体积、个数等数量单位为依据，按规定的单位数额为税率来计算税款。目前，我国只对啤酒、原油、胶卷等少量进口商品按从量税计征关税。从量税的计算公式为

$$从量税税额＝商品进口数量×从量税税率（单位税额）$$

对进口商品征收从量税时，报关人员应按规定的计量单位如实申报进口商品的数量。如未按规定计量单位成交，并且在有效单证上也没有按规定计量单位标明数量的，应按"从量税商品计量单位换算表"换算后再行申报。

（2）从价税。从价税以商品的价格或价值作为征收标准，按一定的比例（税率）征收税款。我国关税的计税标准以从价税为主，从价税以进出口商品的价格为标准计征。其税率表现为商品价格的百分率。从价税的计算公式为

$$从价税税额＝完税价格×从价税税率$$

（3）复合税。复合税又称混合税，在税则的同一税目中规定了从价和从量两种税率，征税时同时使用两种税率计征税款。复合税的计算公式为

$$复合税税额＝商品进口数量×从量税税率＋完税价格×从价税税率$$

（4）滑准税。滑准税是在《进出口税则》中预先按商品的价格高低分档制定若干不同的税率，然后根据进口商品价格的变动而增减进口税率的一种关税。当商品价格上涨时采用较低税率，当商品价格下跌时采用较高税率，其目的是使该种商品的国内市场价格保持稳定。

目前，我国出口关税均以从价税为计征标准。

2. 附加税

附加税是指国家由于特定需要，对货物除征收正税之外另行征收的关税，包括反倾销税、反补贴税、保障措施关税、报复性关税等，一般具有临时性。世界贸易组织禁止其成员方在一般情况下随意征收附加税，只有符合世界贸易组织反倾销、反补贴条例等有关规定的，才准许征收附加税。

（1）反倾销税，是指对倾销商品所征收的进口附加税。反倾销税的计算公式为

$$反倾销税税额＝完税价格×反倾销税税率$$

（2）反补贴税，是指对直接或间接接受出口津贴或补贴的外国商品以低于正常价格进口时所征收的一种特别税。反补贴税的计算公式为

$$反补贴税税额＝完税价格×反补贴税税率$$

（3）保障措施关税，是指由于进口数量激增给生产同类商品的国内产业造成严重损害或威胁时，进口国采取的数量限制和提高关税税率的措施。保障措施关税的计算公式为

$$保障措施关税税额＝完税价格×保障措施关税税率$$

（4）报复性关税，是指为报复他国对本国出口商品的关税歧视，而对来自相关国家的进口商品征收的一种进口附加税。报复性关税的计算公式为

$$报复性关税税额＝完税价格×报复性关税税率$$

（二）关税的征管方式

关税的征管方式有海关审核制和企业自报自缴制两种。

海关审核制下，纳税义务人按照法律、行政法规和海关规章关于商品归类、价格和原产地管理的有关规定，如实申报进出口货物的商品名称、商品编号、规格型号、价格、运保费及其他相关费用、原产地、数量等关键要素，由海关对商品归类、货物价格、原产地等关键涉税要素审核后确定应缴税款，之后由纳税义务人按照规定缴纳。其作业特点是先审核纳税，后货物放行。

企业自报自缴制下，进出口企业、单位自主向海关申报报关单及随附单证、确认随附的税费电子数据，并自行缴纳税款。海关放行后将根据风险分析结果对纳税义务人申报的价格、归类、原产地等税收要素进行抽查审核。其作业特点是先货物放行，后纳税审核。

（三）关税的缴纳期限

纳税义务人应当自海关填发专用缴款书之日起 15 日内缴纳税款，逾期未缴纳税款的，按日征收 0.5‰的滞纳金（不属于海关行政处罚，是强制执行行为）。超过 3 个月仍未缴纳税款的，海关将采取强制措施。申请缓缴税款的，纳税义务人应在货物进口之前或海关办理该货物内销通关申报手续之后的 7 日内提出申请。关税的缓缴期一般为 3 个月，因特殊原因超过 3 个月的，需要向海关总署提出申请。

实物展台
专用缴款书

（四）关税的缴纳方式

关税的缴纳方式根据支付方式分为电子支付和柜台支付。电子支付是通过电子支付系统缴纳税款。柜台支付是报关人员收到海关签发的专用缴款书后，在规定的时间前往指定的银行缴纳税款。

关税的缴纳方式根据支付频率分为逐票缴纳和汇总缴纳。逐票缴纳是针对每一次申报应税货物的单独计征。汇总缴纳是针对某一段时间内多次申报应税货物的汇总计征。

二、关税税率

关税税率是根据课税标准计算的关税税额的比率。从量税的税率表现为每单位数量的课税

对象应纳税额，即定额税率；从价税的税率表现为应纳税额与课税对象的价格或价值的百分比，即定率税率（固定税率）。关税税率的高低直接体现着国家的关税政策，是关税政策中最重要的内容。

1. 关税税率分类

关税按照进口货物原产地国别的分类参见表6.1。

表 6.1　关税按照进口货物原产地国别的分类

税率	适用情形
最惠国税率	适用于原产于共同适用最惠国待遇条款的世界贸易组织成员的进口货物，原产于与中华人民共和国签订含有相互给予最惠国待遇条款的双边贸易协定的国家（地区）的进口货物，以及原产于中华人民共和国境内的进口货物
协定税率	适用于原产于与中华人民共和国签订含有关税优惠条款的区域性贸易协定的国家（地区）的进口货物
特惠税率	适用于原产于与中华人民共和国签订含有特殊关税优惠条款的贸易协定的国家（地区）的进口货物
普通税率	适用于原产于除适用最惠国税率、协定税率、特惠税率国家或者地区以外的国家（地区）的进口货物，以及原产地不明的进口货物
关税配额税率	适用于实行关税配额管理的进口货物，关税配额内的适用关税配额税率，关税配额外的依照有关规定执行
暂定税率	适用最惠国税率、协定税率、特惠税率、关税配额税率的进口货物在一定期限内可以实行暂定税率

思考与讨论

假设甲、乙两国是世界贸易组织的成员，丙国不是世界贸易组织的成员。丙国生产的服装对乙国出口，乙国再将服装出口到甲国，甲国对此笔贸易征收了 13%的关税。若甲国在世界贸易组织中的承诺关税税率是10%，那么它是否违反了最惠国待遇原则？为什么？

2. 关税税率适用选择

关税税率的适用应当符合相应的原产地规则。适用出口税率的出口货物有暂定税率的，适用暂定税率。对于同时适用多种税率的进口货物，在选择适用的税率时，基本原则是"从低适用"，特殊情况除外。进口货物最终适用税率参见表6.2。

表 6.2　进口货物最终适用税率

货物可选用的税率	货物最终适用税率
最惠国税率、进口暂定税率	进口暂定税率
最惠国税率、减征税率	减征税率
减征税率、进口暂定税率、协定税率、特惠税率	从低选用适用税率
适用普通税率的同时有进口暂定税率	普通税率
关税配额税率、其他税率	关税配额内的适用关税配额税率，配额内还有暂定税率的适用暂定税率；关税配额外的从低适用以及暂定税率优先规则选择
反倾销税率、反补贴税率、保障措施关税税率、报复性关税税率	反倾销税率、反补贴税率、保障措施关税税率、报复性关税税率

3．关税税率适用时间

关税税率适用时间的基本规定是：进出口货物应当按照货物申报进出口之日实施的税率征收关税。其他需要注意的情形如下。

（1）当事人违反规定须对其补征进出口税款的，适用该行为发生之日实施的税率；该行为发生之日不能确定的，适用海关发现该行为发生之日实施的税率。

（2）经海关批准，实行集中申报的进出口货物，适用每次货物进出口时海关接受该货物申报之日实施的税率。

（3）出口转关运输货物，适用指运地海关接受该货物申报出口之日实施的税率。

（4）进口转关运输货物，适用指运地海关接受该货物申报进口之日实施的税率。货物运抵指运地前，经海关核准先行申报的，适用装载该货物的运输工具抵达指运地之日实施的税率。

（5）超过规定期限未申报而由海关依法变卖的进口货物，适用由转载该货物的运输工具申报进境之日实施的税率。

（6）进口货物到达前，经海关核准先行申报的，应当适用装载该货物的运输工具申报进境之日实施的税率。

（7）下列情形需要缴纳税款的，适用海关接受申报之日实施的税率：①保税货物经批准不复运出境的；②保税仓储货物转入国内市场销售的；③减免税货物经批准转让或者移作他用的；④暂时进出境货物经批准不复运进出境的；⑤租赁进口货物，分期缴纳税款的。

职场训练 6.1

当一个企业需要进口机械设备用于生产某种产品时，除了设备本身的成本外，还须考虑：进口通关时是否要缴纳进口关税？如果需要缴纳进口关税，应该以何种价格为基准计算进口关税？如果产品生产出来后又希望打入国际市场，在核算产品价格时，是否要考虑出口关税的影响？又应该以何种价格为基准计算出口关税？

三、关税减免与退补

关税政策具有一定的灵活性，国家对某些纳税义务人、某些课税对象根据具体情况实施税收优惠政策。降低适用的关税税率是常用的一种形式，它与对纳税义务人的豁免和对课税对象的豁免等共同构成关税减免制度。

（一）关税减免

关税减免包括法定减免、特定减免和临时减免三种情况。关税减免与海关监管参见表6.3。

表 6.3　关税减免与海关监管

关税减免	定义	海关监管
法定减免	进出口货物和物品按照《海关法》《进出口关税条例》和其他法律、行政法规的规定，可以享受的减免关税优惠	对法定减免货物和物品入境后一般不进行后续管理
特定减免	海关根据国家规定，对特定地区、特定用途和特定企业给予的减免关税的优惠，也称政策性减免	对适用于特定减免的货物入境后有后续管理

续表

关税减免	定义	海关监管
临时减免	由国务院根据某个单位、某类商品、某个时期或某批货物的特殊情况和需要，给予特别的临时性减免优惠	对临时减免货物和物品入境后一般不进行后续管理

📚 知识链接

特定减免的范围

特定减免只能用于特定地区、特定企业或者特定用途，未经海关核准并补缴该货物关税，不得移作他用。特定减免的范围主要是外商投资项目投资额度内进口自用设备、外商投资企业投资总额外进口自用设备、国内投资项目进口自用设备、贷款项目进口物资、特定区域物资、科教用品、科技开发用品、无偿援助项目进口物资、残疾人专用品、远洋渔业项目进口自捕水产品、远洋船舶及设备部件项目、集成电路项目、海上及陆上石油项目、货款中标项目进口零部件、救灾捐赠物资、扶贫慈善捐赠物资。

（二）关税退补

1. 关税退还

关税退还是指在纳税义务人缴纳关税后，发现多征税款，由海关主动或者经纳税义务人申请，海关将已经缴纳的部分或者全部税款退还给纳税义务人的一种制度。申请退还的范围如下：①已缴纳进口环节代征税款的进口货物，因品质或者规格原因原状退货复运出境的；②已缴纳出口关税的出口货物，因品质或者规格原因原状退货复运进境的，并重新缴纳因出口而退还的国内环节有关税款的；③已缴纳出口关税的货物，因故未装运出口，已退关的；④因海关误征，致使纳税义务人多缴税款的。

纳税义务人因各种原因申请退还的，应当自缴纳税款之日起 1 年内书面提出退税申请并提供相应的证明材料，海关自受理退税申请之日起 30 日内查实并通知纳税义务人办理退还手续。纳税义务人应当在收到海关通知之日起的 3 个月内办理有关手续。

2. 税款追征和补征

"少征"关税是海关已经做出征税决定，但征税决定中确定征收的税额比应征收的税额少；"漏征"关税是海关误将货物免税放行或者因其他原因对应予以征税货物未征收税款。少征和漏征关税统称为短征关税。

追征是纳税义务人违反规定造成短征关税时，海关对短征的税款予以征收的行为。补征是非因纳税义务人违反海关规定原因造成短征关税时，海关对短征的税款予以征收的行为。

《海关法》《进出口关税条例》规定，进出口货物放行后，海关发现税款少征或者漏征的，应当自缴纳税款或者货物放行之日起 1 年内，向纳税义务人补征税款。因纳税义务人违反规定造成少征或者漏征税款的，海关可以自缴纳税款或者货物放行之日起 3 年内追征税款，并按规定加收滞纳金。

🔔 警钟长鸣

党性锻造稽查铁军

（杭州海关网 2021 年 9 月 18 日消息） 近期，杭州海关所属金华海关稽查科党支部被杭州关区授予基层党建示范品牌称号。该海关稽查科党支部建立自主风险分析机制，选派责任心强的党员负责风险分析工作，收集本辖区进出口企业和商品相关数据，通过分析、筛选，从中发现并提取线索，主动作为，近三年来，支部党员办结稽查作业 70 余起、移交缉私部门办理 16 起，单起涉税案件金额最高达 500 多万元。近两年来，持续开展打击出口骗税专项行动，累计查获违法违规企业 13 家、涉案货值 4 500 万元，对其中两家主动披露企业不予行政处罚，追征税款 11.4 万元。

提醒： 开展进出口贸易的企业都应按照《海关法》《进出口关税条例》规定如实缴纳税款，企业线上开展进出口贸易应主动披露。对违法行为轻微并及时纠正、没有造成危害后果的企业，不予行政处罚。

第二节　出口关税的征收与计算

一、出口货物完税价格的审定

1. 出口货物完税价格

出口货物完税价格以该货物的成交价格以及该货物运至中华人民共和国境内输出地点装载前的运输及其相关费用、保险费为基础审查确定。出口货物完税价格不得包含出口关税和在货物价款中单独列明的货物运至境内输出地点装载后的运输及其相关费用、保险费。

知识链接

相关运输费用及保险费计入出口货物完税价格的确认

《海关审定进出口货物完税价格办法》规定，出口货物完税价格包括该货物的成交价格以及该货物运至中华人民共和国境内输出地点装载前的运输及其相关费用、保险费。但相关运输费用和保险费能不能计入完税价格应分不同的情形，实际操作参见表 6.4。

表 6.4　相关运输费用和保险费能不能计入完税价格的不同情形

情形	示例
国际运输及相关费用已包括在成交价格中（相关费用应该扣除）	以贸易术语 CIF 或 CFR 釜山成交的应税出口货物合同价格为 100 000 元人民币，其中运输费 10 000 元人民币，保险费 1 000 元人民币 完税价格=100 000−10 000−1 000=89 000 元人民币
国际运输及相关费用未包括在成交价格中（无须计入）	以贸易术语 FOB 上海成交的应税出口货物合同价格为 100 000 元人民币 完税价格=100 000 元人民币
国内运输及相关费用已包括在成交价格中（无须重复计入）	以贸易术语 FOB 上海成交的应税出口货物合同价格为 100 000 元人民币 完税价格=100 000 元人民币
国内运输及相关费用未包括在成交价格中（以 EXW 贸易术语方式成交，计入）	以贸易术语 EXW 昆山成交的应税出口货物合同价格为 100 000 元人民币，工厂到码头运费为 10 000 元人民币，保险费为 1 000 元人民币 完税价格=100 000+10 000+1 000=111 000 元人民币

需要特别注意，在应用成交价格估价方法确定完税价格时，装载前运输及相关费用、保险费已经包括在出口货物的成交价格中的，无须另行计入、重复计算。只有装载前的国内运输及相关费用、保险费未包括在出口货物的成交价格中时，才需要按照实际发生的金额计入。

2. 出口货物成交价格

出口货物成交价格是指该货物出口时卖方为出口该货物应当向买方直接收取和间接收取的价款总额。出口货物的成交价格不能确定的，海关经了解有关情况，并且与纳税义务人进行价格磋商后，依次以下列价格审查确定该货物的完税价格：①同时或者大约同时向同一国家（地区）出口的相同货物的成交价格；②同时或者大约同时向同一国家（地区）出口的类似货物的成交价格；③根据境内生产相同或者类似货物的成本、利润和一般费用（包括直接费用和间接费用）、境内发生的运输及其相关费用、保险费计算所得的价格；④按照合理方法估定的价格。

3. 出口货物完税价格审查确定

出口货物的发货人应当向海关如实申报出口货物的成交价格，并提供包括发票、合同、装箱单及其他证明申报价格真实、完整的单证、书面资料和电子数据。海关认为必要时，出口货物的发货人还应当向海关补充申报反映买卖双方关系和成交活动的情况以及其他与成交价格有关的资料。

当出现发票价格不符合成交价格定义以及海关启动价格质疑程序后否定成交价格等情况时，则不能使用成交价格估价方法确定完税价格，应依次采用相同、类似直至合理方法等其他估价方法确定完税价格。采用非成交价格确定完税价格时，对于国内发生的运费及相关费用、保险费，海关根据实际估价的方法灵活确定能否计入完税价格。如采用相同货物估价方法，货物完税价格为 CIF、FOB 术语价格的，则不必另行考虑国内运输及相关费用、保险费的审核及计入；但货物价格为 EXW 术语价格时，则要审核并计入相应的国内运输及相关费用、保险费。

二、出口关税的计算公式

国家征收出口关税的主要目的是限制、调控某些商品的出口，特别是防止一些重要自然资源和原材料的出口数量过大而损害本国利益。

1. 从价征收

出口货物完税价格是以 FOB 价格为基础审核确定的，如果出口货物价格采用其他贸易术语成交，则需要将其他术语价格转换成 FOB 术语价格。

📚 知识链接

商品价格构成因素

在国际销售合同中，贸易术语一般在价格条款中列明。进出口商品的价格构成因素因使用的贸易术语不同而不同。实际工作中，常用的三种贸易术语是 FOB、CFR 和 CIF。三种常用的贸易术语与商品价格构成要素之间的关系参见表 6.5。

表 6.5 三种常用的贸易术语与商品价格构成要素之间的关系

贸易术语	商品价格构成要素	
FOB 价格	商品成本：生产成本+加工成本+采购成本	出口退税（扣除项）：我国实施出口退税制度，出口企业商品成本包含有关增值税和消费税，所以，应予扣除
	国内总费用：经营费用 + 管理费用 + 财务费用	
	预期利润	

续表

贸易术语	商品价格构成要素
CFR 价格	FOB 价格 ＋ 国际运输费用
CIF 价格	CFR 价格 ＋ 国际保险费用

应征出口关税税额的计算公式

$$应征出口关税税额＝完税价格×出口关税税率$$

式中，以离岸价格（FOB 价格）成交的出口货物完税价格计算公式为

$$完税价格＝FOB 价格÷（1＋出口关税税率）$$

以境外口岸到岸价格（CIF 价格）成交的出口货物完税价格计算公式为

$$完税价格＝（CIF 价格-国际运输相关费用、保险费）÷（1＋出口关税税率）$$

以货价加运费价格（CFR 价格）成交的出口货物完税价格计算公式为

$$完税价格＝（CFR 价格-国际运输相关费用）÷（1＋出口关税税率）$$

上述公式中的国际运输相关费用及保险费均指在我国境内输出地点装载后发生的相关费用。

2. 从量征收

从量计征出口关税时，需要确定出口货物完税数（重）量和从量税税率。

应征出口关税税额的计算公式为

$$应征出口关税税额＝完税数（重）量×出口从量税税率$$

三、出口关税税额的计算步骤

需要特别注意的是，进出口货物的完税价格、进出口关税、进口环节代征税一律以人民币计征，均采用四舍五入法计算至"分"。

出口关税税额应按下列步骤进行计算。

第一步，按照归类原则确定税则归类，将应税货物归入恰当的税目税号。

第二步，根据完税价格审定办法和规定，确定应税货物的完税价格。

第三步，根据汇率使用原则，将外币折算成人民币。

第四步，按照相应的计算公式正确计算应征税款。

【例 6.1】某进出口公司出口某货物，成交价为 CIF 纽约 1 000 万美元（约折合人民币 6 400 万元）。已知运费折合为 1 500 万元人民币，保险费折合为 50 万元人民币，设该批货物适用的出口关税税率为 15%。

要求： 计算出口关税税额。

解： CIF 价格转变为 FOB 价格为

$$6 400－（1 500＋50）＝4 850（万元）$$

$$出口关税税额＝FOB 价格÷（1＋出口关税税率）×出口关税税率$$

$$＝48 500 000÷（1＋15%）×15%$$

$$≈42 173 913.04×15%$$

$$≈6 326 086.96（元）$$

第三节　进口关税、环节税及其他税费的征收和计算

一、进口关税

海关依照《进出口税则》对进口货物和从境外采购进口的原产于中国境内的货物征收进口关税。

（一）进口货物完税价格的确定

1. 进口货物的完税价格

进口货物的完税价格以该货物的成交价格以及该货物运抵中华人民共和国境内输入地点起卸前的运输及其相关费用、保险费为基础审查确定。

知识链接

相关运输费用及保险费计入进口货物完税价格的确认

《审价办法》规定进口货物的完税价格以该货物的成交价格以及该货物运抵国境内输入地点起卸前的运输及其相关费用、保险费为基础审查确定。但相关运输费用和保险费能不能计入完税价格应分不同的情形，具体操作参见表 6.6。

表 6.6　相关运输费用和保险费能不能计入完税价格的不同情形

情形	示例
起卸前运输、保险费已包括在成交价格中（无须计入）	以贸易术语 CIF 上海成交的应税进口货物合同价格为 100 000 元人民币 完税价格 = 100 000 元人民币
起卸前运输、保险费未包括在成交价格中时，计入完税价格的条件： （1）与运输过程有关； （2）必须发生在输入地点起卸前	从美国购买的货物入境前后发生的运输相关费用如下： 货物的经营者为保证交货货物的质量在美国港口发生的仓储费用（不计入完税价格）； 运输过程中，中转（正常情况）新加坡发生的仓储费用（计入完税价格）； 货物入境装卸之后发生的搬运、冷藏费用（不计入完税价格）。 以贸易术语 FOB 纽约成交货物，价值 100 000 美元，入境前后发生的起卸相关费用如下： 货物经上海入境后，由原船舶运输至广州口岸卸货发生的国际、国内运费（计入完税价格）； 货物经上海入境后，转至国内船舶运输至广州口岸卸货发生的国内运费（不计入完税价格，若买方支付的运费是包含到广州口岸的，且无法区分国际和国内运费，则可计入完税价格）

需要特别注意，进口货物的运输及其相关费用，应当按照买方实际支付或者应当支付的费用计算，若进口货物的运输及其相关费用无法确定的，海关应当按照该货物进口同期的正常运输成本审查确定。运输工具作为进口货物，利用自身动力进境的，海关在审查确定完税价格时，不再另行计入运输及其相关费用。如果进口货物的保险费无法确定或未实际发生，海关可按照"货价+运费"两者总额的 3‰计算保险费，计算公式为：保险费 =（货价+运费）×3‰。

邮运进口的货物，应当以邮费作为运输及其相关费用、保险费。

2. 进口货物的成交价格

进口货物的成交价格，是指卖方向中华人民共和国境内销售该货物时买方为进口该货物向

卖方实付、应付的，并且按照成交价格的调整项目规定调整后的价款总额，包括直接支付的价款和间接支付的价款。

进口货物的成交价格不符合成交价格估价方法规定或成交价格不能确定的，海关经了解有关情况，并且与纳税义务人进行价格磋商后，依次以下列方法审查确定该货物的完税价格。

（1）相同货物成交价格估价方法，是海关以与进口货物同时或者大约同时向境内销售的相同货物的成交价格为基础，审查确定进口货物的完税价格的估价方法。相同货物是指与进口货物在同一国家（地区）生产的，在物理性质、质量和信誉等所有方面都相同的（表面允许有微小差异）货物。

（2）类似货物成交价格估价方法，是海关以与进口货物同时或者大约同时向境内销售的类似货物的成交价格为基础，审查确定进口货物的完税价格的估价方法。类似货物是指与进口货物在同一国家（地区）生产的，虽然不是在所有方面都相同，但是却具有相似的特征、相似的组成材料、相同的功能，并且在商业中可以互换的货物。大约同时是指海关接受货物申报之日的大约同时，最长不应超过前后 45 日。

（3）倒扣价格估价方法，是海关以进口货物、相同或者类似进口货物在境内的销售价格为基础，扣除境内发生的有关费用后，审查确定进口货物完税价格的估价方法。

（4）计算价格估价方法，是指海关以下列各项的总和为基础，审查确定进口货物完税价格的估价方法：①生产该货物所使用的材料成本和加工费用；②向境内销售同等级或者同种类货物通常的利润和一般费用，包括直接费用和间接费用；③货物运抵中华人民共和国境内输入地点起卸前的运输及相关费用、保险费。

（5）合理方法，是当海关不能根据成交价格估价方法、相同货物成交价格估价方法、类似货物成交价格估价方法、倒扣价格估价方法和计算价格估价方法确定完税价格时，海关遵循客观、公平、统一的原则，以客观量化的数据资料为基础审查确定进口货物完税价格的估价方法。

纳税义务人向海关提供有关资料后，完税价格审定中的(3)和（4）的适用次序可以颠倒。

视野拓展

要正确地计算进出口货物的关税，就必须了解应税货物的税目税号，确定应税货物适用的税率。

读者可在中国通关网"归类通"栏目中输入商品名称，找到应税商品的编码后单击"查看税号结构"，找到具体的税号后单击"关税"查看关税信息。

3. 进口货物完税价格审查确定

进口货物的收货人应当向海关如实申报进口货物的成交价格，并提供包括发票、合同、装箱单及其他证明申报价格真实、完整的单证、书面资料和电子数据。海关认为必要时，进口货物的收货人还应当向海关补充申报反映买卖双方关系和成交活动的情况以及其他与成交价格有关的资料。海关审查确定进出口货物的完税价格期间，纳税义务人可以在依法向海关提供担保后，先行提取货物。

警钟长鸣

申报不实影响国家出口退税管理

（天津海关网 2023 年 9 月 15 日消息）2023 年 3 月 31 日，当事人代理某番茄制品公司以一般贸易方式向天津新港海关申报出口"番茄酱"132.632 吨，商品编号为 2002901900（出口退税率 13%，无监管条件），C&F 总价为 1 571 155.02 美元。经查，实货 C&F 价值应为 157 115.02 美元。当事人申报不实，影响国家出口退税管理。依据《海关法》《海关行政处罚实施条例》规定处罚款人民币 3 万元。

提醒： 进出口货物、物品或者过境、转运、通运货物向海关申报不实，影响国家外汇、出口退税管理的，处申报价格 10% 以上 50% 以下罚款。

4. 进口货物完税价格的计算

进口货物完税价格是以 CIF 价格为基础审核确定的，如果进口货物是采用其他贸易术语成交的，则需将其他贸易术语价格转换成 CIF 术语价格，并根据成交币值进行汇率换算，使之成为最终的完税价格。

进口货物以 CIF 价格成交的，完税价格计算公式为

$$完税价格 = CIF\ 价格$$

进口货物以境外口岸 FOB 价格成交的，完税价格计算公式为

$$完税价格 = （FOB\ 价格 + 运费）\div（1 - 保险费费率）$$

以我国口岸 CFR 价格成交的，进口货物完税价格计算公式为

$$完税价格 = CFR\ 价格 \div（1 - 保险费费率）$$

【例 6.2】 某进出口公司从日本以 FOB 形式购进一批圆钢，共计 500 吨，其申报的发票价格及有关费用如下：申报运费 60 元人民币/吨，保险费费率为 0.1%，总额为 USD190 000，当时的外汇牌价为 100 美元 = 640 元人民币。

要求： 计算进口货物完税价格。

解： 进口货物完税价格计算过程如下。

（1）以美元计价的 FOB 价格折合成人民币为

$$190\,000 \times 6.4 = 1\,216\,000（元）$$

（2）经核查实际支出运费为

$$500 \times 60 = 30\,000（元）$$

（3）保险费费率已知为 0.1% 时：

$$完税价格 = （FOB\ 价格 + 运费）\div（1 - 保险费费率）$$
$$= （1\,216\,000 + 30\,000）\div（1 - 0.1\%）$$
$$\approx 1\,247\,247.25（元）$$

（二）进口关税的计算

1. 从价税

从价税的计算过程如下。

第一步，按照归类原则确定应税货物的税则归类，将应税货物归入恰当的税目税号。

第二步，根据原产地规则，确定应税货物所适用的税率。

第三步，根据完税价格审定办法和规定，确定应税货物的完税价格。

第四步，根据汇率使用原则，将外币折算成人民币。

第五步，按照相应的计算公式计算应征税款。

【例 6.3】 某进出口公司进口一批应税消费品，成交价折合人民币 1 085 万元，货物运抵我国关境内输入地点起卸前、起卸后的运费分别为 35 万元和 2 万元，保险费分别为 5 万元和 0.4

万元。包装材料费用和包装劳务费用为 10 万元，与货物视为一体的容器费用为 15 万元，与该货物有关的特许权使用费为 50 万元，设应税消费品适用的关税税率为 20%。

要求： 计算该批货物应缴纳的进口关税税额。

解： 计算过程如下：

$$完税价格＝1\,085＋35＋5＋10＋15＋50＝1\,200（万元）$$

$$进口关税税额＝1\,200×20\%＝240（万元）$$

说明： 进口货物运抵境内输入地点起卸后的运费、保险费不计入该批货物的完税价格。

2．从量税

从量税的计算过程如下。

第一步，按照归类原则确定应税货物税则归类，将应税货物归入恰当的税目税号。

第二步，根据原产地规则，确定应税货物所适用的税率。

第三步，确定应税货物的实际进口量。

第四步，根据完税价格审定办法和规定，确定应税货物的完税价格。

第五步，根据汇率使用原则，将外币折算成人民币。

第六步，按照相应的计算公式计算应征税款。

【例 6.4】 内地某进出口公司从香港购进彩色电影胶卷一批，折合为 2\,887.5 米^2，成交价格为 CIF 境内某口岸 600\,000 港元。已知当时外汇牌价为 100 港元＝95 元人民币。

要求： 计算该批货物的应征进口关税税额。

解： 经查，原产地为香港的彩色电影胶卷，适用关税税率为 13 元/米^2。

$$进口关税税额＝进口货物数量×单位税额$$

$$＝2\,887.5×13$$

$$＝37\,537.50（元）$$

3．复合税

复合关税的计算过程如下。

第一步，按照归类原则确定应税货物的税则归类，将应税货物归入恰当的税目税号。

第二步，根据原产地规则，确定应税货物所适用的税率。

第三步，确定应税货物的实际进口数量。

第四步，根据完税价格审定办法和规定，确定应税货物的完税价格。

第五步，根据汇率使用原则，将外币折算成人民币。

第六步，按照相应的计算公式计算应征税款。

$$复合进口关税税额＝进口货物数量×单位税额＋完税价格×从价税税率$$

【例 6.5】 某进出口公司从境外购进应缴纳复合税商品 20 台，成交价格为 CIF 青岛 7\,000 美元/台。已知当时外汇牌价为 100 美元＝640 元人民币。经查，该商品完税价格不高于 5\,000 美元/台的，关税税率为单一从价税，税率为 35%；完税价格高于 5\,000 美元/台的，关税税额为 9\,728 元人民币/台，再加 3% 的从价税。

要求： 计算该批货物的应征进口关税税额。

解： 审定后完税价格为 140\,000 美元，折合人民币 896\,000 元。

$$复合进口关税税额＝进口货物数量×单位税额＋完税价格×从价税税率$$
$$＝20×9\,728＋896\,000×3\%$$
$$＝221\,440（元）$$

二、进口环节税

进口货物、物品在办理海关手续放行后，进入国内流通领域，与国内货物同等对待，所以应缴纳应征的国内税。进口货物、物品的国内税依法由海关征收。

1. 消费税

消费税是以特定消费品为课税对象而征收的一种流转税。我国的消费税是在对商品普遍征收增值税的基础上，对特定应税消费品再征收的税。进口的应税消费品的消费税由海关征收。进口环节消费税除国务院另有规定外，一律不得给予减税、免税。进口的应税消费品，由纳税义务人（进口商或其代理人）向报关地海关申报纳税。进口环节消费税的缴纳期限与关税相同。

知识链接

纳入消费税征收范围的货物

消费税征收的范围，仅限于少数特殊消费品，具体包括：①过度消费会对人的身体健康、社会秩序、生态环境造成危害的烟、酒、酒精、鞭炮、焰火；②属于奢侈品和非生活必需品的贵重首饰及珠宝玉石、化妆品；③高耗能的小轿车、气缸容量250毫升以上的摩托车等；④不可再生和替代的的汽油、柴油等资源类消费品。

我国消费税的税额可按从价、从量、复合征收的方法进行计算。

从价消费税的计算公式为

$$应纳税额＝消费税组成计税价格×消费税比例税率$$

$$消费税组成计税价格＝（完税价格＋关税税额）÷（1－消费税比例税率）$$

从量消费税的计算公式为

$$应纳税额＝应征消费税商品进口数量×消费税定额税率$$

复合征收消费税的计算公式为

$$应纳税额＝消费税组成计税价格×消费税比例税率＋应征消费税商品进口数量$$
$$×消费税定额税率$$

$$消费税组成计税价格＝（完税价格＋关税税额＋应征消费税商品进口数量$$
$$×消费税定额税率）÷（1－消费税比例税率）$$

消费税的计算过程如下。

第一步，按照归类原则确定应税货物的税则归类，将应税货物归入适当的税目税号。

第二步，根据原产地规则和适用税率规定，确定应税货物适用的关税税率、消费税税率。

第三步，根据审定完税价格的有关规定，确定应税货物的 CIF 价格。

第四步，根据汇率适用规定，将外币折算成人民币（完税价格）。

第五步，按照相应的计算公式计算完税价格。

第六步，按照相应的计算公式计算消费税税额。

【例6.6】某公司进口货物一批，经海关审核其成交价格为CIF境内某口岸12 800美元，折合人民币81 920元。设该批货物适用的关税税率为20%，消费税税率为15%。

要求：计算该批货物的应征消费税税额。

解：该批货物实行从价征收消费税，消费税税额的计算过程如下：

关税税额＝完税价格×关税税率

$$=81\,920×20\%$$

$$=16\,384（元）$$

消费税税额＝（完税价格＋关税税额）÷（1－消费税税率）×消费税比例税率

$$=（81\,920+16\,384）÷（1-15\%）×15\%$$

$$≈17\,347.76（元）$$

2．增值税

增值税是以商品生产、流通和劳务服务各个环节所创造的新增价值为课税对象的一种流转税。海关根据税则所示的应税货物选定适用的税率。

知识链接

增值税的征收范围

在我国境内销售货物（销售不动产或免征的除外）或提供加工、修理修配劳务以及进口货物的单位和个人，都要依法缴纳增值税。进口环节海关代征增值税的税率为13%和9%，我国对进口货物增值税的征收原则上是中性、简便、规范，采取基本税率再加一档低税率的征收模式。

适用基本税率（13%）的货物：除适用低税率以外的货物，以及提供加工、修理修配劳务。

适用低税率（9%）的货物：农产品（含粮食）、自来水、暖气、石油液化气、天然气、食用植物油、冷气、热水、煤气、居民用煤炭制品、食用盐、农机、饲料、农药、农膜、化肥、沼气、二甲醚、图书、报纸、杂志、音像制品、电子出版物。

进口环节增值税的计算公式为

应纳增值税税额＝组成计税价格×增值税税率

组成计税价格＝完税价格＋关税税额＋消费税税额

增值税的计算过程如下。

第一步，按照归类原则确定应税货物的税则归类，将应税货物归入适当的税目税号。

第二步，根据原产地规则和适用税率规定，确定应税货物所适用的关税税率、增值税税率及消费税税率。

第三步，根据审定完税价格的有关规定，确定应税货物的CIF价格。

第四步，根据汇率适用规定，将外币折算成人民币（完税价格）。

第五步，按照相应的计算公式计算完税价格。

第六步，按照相应的计算公式计算消费税税额、增值税税额。

【例6.7】某外贸公司进口美国产商品一台，FOB价格为223 343美元，运费为人民币42 240元，保险费费率为0.3%，海关填发专用缴款书之日美元对人民币外汇市场买卖中间价为100美元＝640元人民币。

要求：计算该台商品应缴纳的增值税（设不涉及消费税，增值税税率为13%）。

解：经查该商品适用关税税率 20%，该商品 FOB 价格折算成人民币为 1 429 395.2 元。

$$完税价格＝（FOB 价格＋运费）÷（1－保险费费率）$$
$$＝（1 429 395.2＋42 240）÷（1－0.3\%）$$
$$≈1 476 063.39（元）$$
$$关税税额＝1 476 063.39×20\%$$
$$≈295 212.68（元）$$
$$组成计税价格＝完税价格＋关税税额$$
$$＝1 476 063.39＋295 212.68$$
$$＝1 771 276.07（元）$$
$$增值税税额＝组成计税价格×增值税税率$$
$$＝1 771 276.07×13\%$$
$$≈230 265.89（元）$$

三、船舶吨税

船舶吨税是海关对外国籍船舶航行进出本国港口时，按船舶净吨位征收的税种。

知识链接

船舶吨税

船舶吨税的纳税义务人包括进出我国港口的外国籍船舶的经营人，期租中国籍船舶进出我国港口的外国经营人，中外合资经营的船舶或外商投资企业租用中、外国籍船舶进出我国港口的经营人以及我国租用外国籍船舶在国际、国内沿海航行进出我国港口的经营人。

船舶吨税缴款期限为自海关填发专用缴款书之日起 15 日内（缴款期限届满日如果是节假日可顺延），逾期按日征收税款额 1‰的滞纳金。凡是征收了船舶吨税的船舶不再征收车船使用税；对已经征收车船使用税的船舶，不再征收船舶吨税。

船舶吨税起征日为"船舶直接抵港之日"。如进境后驶达锚地的，以船舶抵达锚地之日起计算；进境后直接靠泊的，以靠泊之日起计算。船舶抵港之日，船舶负责人或其代理人应向海关出具船舶停留时仍然有效的"船舶吨税执照"（简称"执照"），如所领"执照"期满后尚未离开中国，则应在期满之次日起续缴；未能出具"执照"者，应按规定向海关申报，缴纳船舶吨税，并领取"执照"。

船舶吨税缴纳期限分为 90 天期缴纳和 30 天期缴纳两种，并分别确定税额，缴纳期限由纳税义务人在申请完税时自行选择。船舶吨税的计算公式为

船舶吨税＝净吨位×吨税税率（元/净吨）

其中，净吨位为船籍国（地区）政府授权签发的船舶吨位证明书上标明的净吨位。船舶净吨位的尾数按四舍五入原则，0.5 吨以下的免征尾数，0.5 吨以上的按 1 吨计算。不及 1 吨的小型船舶，除经海关总署特准免征者外，应一律按 1 吨计征。

【例6.8】有一净吨位为 88 000 吨的英国籍轮船，停靠在我国境内某港口装卸货物。纳税义务人自行选择 30 天期缴纳船舶吨税。

要求：计算对该船应征的船舶吨税（设净吨位 88 000 吨的轮船 30 天期的优惠税税率为 3.8 元/净吨）。

解：

船舶吨税＝净吨位×吨税税率

$$=88\,000×3.8$$

$$=334\,400（元）$$

四、滞报金

出口货物不涉及滞报金。进口货物未能按海关规定期限向海关申报产生滞报的，由海关按照规定征收滞报金。进口货物收货人要求在缴清滞报金前先放行货物的，海关可以在其提供与应缴纳滞报金等额的保证金后放行。

进口货物滞报金按日计征，进口货物应自装载货物的运输工具申报入境之日起 14 日内向海关申报进境，超过申报时间未申报的将被征收滞报金。实际操作中，海关以自运输工具申报入境之日起第 15 日为起征日，以海关接受申报之日为截止日。规定申报期限内含有的双休日或法定节假日不予扣除，规定的计征起征日（第 15 日）如遇休息日或者法定节假日，则顺延至其后第一个工作日，起征日和截止日均计入滞报期间。

📚 知识链接

进口货物滞报天数确定

滞报金的计算需要确定进口货物完税价格和滞报天数。其中滞报天数的确定（见表 6.7）关系到滞报金的正确计算。确定滞报天数需要考虑滞报期间的双休日和法定节假日天数。

表 6.7　滞报天数确定计算分析表

示例一	示例二
装运货物的运输工具于 4 月 18 日（星期二）进境并申报，报关单位于 5 月 4 日（星期四）向海关申报。当年五一假期安排如下：4 月 29、30，5 月 1、2、3 日休。	装运货物的运输工具于 4 月 14 日（星期五）进境并申报，报关单位于 5 月 5 日（星期五）向海关申报。当年五一假期安排如下：4 月 29、30，5 月 1、2、3 日休。
分析：货物最后自然申报期为 5 月 2 日（14 日），从 5 月 3 日计算滞报期间，单位于 5 月 4 日向海关申报，所以，滞报 1 天	分析：货物最后自然申报期为 4 月 28 日（14 日），从 5 月 4 日计算滞报期间（4 月 29 日—5 月 3 日休假），单位于 5 月 5 日向海关申报，所以，滞报 2 天

滞报金以人民币元为计征单位，起征点为人民币 50 元，不足人民币 1 元的部分免征。滞报金的计算公式为

$$滞报金金额＝完税价格×0.5‰×滞报天数$$

【例 6.9】 国内某进出口公司从德国进口瓶装葡萄酒一批，货物于某年 3 月 6 日（星期四）入境，该公司于 3 月 28 日向海关传输数据，同时，海关接受申报。已知该货物 CIF 成交价格为 852 636 欧元，适用的外汇折算价格为 100 欧元＝834.03 元人民币。

要求： 计算对该批货物应征收的滞报金。

解： 货物入境日是 3 月 6 日（星期四），法定申报时间为 14 天，即 3 月 20 日（自 3 月 7 日起算，含 3 月 7 日，共 14 天）前申报不产生滞报金。自 3 月 21 日起开始计算滞报期间，3 月 28 日海关接受申报，起、止日均要计入滞报期间，共滞报 8 天。

$$滞报金金额＝完税价格×0.5‰×滞报天数$$

$$=852\,636×8.340\,3×0.5‰×8$$

$$≈28\,444.96（元）$$

进口货物因收货人在运输工具申报入境之日起超过 3 个月未向海关申报，被海关依法提取做变卖处理后，收货人申请发还余款的，滞报金的征收以自运输工具申报入境之日起第 15 日为起征日，以 3 个月期限的最后一日为截止日。

五、滞纳金

滞纳金是指应缴纳关税的单位或个人因在规定期限内未向海关缴纳应缴税款而被海关依法处以的应缴纳税额一定比例的罚款。

出口货物如未在规定期限缴纳税款，核算滞纳金时仅需确定滞纳关税税额。

$$关税滞纳金金额 = 滞纳关税税额 \times 0.5‰$$

进口货物的进口关税、进口环节增值税、进口环节消费税、船舶吨税等的纳税（费）义务人或其代理人，应当自海关填发专用缴款书之日起 15 日内缴纳税款，逾期缴纳的（从填发专用缴款书之日起第 16 日开始计算到缴清税款之日为止），海关依法在原税款的基础上加收每日 0.5‰ 的滞纳金。

海关对滞纳金的征收是自缴纳期限届满次日起，至进出口货物的纳税（费）义务人缴纳税费之日止，其中的法定节假日不予扣除。缴纳期限届满日遇双休日或者法定节假日的，应当顺延到双休日或者法定节假日之后的第一个工作日。

滞纳金按每票货物的进口关税、进口环节增值税、进口环节消费税单独计算，起征点为人民币 50 元，采用四舍五入法计算至分，不足 50 元的免予征收。进口货物滞纳金的计算公式为

$$关税滞纳金金额 = 滞纳关税税额 \times 0.5‰ \times 滞纳天数$$
$$代征税滞纳金金额 = 滞纳代征税税额 \times 0.5‰ \times 滞纳天数$$
$$监管手续费滞纳金金额 = 滞纳监管手续费金额 \times 0.5‰ \times 滞纳天数$$

【例 6.10】 某公司从美国进口一批化妆品，已知对该批货物应征的进口关税为 132 058.32 元，应征进口环节增值税为 856 422.66 元、进口环节消费税为 503 778.04 元。海关于某年 3 月 7 日（星期五）填发专用缴款书，该公司于 3 月 28 日缴纳税款。

要求： 计算对该公司应征收的滞纳金。

解： 先确定滞纳天数，然后分别计算应缴纳的进口关税、进口环节增值税和进口环节消费税的滞纳金。若滞纳金金额不足 50 元，免予征收。

税款缴纳最后期限为 3 月 22 日（星期六）。按照规定，顺延至其后第一个工作日，即 3 月 24 日为最后缴款期限。3 月 25 日至 3 月 28 日为滞纳期，共 4 天。

$$关税滞纳金金额 = 滞纳关税税额 \times 0.5‰ \times 滞纳天数$$
$$= 132\ 058.32 \times 0.5‰ \times 4$$
$$\approx 264.12（元）$$

$$增值税滞纳金金额 = 滞纳增值税税额 \times 0.5‰ \times 滞纳天数$$
$$= 856\ 422.66 \times 0.5‰ \times 4$$
$$\approx 1\ 712.85（元）$$

$$消费税滞纳金金额 = 滞纳消费税税额 \times 0.5‰ \times 滞纳天数$$
$$= 503\ 778.04 \times 0.5‰ \times 4$$
$$\approx 1\ 007.56（元）$$

职场训练 6.2

企业从国外进口高级小轿车，除了要缴纳进口关税外，还需要缴纳什么税费？这些税费应该向税务机关还是直接向海关缴纳？一个船运公司租用外国籍船舶从事国际航运，是否需要缴纳船舶吨税？

六、税款担保金

视野拓展

读者可通过阅读《反倾销条例》和《反补贴条例》了解相关政策。

《海关事务担保条例》规定，在进出口通关环节，进出口单位为申请提前放行货物及申请办理特定海关业务时可办理担保手续。

下列情形要求提前放行货物的海关收取担保金：进出口货物的商品归类、完税价格、原产地尚未确定的；有效报关单证尚未提供的；在纳税期限内税款尚未缴纳的；滞报金尚未缴纳的；其他海关手续尚未办结的。但要注意：国家对进出境货物、物品有限制性规定，应当提供许可证件而不能提供的，以及法律、行政法规规定不得担保的其他情形，海关不予办理担保放行。

下列申请特定海关业务办理的海关将收取担保金：运输企业承担来往内地与港澳公路货物运输、承担海关监管货物境内公路运输的；货物、物品暂时进出境的；货物进境修理和出境加工的；租赁货物进口的；货物和运输工具过境的；将海关监管货物暂时存放在海关监管区外的；将海关监管货物向金融机构抵押的；为保税货物办理有关海关业务的。注意：当事人不提供或者提供的担保不符合规定的，海关不予办理上述特定海关业务。

上述海关事务担保可采取交付担保金或保证函的形式，其担保金金额不得超过可能承担的最高税款总额。税款担保不超过 6 个月，特殊情况下经直属海关关长批准或授权的隶属海关关长批准可酌情延长。

税款担保金额由海关确定，一般不超过进出口货物须要缴纳的最高税款总额。税款担保金额核算与上述进出口税款的核算规则、步骤、公式基本一致。

本 章 小 结

关税是由海关代表国家、按照国家制定的关税政策和公布实施的税法及进出口税则，对进出关境的货物、物品征收的一种流转税。进出口税费是指在进出口环节中由海关依法征收的关税、消费税、增值税、船舶吨税以及其他费用。

为限制、调控某些商品的过度、无序出口，特别是防止我国一些重要自然资源和原材料的无序出口，海关对出境货物、物品征收出口关税。

关税征收作为一种重要的、各国公认的经济保护手段，国家对于进口货物和物品除按《进出口税则》中的进口税率征收进口关税和进口环节税外，还会由于特定需要对进口货物征收反倾销税、反补贴税、保障措施关税、报复性关税等进口附加税。

国家对某些纳税义务人、某些课税对象实施税收优惠。关税减免是海关关税管理制度中的一项重要内容。进出口税费减免包括法定减免、特定减免和临时减免三种。

基础与能力训练

一、名词解释

1. 关税　　2. 从量税　　3. 从价税　　4. 复合税

5. 滑准税　　6. 进口附加税　　7. 正税　　8. 关税法定减免

二、简答题

1. 对进口货物如何审定完税价格？

2. 进/出口关税的课税标准是什么？

3. 关税减免有哪几类？

4. 简述关税退补的条件。

5. 制定关税税率的原则是什么？

6. 关税税率是如何分类的？

7. 简述出口关税税额的计算步骤。

8. 进口环节税有哪几类？如何计算？

三、计算题

1. 内地某公司从香港购进了应税车辆 10 辆（适用最惠国税率 35%），成交价格合计为 FOB 香港 120 000 美元，实际支付运费 5 000 美元，保险费 800 美元。汽车的规格为 4 座，汽缸容量为 2 000 毫升，已知当时的外汇牌价为 100 美元＝630 元人民币。计算对该公司应征的进口关税的税额。

2. 某公司从日本购进了应税商品 400 台（注：该产品最惠国税率为 29.2%，4 000 美元/台为单一从价税 35%，5 200 美元/台关税税率为 3%+9 728 元）。其中 200 台价格为 CIF 境内某口岸 4 000 美元/台，另外 200 台价格为 CIF 境内某口岸 5 200 美元/台。已知当时的外汇牌价为 100 美元＝630 元人民币。计算对该公司应征的进口关税税额。

3. 某公司进口了货物一批，经海关审核其成交价格为 1 200 美元。已知当时的外汇牌价为 100 美元＝630 元人民币。已知该批货物适用的关税税率为 12%，消费税税率为 10%，增值税税率为 13%。计算对该公司应征的增值税税额。

4. 某公司出口了铁合金 135 吨，每吨售价为 CFR 神户 87 美元，支付运费为 30 000 元人民币。已知该铁合金适用的出口关税税率为 5%，当时的外汇牌价为 100 美元＝630 元人民币。计算对该公司应征的出口关税税额。

5. 某公司进口货物应缴纳关税 20 000 元、增值税 30 000 元。海关于某年 5 月 20 日（星期五）开出税款缴纳通知单，该公司于 6 月 19 日缴纳税款。计算该公司应缴纳的滞纳金。

四、实训项目

内地某进出口公司从香港进口了一批原产于马来西亚的不锈钢餐刀和其他不锈钢制品（属

于法检商品，列入《自动进口许可管理货物目录》)，运载该批货物的运输工具于某年 5 月 26 日（星期四）从深圳口岸申报进境，收货人于 6 月 1 日向深圳海关传送报关单电子数据，海关当天受理。该公司发现，该批货物有多处申报差错，必须撤销原电子数据报关单，故向海关申请并经海关审核同意于 6 月 2 日撤销了原电子数据报关单。该公司于 6 月 20 日重新向海关申报，海关当天受理申报并发出现场交单通知，收货人于 6 月 21 日向海关提交了相应的纸质单证。试回答以下问题。

1．该批货物进口申报符合海关规定的是＿＿＿＿＿＿＿＿＿＿＿＿＿＿＿。

2．如以上日期均不涉及法定节假日，该企业应该缴纳＿＿＿天的滞报金。

3．该批货物申报时，除进口货物报关单以外还应向海关提交＿＿＿＿＿、＿＿＿＿＿和＿＿＿＿＿＿等随附单证。

4．假定该批货物在税则中的税率分别为：普通税率为 40%，最惠国关税税率为 12%，中国-东盟协定税率为 8.5%，香港 CEPA 项下税率为 0，则该批货物进口时适用的税率是＿＿＿＿＿。

5．该批货物属于法检商品，列入《自动进口许可管理货物目录》，因此应提交＿＿＿＿＿。

补充习题及实训

扫描二维码做更多练习，以巩固本章所学知识。

第七章

一般进出口货物报关

【学习目标】

知识目标：了解一般进出口货物报关的特点；掌握一般进出口货物报关的步骤。

技能目标：具有对一般进出口货物进行报关的能力。

素养目标：具有认真、严谨的职业作风和职业态度；知法、懂法、守法、廉洁自律；掌握完成一般进出口货物报关业务的职业技能。

【引　例】

关于推进全国海关通关一体化改革的公告

2017 年 6 月 28 日，海关总署发布 2017 年第 25 号公告。为加快转变政府职能，适应开放型经济新体制要求，深化简政放权放管结合优化服务，海关总署决定自 2017 年 7 月 1 日起推进全国海关通关一体化改革。

思考讨论：

1．什么是"全国通关一体化"？"全国通关一体化"在促进通关便利化中发挥了什么作用？

2．什么是一般进出口货物？一般进出口货物报关有什么特点？它的适用范围是什么？

3．一般进出口货物报关有哪些基本环节？实际工作中各环节应如何操作？

一般进出口货物是指在进出境环节缴纳了应征的进出口税费并办结了所有必要的海关手续，海关放行后不再进行监管的，可以直接进入生产和消费领域流通的进出口货物。"一般进出口"是指海关的一种监管制度。"一般"只是海关业务中的一种习惯用语，本身并无特别含义，它只是作为海关监管制度的一种标志，便于区别于其他的海关监管制度。

第一节　一般进出口货物

一、一般进出口货物报关概述

一般进出口货物可以永久留在关境内或关境外，不包括可享受特定减免税优惠的货物。

1．一般进出口货物报关的特点

一般进出口货物报关有以下几个特点。

（1）必须在进出境环节完纳进出口税费。这里所说的"进出境环节"是指货物提取或装运前的报关环节；"进出口税费"是指货物在报关时，因其直接发生了一次合法的进口或出口，在税法上被规定应税，而须向海关缴纳的关税、国内税及其他费用；"完纳"是指按照《进出口税则》的税率全额计征。但是，《进出口税则》规定零税率的或《进出口关税条例》列明免予征税（法定减免）的进出口货物无须缴纳进出口税费。

（2）货物在进出口时须交验相关的进出境国家（地区）管制许可证件。对于进出口货物涉及的各项进出境国家（地区）管制，均应在货物进出口前办妥审批手续，其许可证件在货物报关时随报关单一并向海关交验。

（3）货物在提取或装运前应办结海关手续。适用一般进出口报关制度的货物在申报、接受查验并缴清进出口税费，经海关复核放行后，报关人方能提取或装运。对于适用一般进出口报关制度的货物而言，海关放行即意味着报关货物的各项海关手续业已办结。

（4）货物在进出口后可自行流通。所谓自行流通，是指货物在办结了海关手续后即可由申报人自行处置。一般进出口货物在进口后或出口运离关境后可以自由流通，不再接受海关监管。

2. 一般进出口货物报关的适用范围

一般进出口货物报关适用于海关放行后可永久留在境内或境外，不能享受特定减免税优惠的实际进出口货物。

下列货物适用于一般进出口货物报关：①一般贸易进出口货物；②易货、补偿贸易进出口货物；③转为实际进口的保税货物、暂准进境货物，转为实际出口的暂准出境货物；④不批准保税的寄售代销贸易货物；⑤承包工程项目实际进出口货物；⑥外国驻华商业机构进出口陈列的样品；⑦外国旅游者小批量订货出口的商品；⑧随展览品进境的小卖品；⑨免费提供的进口货物，如外商在经济贸易活动中赠送的进口货物、试车材料，我国在境外的企业、机构向国内单位赠送的进口货物。

📖 知识链接

"一般进出口货物"与"一般贸易货物"的区别

报关业务中货物是根据海关监管要求和监管制度的不同而分成不同类型的。在此所说的"一般进出口"是指海关的一种监管制度，它与交易方式中的"一般贸易"是不同的。一般贸易货物是指经国家有关部门批准有权经营进出口业务的企业单边对外订购进口，或者接受境外客户单边出口订货的正常贸易进出口货物。

一般贸易货物在进口时可以按"一般进出口"监管制度办理海关手续，此时它就是一般进出口货物；也可以享受特定减免税优惠，按"特定减免税"监管制度办理海关手续，此时即为特定减免税货物；也可经海关批准保税，按"保税"监管制度办理海关手续，此时即为保税货物。但是，在报关业务中，人们习惯于把"一般进出口货物"称为"一般贸易货物"。

🐢 职场训练 7.1

某进出口公司进口了一批无缝钢管（属于法检商品，列入《自动进口许可管理货物目录》），载货运输工具于本年4月10日申报进境。请问对这批货物应怎样进行报关？

二、一般进出口货物进出境通关规则

一般进出口货物报关的基本环节和规则，具有普遍适用的意义。在办理其他各类货物的报关业务时，这些基本环节和规则也同样适用。

一般进出口货物进出境的通关规则如下。

1. 进出境时完纳进出口税费

纳税义务人在一般进出口货物进出境时须依法缴纳进出口关税、进出口环节海关代征税。

2. 进出境时提交国家实施贸易管制许可证件和其他相关证件

一般进出口货物若涉及国家贸易管制的，进出口货物的收发货人或其代理人在向海关申报时，应向海关提交相关的进出口许可证件和其他相关证件。

3. 进出境放行（或离境）后结关

结关是指进出境货物达到完全履行海关监管义务、办清海关手续的状态。一般进出口货物经海关审核申报单证、查验货物、征收税费、签单放行后，进口货物可以由报关人员提离海关监管场所，出口货物可以由报关人员安排装运。进口货物提离海关监管场所，出口货物运离关境后，不再接受海关监管，海关手续即全部办结。一般进出口货物的结关比较特殊，必须等货物实际运离关境后，海关才签发相关报关单证明联，视为结关。

第二节　一般进出口货物报关步骤

报关是与运输工具、货物、物品的进出境密切相关的一个概念。《海关法》第八条规定："进出境运输工具、货物、物品，必须通过设立海关的地点进境或者出境。"因此，由设立海关的地点进出境并办理海关手续是运输工具、货物、物品进出境的基本规则，也是进出境运输工具负责人、进出口货物收发货人、进出境物品的所有人应履行的一项基本义务。

一般进出口货物报关可归纳为以下几个具体步骤。

一、申报

申报是指进出口货物收发货人、受委托的报关企业，依照《海关法》及有关法律、行政法规的要求，在规定的期限、地点，采用电子报关数据和纸质报关单形式，向海关报告实际进出口货物的情况，并接受海关审核的行为。《海关法》第二十四条规定："进口货物的收货人、出口货物的发货人应当向海关如实申报，交验进出口许可证件和有关单证。国家限制进出口的货物，没有进出口许可证件的，不予放行。"

1. 申报前的准备工作

申报前的准备工作包括：①准备进口提货或出口备货；②办理报关委托手续；③准备报关的基本单证、特殊单证、预备单证；④填制报关单及其他报关单证；⑤报关单预录入。

需要申请提前放行货物的，申请并办理海关事务担保。

2. 申报前看货取样

《海关法》第二十七条规定："进口货物的收货人经海关同意，可以在申报前查看货物或者提取货样。需要依法检疫的货物，应当在检疫合格后提取货样。"

进口货物的收货人在办理海关手续时，应当承担如实申报的义务，包括准确归类，正确填报进口货物的数量、规格等有关事项。但由于境外发货人在传递信息资料或装运环节上的问题，有可能造成境内收货人单证不全，不能准确地把握进境货物的真实状况，即使通过函电等方式，也无法予以确认，致使所到货物不能及时、准确申报。此时，为严格要求收货人履行如实申报的义务，加快报关速度，提高贸易效率，避免在出现申报内容与实际货物不符时，当事人以错发货为由逃避承担责任，进口货物的收货人可根据《海关法》有关规定，经海关同意提前看货、取样。如果货物进境已有走私违法嫌疑并被海关发现，海关将不予同意提前看货、取样。

只有在通过外观无法确定货物的归类等情况下，海关才会同意收货人提取货样。法律对收货人借查看货物或提取货物样品之机进行违法活动有严厉查处的规定。

由于法律已经赋予收货人在申报前查看货物、提取货物样品的权利，因而在收货人自己放弃行使权利的情况下所产生的法律后果，由收货人自己承担。

3. 申报时间

出口货物的发货人或其代理人除海关特许外，应当在货物运抵海关监管场所后、装货的 24 小时以前向海关申报。

进口货物的收货人或其代理人应当自载运该货物的运输工具申报进境之日起 14 日内，向海关办理进口货物的报关手续。进口货物的收货人自运输工具申报进境之日起超过 3 个月未向海关申报的，其进口货物由海关提取，并依法变卖处理。变卖货物所得价款在扣除运输、装卸、储存等费用和税款后，尚有余款的，自货物被依法变卖之日起 1 年内，经收货人申请，予以发还。其中属于国家对进口有限制性规定的货物，应当提交许可证件；不能提供许可证件的，不予发还。逾期无人申请发还的，上缴国库。

申报日期是指申报数据被海关接受的日期。

电子数据经过海关计算机检查退回的，视为海关不接受申报，进出口货物的收发货人或其代理人应当按照要求修改后重新申报，申报日期为海关接受重新申报的日期。海关已接受申报的报关单电子数据，经人工审核确认需要退回修改的，进出口货物收发货人、受委托的报关企业应当在 10 日内完成修改并重新发送报关单电子数据，申报日期仍为接受原报关单电子数据的日期；超过 10 日的，原报关单无效，进出口货物收发货人、受委托的报关企业应当另行向海关申报，申报日期为海关再次接受申报的日期。

进口货物的收货人或其代理人如果在法定的 14 天内没有向海关办理报关手续，海关将从第 15 天起按日征收金额为进口货物完税价格 0.5‰的滞报金。

4. 申报地点

在"全国通关一体化"作业模式下，报关企业可以在任一海关进行申报，即企业可根据实际需要，自主选择在货物进出口口岸、企业属地、除口岸及属地海关外的其他海关或货物所在地海关申报。除必须进行转关操作或限定口岸（整车、药品等）报关的进出口货物外，均可实现一体化模式申报。申报地点与报关手续办理参见表 7.1。

表 7.1　申报地点与报关手续办理

申报地点	报关手续办理
口岸海关	货物在实际出入境地办理报关手续。如货物涉及查验，则由货物出入境地海关实施查验
属地海关	在企业主管地海关办理报关手续，在口岸海关实际出入境。如涉及查验，则由货物实际出入境的口岸海关实施查验
除口岸及属地海关外的其他海关	适用于有特殊需要的进出口企业（采用此种报关方式的企业较少）。有很多子公司的集团公司，为了便于集中管理，可以选择集团所在地或其他方便申报的海关办理报关手续
货物所在地主管海关	以保税货物、特定减免税货物和暂时出入境货物申报入境的货物，因各种原因转为一般进口时，则应当在货物所在地的主管海关办理报关手续

5. 申报单证

进出口货物的收发货人或其代理人向海关申报时须交验进出口许可证件和有关单证。国家限制进出口的货物，没有进出口许可证件的不予放行。申报时应交验与所报货物相适应并支持报关单填报的单据和证件。进出口货物申报时需要交验的单证参见表 7.2。

表 7.2　进出口货物申报时需要交验的单证

单证类别	进口货物	出口货物
主要单证	进（出）口货物报关单或带有报关性质的单证。如 ATA 单证册、过境货物报关单、快件报关单等	
基本单证	提货单、商业发票、装箱单、进口合同	装货单、商业发票、装箱单、出口合同
	报关企业在申报时可不向海关提交，经海关审核如果需要再提交	
特殊单证	进口许可证件、特殊管理证件、入境货物检疫证书	出口许可证件、特殊管理证件、原产地证书
	代理报关授权委托协议（进出口收发货人不需要提供）	
	预归类决定书（货物实际进出口前，海关已对该货物做出预归类决定的提交）	
预备单证	贸易合同、委托单位的营业执照、其他证明文件	

进出口货物的各种单证的内容必须齐全，且必须相互符合，做到单单相符、单证相符。报关单位在预备齐上述报关随附单证，按规定填制好进出口报关单或完成报关单预录入后，在正式的每份进出口报关单左下角加盖报关单位的报关专用章，并由负责报关的报关人员及其所属企业的法定代表人（或其授权委托的报关业务负责人）签名后，报关人员才可以向海关正式递交报关单。

职场训练 7.2

进出口商向海关报关时，需要提供哪些单证？

6. 申报方式

（1）一般申报下，企业可自主选择以下两种申报方式。

一次申报方式。一次申报方式有电子数据报关单证申报和纸质报关单证申报两种方式。电子数据报关单证申报是指报关人员通过"单一窗口"，按照报关单填制规范的要求向海关传送报关单电子数据及随附单证电子数据的申报方式。纸质报关单证申报是指报关人员按照海关规定填制纸质报关单，备齐随附单证，向海关当面递交上述材料的申报方式。

"两步申报"方式第一步：概要申报。概要申报后，无须查验的货物即可放行提离，涉税货物提供有效税款担保后放行。对于不属于禁限管制和不需要检验检疫的货物填制 9 个项目，确认涉及物流的 2 个项目；对依法需要检验检疫的，增加 5 个填制项目；应税的需要选择符合要求的担保备案编号。概要申报必填要素参见表 7.3。

表 7.3　概要申报必填要素

填报项目	申报项目	报关单中具体申报
不属于禁限管制且不需检验检疫的 9 个项目	企业信息	1.　境内收发货人
	运输信息	2.　运输方式/运输工具名称及航次号
		3.　提运单号
	监管方式	4.　监管方式
	货物属性	5.　商品编码（6 位）
		6.　商品名称
		7.　数量及单位
		8.　总价
	国别信息	9.　原产国（地区）
确认涉及物流的 2 个项目	舱单信息（以舱单为准）	1.　毛重
		2.　集装箱号
依法需要监管证件的 2 个项目	监管证件号	1.　许可证件号/证件编号
	集装箱号	2.　集装箱商品项号关系
依法需要检验检疫的 5 个项目	商品信息	1.　产品资质（产品许可/审批/备案）
		2.　商品编码（13 位）
		3.　货物属性
		4.　用途
	集装箱号	5.　集装箱商品项号关系

"两步申报"方式第二步：完整申报。企业需在自运输工具申报进境之日起 14 天内按照填制规范完成完整申报，办理缴纳税款等其他通关手续。完整申报是针对概要申报的补充申报。企业须在规定时间内，向接受概要申报的海关补充完整信息及随附单证电子数据。

"两步申报"基本流程：舱单提前传输→概要申报→准入检查→货物提离→完整申报→办理相关手续→结关。需要注意的是，"两步申报"只适用于信用等级为高级认证企业的境内收发货人所涉及的实际入境海空运转关货物，且涉及的监管证件已实现联网核查。

（2）特殊情况下的申报方式。特殊情况下进出口货物的申报方式与适用情形参见表 7.4。

表 7.4　特殊情况下进出口货物的申报方式与适用情形

申报方式	适用情形
提前申报	经海关批准，报关单位可以在取得提（运）单或者载货清单、舱单数据后，向海关提前申报
转关申报	适用于转关的货物可办理转关申报
补充申报	为确定货物完税价格、商品归类、原产地等信息，报关单位在进出口报关单之外向海关做补充申报
集中申报	经海关备案，先以集中申报清单形式申报货物进出口，再以报关单形式集中办理海关手续
定期申报	电缆、管道、输送带或其他特殊运输方式输送的进出口的货物，经海关同意，定期向指定海关申报
限定口岸申报	国家限定口岸出入境的货物，必须在限定口岸做进出口货物申报

7. 申报的修改和撤销

自申报后海关接受时起，报关单证即产生法律效力，对当事人具有约束力。海关在接受申报后，除以下情形外，报关单证及其内容不得修改和撤销。

（1）报关人员可申请修改或撤销申报的情形：①由于报关人员操作或者书写失误造成所申报的报关单内容有误，并且未发现有走私违规或者其他违法嫌疑的；②出口货物放行后，由于装运、配载等原因造成原申报货物部分或者全部退关、变更运输工具的；③进出口货物在装载、运输、存储过程中因溢短装、不可抗力导致的灭失、短损等原因造成原申报数据与实际货物不符的；④根据贸易惯例先行采用暂时价格成交，实际结算时按商检品质认定或者国际市场实际价格付款方式需要修改申报内容的；⑤已进口的货物办理直接退运手续，需要修改或撤销原进口货物报关单的；⑥由于计算机、网络系统等方面的原因导致电子数据申报错误的。发生上述情形造成申报内容需要修改或者撤销的，进出口货物收发货人或其代理人应当向海关提交进出口货物报关单修改/撤销表及相应的证明材料。

（2）海关通知修改或撤销的情形：①海关将电子数据报关单退回报关单位，并详细说明修改的原因和要求，当事人应当按照海关要求进行修改后重新提交，不得对报关单其他内容进行变更；②海关向当事人制发进出口货物报关单修改/撤销确认书，通知当事人要求修改或者撤销的内容，当事人应当在5日内对进出口货物报关单修改或者撤销的内容进行确认，确认后海关完成对报关单的修改或者撤销。

（3）除不可抗力外，海关可以直接撤销的情形：①海关将电子数据报关单退回修改，当事人未在规定期限内重新提交的；②海关审结电子数据报关单后，当事人未在规定期限内递交纸质报关单的；③出口货物申报后未在规定期限内运抵海关监管场所的；④海关总署规定的其他情形。

需要注意的是，海关已经决定布控、查验以及涉嫌走私或者违反海关监管规定的进出口货物，在办结相关手续前，报关单位不得申请修改或者撤销报关单及其电子数据。

由于报关单位申报数据错误违反《海关法》有关规定的，海关在处罚后方可准予报关单位修改或撤销原申报单证及其内容，重新申报；对构成走私，受到没收处罚的货物，不允许重新申报。

实物展台
进出口货物报关单修改/撤销表

进出口货物报关单修改/撤销确认书

((•)) 警钟长鸣

进口货物价格申报不实影响税款征收

（长沙海关网 2023年3月31日消息）2022年1月9日，当事人以一般贸易方式向海关申报进口中钇富铕混合草酸稀土，申报总价为486 360美元，完税价格为3 098 891.38元，申报当日缴纳增值税402 855.88元。经查，该批货物的实际货值为3 541 025.16元，比申报完税价格高442 133.78元，经计核，该批进口货物应缴增值税460 333.27元，少缴税款57 477.39元。当事人进口货物价格申报不实，导致少缴税款，根据《海关法》《海关行政处罚实施条例》的规定，对当事人进口货物价格申报不实影响税款征收的行为处罚款23 000元。

提醒：进出口货物、物品或者过境、转运、通运货物向海关申报不实，影响国家税款征收的，处漏缴税款 30% 以上 2 倍以下罚款。

二、查验

查验是指海关为确定进出口货物收发货人向海关申报的进出口货物是否与真实情况相符，或者为确定商品的归类、价格、原产地等，依法对进出口货物进行实际核查的执法行为。

进出口货物收发货人或者其代理人应及时关注报关单状态，如发现货物被海关布控查验或者收到海关查验通知后应派员到场协助查验，协助查验人员应出示有效证件并负责搬移货物，开拆和重封货物的包装，当海关对相关单证或货物有疑问时应负责解答。

海关查验完毕，报关人员特别要注意"海关进出境货物查验记录单"记录内容是否与实际相符，其中的重点内容是开箱具体情况、货物残损情况及成因、提取货样情况、查验结论。

1．查验地点

实物展台
查验通知书

查验进出口货物，一般在设有海关的码头、机场、车站的仓库或场院等海关监管场所进行。对于某些特殊货物，如散装货物、大宗货物、危险货物和鲜活易腐货物，为了尽快验放，也可以在船边等现场进行查验。如果报关单位要求海关在海关监管场所以外的地方进行查验，应当事先报请海关同意。

进出口货物除海关总署特准免验的以外，都应该接受海关查验。但为方便大量货物的进出境，海关一般会根据进出境货物的风险状况区别对待，有选择地确定被查货物。

2．查验方法

查验应当由两名以上着海关制式服装的人员共同实施，海关可根据货物情况以实际执法需要确定具体的查验方式。查验方式参见表 7.5。

表 7.5　查验方式

查验方式	定义	具体操作
彻底检查	逐件开拆包装、验核货物实际状况	将货物的品种、规格、数量、重量、原产地、货物状况等逐一与货物申报单详细核对
抽查	按照一定比例有选择地对一票货物中的部分货物验核实际状况	集装箱抽查，必须卸货。卸货程度和开箱（包）比例以能够确定货物的品名、规格、数量、重量等查验指令的要求为准
外形查验	对外部特征直观、易于判断基本属性的货物的包装、唛头和外观等状况进行验核	仅适用于大型机器、大宗原材料等不易搬运、移动，但堆放整齐、比较直观的货物
机查	利用技术检查设备为主，对货物实际状况进行验核	机查不能确定货物性质、数量，需要通过现场卸货查验的，应与其他查验方式配合使用
海关复验	对已查验货物的再次验核。已经参加过查验的查验人员不得参加对同一票货物的复验	需要开展复验的情形：①经初次查验未能查明货物的真实属性，需要对已查验货物的某些性状做进一步确认的；②货物涉嫌走私违规，需要重新查验的；③进出口货物收发货人对海关查验结论有异议，提出复验要求并经海关同意的；④其他海关认为必要的情形
径行开验	进出口货物收发货人或其代理人不在场的情况下，海关对货物所进行的验核	注意：须有见证人（仓库管理人员）在场，并在报告上签字

3. 查验时限

查验时限一般约定在海关正常工作时间内，但在一些进出口业务繁忙的口岸，海关也可根据进出口货物收发货人的请求，在海关正常工作时间以外安排查验作业。

海关查验部门自查验受理时起，到实施查验结束、反馈查验结果最多不得超过 48 小时，出口货物应于查验完毕后半个工作日内予以放行。查验过程中，发现有涉嫌走私、违规等情况的，不受查验时限限制。

4. 查验作业环节

（1）前置作业，即对涉及安全准入需要进行拦截处置的入境货物，海关在其抵达入境口岸后实施前置预防性检疫处理、前置辐射探测、先期机检等顺序及非侵入的探测和处置。

（2）现场查验作业，是指在口岸内实施的外勤查验作业，包括：单货、货证核对；动植物及卫生检疫、商品检验；抽样送检；现场即决式鉴定；H986 过机检查；现场技术整改、合格评定、拟证。

（3）处置作业，是指现场查验后发现异常或需要进一步处置的作业，包括：单证处置（报关单修改、补证补税、签证）；货物处置（退运、销毁、罚没、口岸隔离检疫、技术整改）；移交处置（移送通关、法规、缉私等部门处理）；案件处置（"两简"案件办理）。

📚 知识链接

海关的"两简"案件

"两简"案件其实是简单案件、简易程序案件的简化统称。简单案件是指海关在行邮、快件、货管、保税监管等业务现场以及其他海关监管、统计业务中发现的违法事实清楚、违法情节轻微，经现场调查后，可以当场制发行政处罚告知单的违反海关监管规定的案件。简易程序就是对违法事实确凿并有法定依据，对公民处以 200 元以下、对法人或者其他组织处以 3 000 元以下罚款或者警告的行政处罚，可以当场做出行政处罚决定的程序。

"两简"案件是由原来缉私部门统一办理行政案件，调整为海关业务现场对现场查获、违法事实清楚、情节轻微、不需要深入调查取证的行政处罚案件直接办理，全面建立的"即查即决"的快速处理机制。"两简"案件是践行"放、管、服"的一种体现，拓宽了涉嫌违法线索处置渠道，增加了一线监管部门的打私责任，发挥了其资源配置和专业优势，降低了企业经营成本，有效促进了企业出入境通关便利化和守法经营。

5. 查验致货物损坏的赔偿

（1）赔偿的范围。海关赔偿的范围仅限于在实施查验过程中因海关工作人员的责任造成被查验货物损坏的直接经济损失。查验致货物损坏造成的间接经济损失不在海关赔偿范围之内。直接经济损失的金额根据损坏货物及其部件的受损程度确定，或根据双方共同商定的货物受损程度或修理费用，以海关审定的完税价格为基数确定。以下情况不属于海关的赔偿范围：①报关人员搬移、开拆、重封包装或保管不善等自身原因造成的损失；②易腐、易失效货物在海关正常的工作时间内发生的变质或失效；③海关正常查验所造成的不可避免的磨损；④不可抗力因素造成的损失；⑤在海关查验之前或之后发生的损失或损坏。

（2）赔偿的流程。海关赔偿查验致货物损坏的流程是：①当事人要求海关出具"海关检验货物、物品损坏报告书"，以确认货物损坏情况；②当事人持"海关检验货物、物品损坏报告书"

向海关提出赔偿请求，并根据货物损坏的情况，和海关共同确定赔偿的金额；③在规定的期限内向海关领取赔偿金。赔款一律用人民币支付。

职场训练 7.3

某报关行代理天津服装进出口公司一批出口服装的报关。该报关行向海关申报后，出口货物发货人和报关行及报关人员该如何配合海关进行查验？如何处理查验过程中出现的一些偶然事件？

三、纳税

1. 海关审核纳税形式

海关审核纳税形式是指由海关根据关键涉税要素审核后确定应缴纳税款，纳税义务人按照规定缴纳税款。进出口货物收发货人或其代理人在收到海关对货物应缴纳关税、进口环节增值税、进口环节消费税、滞报金、滞纳金等所开具的专用缴款书或收费专用票据后，应在规定的时间内，到银行柜台缴纳税费，再持税款缴纳书到海关办理税费核销；或者在网上通过电子支付方式向指定银行缴纳税费，再由银行将该款项缴入海关专用账户。进出口货物收发货人或其代理人在收到银行缴款成功的信息后，通知海关办理货物放行手续。

2. 自报自缴形式

自报自缴形式是指进出口企业、单位自主向海关提交报关单及随附单证、税费电子数据，并自行缴纳税费的行为（涉及公式定价、特案报关单等特殊种类货物以及需要以纸质形式申报的，暂不适用自报自缴形式）。

进出口货物收发货人或其代理人在海关系统预录入时，可利用海关预录入系统的海关计税（费）服务工具计算应缴纳的税费，并对系统显示的税费计算结果进行确认，连同报关单预录入内容一并提交海关。进出口货物收发货人或其代理人在收到海关受理回执后，自行办理税费缴纳手续。同时，海关受理企业申报后不再开具税单进行告知，由企业缴纳税费后选择在海关现场打印税单或自行打印完税凭证。缴纳税费后货物即可放行，之后企业再配合海关对税收要素进行审查。

自主缴税模式报关单、税款缴款书上注明"自报自缴"字样，该税款缴款书仅作为缴税凭证，不再具有海关行政决定的属性。

四、放行

放行是指海关接受进出口货物的申报、审核电子数据报关单和纸质报关单及随附单证、查验货物、征收税费或接受担保以后，允许进出口货物离开海关监管现场的工作环节。

货物放行一般由海关在进口货物提货凭证或者出口货物装货单上加盖"放行章"。进出口货物收发货人或其代理人签收进口货物提货凭证或者出口货物装货凭证后，凭以提取进口货物或将出口货物装上运输工具离境。目前，海关放行通常为电子数据放行模式。海关完成报关单放行后，将向相应海关监管作业场所经营企业发送货物电子放行信息，以便货主或其代理人办理进口提货或出口装货。

1. 先税后放

先税后放是指货主或报关企业在付清税费或提供足额担保后，海关放行。

对无须查验的货物，海关在完成计算机操作后即在正本提货单或运单上加盖"放行章"，计算机自动将有关实货放行电子信息传送至港区或机场货代，货主即可办理放行手续。对须查验的货物，海关工作人员在提货单或运单上加盖查验章后退还货主，由货主带至查验地点接受海关对货物的查验。

实际工作中，海关审单和查验完毕，并在报关单位办理征税手续或提供担保后才会放行货物。对于违反进出口政策、法律规定的，尚未缴纳应缴税款的，以及海关总署指示不准放行的进出口货物，海关均不予放行。

2. 先放后税

先放后税是指在报关单位缴纳税款或提供足额担保前先放行货物。它是海关为体现守法便利原则，对通过海关审核的高级认证企业给予的提取或装运货物的通关便利。

该通关模式下，海关将涉税要素的风险排查与处置置于货物放行之后，报关单位放行后进行批量复核、风险排查。由此，海关在货物放行后实施后续核查将成为常态，事后核查是货物通关作业的重要组成部分。所以，进出口企业需要构筑更长的合规业务流程。

海关不予放行的情形：①违反海关和其他进出境管理的法律、法规，非法进出境的货物；②单证不齐或应税货物未办理纳税手续，而且又未能提供担保的；③包装不良，继续运输足以造成海关监管货物丢失的；④有其他未了事情（如未交违规罚款）尚待处理的。

3. 海关监管货物处置

海关监管货物处置是指进出口货物的收发货人或代理人因某种特殊原因需要对海关监管货物进行加工、提取、装运或内销处理。无论上述哪一种处置方式，都必须接受海关监管，按照规定办理相关手续。

未经海关许可，任何单位和个人不得实施下列行为妨碍海关监管：①开拆货物及其包装；②从海关提取货物；③将货物交给收货人或者其他人员；④将货物交给运输部门；⑤任意调换监管货物的位置、内容或者掺杂其他物品；⑥对监管货物进行改装；⑦将监管货物作为债务的担保而设定抵押、质押、留置；⑧有偿或者无偿地向他人转让监管货物，更换货物或者货物包装上的标记；⑨将监管货物挪作其他用途；⑩进行其他处置。

对于海关施加封志的货物，任何单位和个人都有义务保持其封志的完整，不得擅自开启或者损毁，否则就是违反海关监管。

五、结关

进口货物申报后，如果不涉及税费或者税费已经实际支付的，货物放行后系统会立刻结关；税费尚未支付的已放行货物，须在税费支付后才能结关。出口货物申报后，一线出口货物（实际进出境）需要等待实际离开关境，由承运人向海关发送舱单"理货正常"状态后，才能结关。二线出口货物（无实际进出境），放行后即可结关。

结关后，海关总署和国家外汇管理局、国家税务总局的电子数据交换规则如下：①需要收付汇的报关单，对于外汇管理 A 类企业，由海关总署系统自动向中国电子口岸发送进口付汇联、出口收汇联电子信息后，由中国电子口岸转发给国家外汇管理局（外汇管理 B、C 类企业不适用上述规则，仍然需要向申报地海关申请打印进口付汇联、出口收汇联）；②需要退税的报关单，由海关总署系统自动向中国电子口岸发送出口退税联电子信息，再由中国电子口岸转发给国家税务总局。

按海关要求完成全部通关手续后，进出口货物收发货人即可按照《海关进出口货物报关单填制规范》和相关申报管理规定向海关申报报关单及随附单证。

职场训练 7.4

中国矿产钢铁有限责任公司订购了一批热拔无缝钢管（属于法检商品，列入《自动进口许可管理货物目录》），并委托辽宁抚顺锅炉厂有限责任公司制造锅炉后内销。载货运输工具于本年 10 月 10 日申报进境。请问应如何确定这笔生意的贸易方式？应怎样根据贸易方式确定相关的报关程序？

本 章 小 结

一般进出口货物是指在进出境环节缴纳了应征的进出口税费并办结所有必要的海关手续，海关放行后不再进行监管的，可以直接进入生产和消费领域流通的进出口货物。一般进出口货物报关程序由申报、查验、征税、放行、结关等几个基本环节构成。

申报是指进出口货物收发货人、受委托的报关企业，依照《海关法》及有关法律、行政法规的要求，在规定的期限、地点，采用电子报关数据和纸质报关单形式，向海关报告实际进出口货物的情况，并接受海关审核的行为。

查验是指海关为确定进出口货物收发货人向海关申报的进出口货物是否与真实情况相符，或者为确定商品的归类、价格、原产地等，依法对进出口货物进行实际核查的执法行为。

纳税是指进出口货物收发货人或其代理人在收到海关对应税货物所开具的相关征税票据或确定采用自报自缴的形式后，在规定的时间内缴纳税费。

放行是指海关接受进出口货物的申报、审核电子数据报关单和纸质报关单及随附单证、检验检疫部分查验货物、征收税费或接受担保以后，允许进出口货物离开海关监管现场的工作环节。

结关是指进出口货物达到完全履行海关监管义务、办清海关手续的状态。

基础与能力训练

一、名词解释

1．一般进出口货物　　2．一般贸易货物　　3．申报　　4．查验

5．征税　　　　　　　6．放行　　　　　　7．结关　　8．海关监管货物处置

二、简答题

1. 简述一般进出口货物通关规则。

2. 简述一般进出口货物报关的适用范围。

3. 一般进出口货物申报前需要做哪些准备工作?

4. 一般进出口货物的申报需要哪些单证?

5. 什么情况下的申报可以申请修改或撤销?

6. 报关人员在海关查验时需要配合海关做些什么工作?

7. 描述海关因查验造成货物损坏而进行赔偿的流程。

8. 海关放行货物的条件是什么?

三、实训项目

总结本章所学内容,试画出一般进出口货物的报关操作流程图。

补充习题及实训

扫描二维码做更多练习,
以巩固本章所学知识。

第八章

保税货物报关

【学习目标】

知识目标：了解保税货物的定义、形式、基本特征及海关监管要求；掌握保税加工货物的报关程序；掌握保税仓库货物、保税物流中心货物、综合保税区货物的报关制度与程序。

技能目标：能熟练解读保税货物的基本内容；能办理保税加工货物的合同备案与核销；能办理保税仓库货物、保税物流中心货物、综合保税区货物的报关手续。

素养目标：具有敬业、诚信的社会主义荣辱观；全面掌握国家对保税加工和保税物流货物的监管要求；具有"底线"意识，知法、懂法、守法、廉洁自律；具备完成保税货物报关业务的职业能力。

【引　例】

擅自外发加工保税货物

（青岛海关网 2020 年 4 月 14 日消息）　2017 年 4 月 28 日至 5 月 9 日，青岛百谷塑料制品有限公司擅自将 C42277351981 号加工贸易手册项下保税料件低压高密度聚乙烯颗粒 34.5 吨外发给山东省青岛生建机械厂、山东省潍北农场有限公司工贸分公司和青岛泽昊塑料有限公司共 3 家公司进行加工，未按规定向海关备案。2020 年 3 月 18 日，大港海关对青岛百谷塑料制品有限公司擅自外发加工保税货物违规案做出了相应的处罚决定。

思考讨论：

1. 什么是保税？海关为什么要对擅自外发加工保税货物做出相应处罚？
2. 什么是保税加工货物？海关对保税加工货物有什么样的监管方式？
3. 什么是保税物流货物？海关对保税物流货物有什么样的监管方式？

保税是一种国际通行的海关—贸易—物流相融合的特定的、专门的海关制度。

保税是经海关批准，对进口货物暂不征税，而采取保留征税权予以监管的一种制度。保税制度涉及的保税货物是指经海关批准未办理纳税手续进境，在境内储存、加工、装配后复运出境的货物。进口货物收货人或其代理人向海关申请为保税货物免征进口关税，海关最后根据保税货物是否复运出境，再决定是否需要补征相关税费。

第一节 保税货物

一、保税货物概述

我国《海关法》对保税货物的定义："保税货物，是指经海关批准未办理纳税手续进境，在境内储存、加工、装配后复运出境的货物。"

1. 保税货物的形式

保税货物包括保税物流、保税加工和保税服务三种形式。

（1）保税物流。保税物流是指经营者经海关批准，将未办理纳税手续进境的货物从供应地运送到需求地的服务型经营行为，包括进口货物在口岸与海关特殊监管区域及海关保税监管场所之间、海关特殊监管区域与海关保税监管场所内部、海关特殊监管区域与海关保税监管场所之间、境内区外出口货物与海关特殊监管区域及海关保税监管场所之间的物流。

保税物流包括储存、配送、分拨、运输、简单流通加工、中转转运、展示等业务。保税物流从物流移动的范围来看属于国内物流，但从业务操作模式上看具有明显的国际物流特点。

（2）保税加工。保税加工是指经营者经海关批准，对未办理纳税手续进境的货物，进行实质性加工或装配，以及相关配套业务的生产性经营行为，在产业链上体现为来料加工、进料加工等形式。

（3）保税服务。保税服务是一种新兴的保税形式，目前主要是指对从事国际服务外包业务企业所进口的货物进行保税的行为，但国家规定不予减免税的商品不能保税。注意，外包进口货物属于海关监管货物。

2. 保税货物的基本特征

保税货物的基本特征反映了货物按保税方式办理报关手续所经历的报关过程及货物经海关放行后的状态。

（1）暂时进出口时暂缓办理纳税手续。保税货物须在海关监管之下在境内进行特定的加工、储存，在适用不同的海关事务担保后，在进境时可以享有暂免缴纳进口环节各项税费的待遇。保税货物进境后主要用于临时

> **思考与讨论**
>
> 一般贸易货物与保税货物有哪些不同点？它们在报关上有哪些地方是相同的？有哪些地方是不同的？

储存或加工出口，原则上复出口前并不投入境内的经济循环。因此，对暂时进口储存或加工的货物，在尚未决定其最终去向时，在关税征收上采取暂缓办理的措施。这种暂免纳税不同于关税的免纳，因为保税货物的暂免纳税是以将来的复运出境为前提的，若保税货物在特定时间内没有履行复运出境的义务，那么保税货物仍然应履行缴纳关税的义务。

（2）原则上免受进出口管制。除国家需实施特别经济保护或货物进口有悖国家安全、公共卫生、社会文化、道德的要求以外，保税货物进出口通常不适用贸易的禁限措施。但货物的最终去向确定为内销或超过规定的储存、加工时限的，不仅有征收关税的要求，同时也必须按一般进口贸易申领国家进出口管制的许可证件。

（3）进出境报关现场放行后，货物尚未结关。保税货物因暂时进出口而未办理纳税手续和

未提交进出口管制的证件。因此，在办妥保税货物进出境报关现场的海关放行手续时，其报关手续仍未完结，这些货物仍属海关监管范围，并在加工、储存直至核销结案期间，报关人员还须继续承担办结报关手续的义务。

（4）在货物的最终去向确定时，办理相应的报关手续。保税货物虽然原则上须复运出口，但实际上还有内销、结转保税等经济用途。在货物的最终去向确定时，无论其去向如何，报关人员均应按这些货物所确定的进出境经济用途办理相应的报关手续。

（5）核销后结案。核销后结案是指对海关放行后仍属于海关监管范围的货物，报关单位应履行法律规定的义务，在海关规定的时限内向海关申请核销，由海关核销结案后，结束海关监管的过程。暂时进出口加工或储存的货物复出口或办理最终报关手续后，海关的监管才能解除，报关手续才算完结。

职场训练 8.1

山东某纺织品进出口有限公司从韩国进口了混纺面料用以加工成男式风衣销往瑞士，还从韩国进口了尼龙面料用以加工成滑雪衣在国内销售。请问这两批进口货物的报关手续一样吗？

二、保税货物报关的基本程序

保税货物的报关与一般进出口货物不同，它不是在某一个时间办理进口或出口手续后即完成了报关，而是包括保税货物从进境、储存或加工到复运出境的全过程。保税货物的报关程序除了和一般进出口货物报关程序一样有进出境报关阶段外，还增加了合同备案和核销结案阶段。

1. 合同备案

合同备案是指经营保税货物的单位或其代理人持有关证件、对外签约的合同及其他有关单证向主管海关申请办理合同登记备案手续，海关核准后，取得加工贸易手（账）册。

合同备案是经营保税货物的单位或其代理人向海关办理的第一个手续，须在保税货物进口前办妥，它是保税业务的开始，也是经营者与海关建立承担保税货物法律责任和履行保税货物监管职责的法律关系的起点。

2. 货物申报进口

货物申报进口是指已在海关办理合同备案的保税货物实际进境时，经营单位或其代理人持海关核发的该批保税货物的加工贸易手（账）册及其他单证，向进境地海关申报，办理保税货物进口手续。

3. 储存或加工后复运出口

储存或加工后复运出口是指保税货物进境后，应储存于海关指定的场所或交付给海关核准的加工生产企业进行加工制造，并在储存期满或经加工后复运出境。复运出境时经营单位或其代理人应持该批货物的加工贸易手（账）册及其他单证，向出境地海关申报办理出口手续。

4. 核销结案

核销结案是指在备案合同期满或加工产品出口后的一定期限内，经营单位应持有关加工贸易手（账）册、进出口货物报关单及其他有关资料，向合同备案海关办理核销手续。海关对保税货物的进口、储存、加工、使用和出口情况进行核实并确定最终征免税之后，对该备案合同予以核销结案。这一环节意味着海关与经营单位之间的监管法律关系的最终解除，意味着保税货物整个报关程序的结束。

第二节　保税加工货物报关

保税加工是指经营企业经海关批准未办理纳税手续进口料件，经加工或者装配后，将制成品复运出口的经营活动。

一、保税加工货物概述

保税加工货物是指经海关批准未办理纳税手续进境，在境内加工、装配后复运出境的货物。保税加工货物通常被称为加工贸易保税货物。

相对于一般进出口形式，保税加工进出口形式的主要特点是料件进口时无须办理纳税手续，以及除另有规定外免于提交进口许可证。保税加工货物与一般进出口货物对比分析参见表 8.1。

表 8.1　保税加工货物与一般进出口货物对比分析

对比项目	保税加工货物	一般进出口货物
进出口税收	料件进口时暂缓缴纳进口关税和进口环节税，并根据出口成品实际耗用的进口料件数量，免收关税和进口环节税	料件进口时缴纳进口关税、进口环节税；成品出口时缴纳出口关税
进出口许可证件	除另有规定外，进口料件属于国家对进口有限制性规定的，免于向海关提交进口许可证件；出口成品属于国家对出口有限制性规定的，应当向海关提交出口许可证件	进口料件、出口成品属于国家对进出口有限制性规定的，应当向海关提交进出口许可证件
海关稽查期限	加工贸易电子化手（账）册备案之日起 3 年内，加工贸易手（账）册核销之日起 3 年内	自海关放行之日起 3 年内
海关管理重点	料件进口、组织生产、成品出口等产、供、销全过程	与货物进出口关税、许可证件相关的商品归类、申报价格等

（一）保税加工货物的分类

依据进口料件的所有权状况，保税加工货物可分为来料加工货物与进料加工货物。

1. 来料加工

来料加工不用外汇，由境外企业提供原料，我方企业按其规定的花色品种、数量进行加工，向对方收取约定的加工费用，我方企业对货物无处置权。来料加工中，原料进口和成品出口往往是一笔交易，或是两笔相关的交易，原料的供应者往往是成品的接收人。

2. 进料加工

进料加工是指我方企业用外汇自行进料，自定品种花色，自行加工，自负盈亏。进料加工中，进料是一笔交易，加工再出口又是一笔交易，这两笔交易在进出口的合同上没有联系。

来料加工和进料加工的异同参见表 8.2。

表 8.2　来料加工和进料加工的异同

对比项目	来料加工	进料加工	对比项目	来料加工	进料加工
物权	境外企业	境内经营企业	利润来源	加工费	销售利润
原料采购	境外企业	境内经营企业	营销风险	境外企业	境内经营企业
兑付外汇	否	是	与出口退税相关的税收征管政策	实行增值税不征不退政策	实行增值税免抵退政策
保税	是	是			

（二）海关对保税加工贸易企业的管理

保税加工贸易企业是经海关注册登记的经营企业和加工企业。经营企业是负责对外签订加工贸易进出口合同的各类进出口企业和外商投资企业，以及经批准获得来料加工经营许可证的对外加工装配服务公司。加工企业有两种类型：一是具有法人资格、接受经营企业委托，负责对进口料件进行加工或者装配的企业；二是不具有法人资格，由经营企业设立的，相对独立核算并已经办理工商营业证（执照）的工厂。海关对保税加工贸易企业的管理模式参见表 8.3。

表 8.3　海关对保税加工贸易企业的管理模式

管理模式	定义	管理方式
物理围网	由海关专门划定区域对保税加工业务实施封闭式管理，目前主要适用于出口加工区、保税港区、综合保税区	海关对保税加工贸易企业实行联网监管和联网核查，以企业为海关监管单元，以核查企业电子底账为海关监管的主要手段，不实行银行保证金台账管理等海关事务担保
非物理围网	海关针对保税加工贸易企业的不同情况分别以电子化手册和电子化账册作为管理模式，该模式也称为"信息围网"模式	该模式针对保税加工贸易企业的不同情况分别实行"电子账册＋联网核查"管理或者电子化手册管理

（三）海关对保税加工贸易业务的监管

《海关法》第三十三条规定，企业从事加工贸易，应当按照海关总署的规定向海关备案。备案是取得加工贸易手（账）册的前提。

1. 加工贸易手册

加工贸易手册原则上以加工贸易合同为单元，记载企业开展加工贸易业务时，在一定时间段内的出口成品数量（订单数量或预计订单数量）、成品对应使用的料件损耗情况以及加工生产这些出口成品所需的进口料件数量（进口指标）等。加工贸易手册实行的是电子化身份认证，并在加工贸易手册设立、通关、核销结案等环节采用"电子手册＋自动核算"的监管模式。

2. 加工贸易账册

加工贸易账册是海关以加工贸易企业为管理单元联网建立的电子底账，加工贸易企业通过数据交换平台或者其他计算机网络方式向海关报送能满足海关监管要求的物流、生产经营等数据，海关对数据进行核对、核算，并结合实物进行核查监管。

（1）联网监管电子账册。每家联网企业只能设立一本加工贸易账册，海关根据联网监管企业的生产情况和海关监管需要确定核销周期，并按照该核销周期对联网监管企业的加工贸易账册进行核销。

（2）企业电子账册。这是指以企业为单元，以账册为主线，以与企业物料编码对应的海关商品编号（料号）或经企业自主归并后形成的海关商品编码（项号）为基础，企业自主选择确定核销周期、单耗申报时间，以自主核报方式定期办理核销手续。以企业为单元的加工贸易监管是加工贸易手（账）册的减负版本，企业有更多的自主权。

加工贸易手册与加工贸易账册的区别参见表8.4。

表8.4　加工贸易手册与加工贸易账册的区别

对比项目	加工贸易手册	加工贸易账册
设立方式	以合同为单元，以合同期限确定有效期，最长不超过1年，延期不超过1年	以企业为单元，根据生产周期，自主选择合理的核销周期
企业规模	适用于规模小、信息化管理水平不高的企业	适用于规模较大、信息化程度较高的企业
管理思想	体现"以合同为单元"的管理思路，多个合同，则需要设立多本加工贸易手册	体现以"企业为单元"的管理思路，一家企业只需要设立一本加工贸易账册
进出口数量	最大进出口数量与合同一致	最大进出口数量与生产能力一致
监管方式	区分来料和进料加工，监管方式不同的，需要分别设立加工贸易手册	不区分来料加工和进料加工，即使监管方式不同，也只需要设立一本加工贸易账册
自主申报	适用于单耗管理	采用单耗、耗料清单和工单等方式，自主进行核算，并向海关申报当期核算结果，办理核销手续
其他	加工贸易账册下：①核销周期超过1年的企业，每年至少应向海关申报一次保税料件耗用量等账册数据，年度申报的累积将作为本核销周期保税料件耗用总量；②账册核销周期结束前，企业对本核销周期内因突发情况产生的和内部自查自控中发现的问题，应主动向海关进行补充申报，并提供及时控制或整改措施，海关对企业的申报将进行集中处置	

二、保税加工货物报关程序

保税加工货物均是以复出口产品作为前提条件的，在海关管理中，除料件、制成品外，加工过程中产生的边角料、副产品、残次品等也属于保税加工货物。

（一）加工贸易手（账）册设立

对保税加工货物实施加工贸易手（账）册管理是海关保税加工管理的重要措施。

海关关于加工贸易手（账）册设立的要求，在《海关加工贸易货物监管办法》中有明确规定。

1. 加工贸易手（账）册设立申请人及受理海关

经批准从事对外加工的经营单位，应向加工企业所在地主管海关办理加工贸易手（账）册设立手续。在金关二期加工贸易管理系统下，经营企业可通过"单一窗口"或"互联网+海关"一体化网上办事平台，向承担集中作业的隶属海关传输纸质单证的电子数据，申请办理手册设立手续。

注意： 加工贸易手（账）册由经营企业向加工企业所在地主管海关申请办理。

2. 加工贸易手（账）册设立申报内容及申报需提供的单证

除另有规定外，加工贸易经营企业申请设立加工贸易手（账）册时，应当向海关如实申报贸易方式、单耗、进出口口岸名称，以及进口料件和出口成品的商品名称、商品编号、规格型号、价格和原产地等情况，并且上传以下单证：①来料加工的提交来料加工协议或合同，进料加工的提交进料加工进口合同；②若备案加工贸易料件、成品属于管制商品的，提交归口管理部门的监管证件；③海关认为需要提交的其他证明文件和材料，如企业营业执照复印件、生产流程介绍、单耗资料等。需要注意的是，需要办理担保手续的，加工贸易经营企业应在按照规定提供担保后办理加工贸易手（账）册设立手续。

🔔警钟长鸣

擅自外发加工贸易保税货物违规案

（长沙海关网 2023 年 7 月 3 日消息）2021 年 1 月 1 日至 2023 年 3 月 22 日，当事人在海关设立了 36 本加工贸易手册，在加工贸易手册执行期间，分两次将 2 004 千克的原材料外发给第三方加工。上述外发加工行为未向海关办备案手续，违反了《海关法》《海关加工贸易货物监管办法》的规定。依照《行政处罚法》《海关行政处罚实施条例》的规定，对当事人处罚款人民币 9 万元。

提醒：海关监管货物，未经海关许可，不得开拆、提取、交付、发运、调换、改装、抵押、质押、留置、转让、更换标记、移作他用或者进行其他处置。未经海关许可，擅自外发加工行为属于违规行为。

3. 海关审核时限

经营企业提交齐全、有效的单证材料，申报设立加工贸易手（账）册的，海关应当在自接受企业加工贸易手（账）册设立申报之日起 5 个工作日内审核通过。单证不全或者材料不足的，海关会退单并在退单信息中反馈退单原因。

4. 海关不予办理加工贸易手（账）册设立手续的情形

以下情形海关不予办理加工贸易手（账）册设立手续：进口料件或者出口成品属于国家禁止进出口的；加工产品属于国家禁止在我国境内加工生产的；进口料件不宜实行保税监管的；经营企业或者加工企业属于国家规定不允许开展加工贸易的；经营企业未在规定期限内向海关报核已到期的加工贸易手（账）册，又重新申报设立加工贸易手（账）册的。

5. 海关事务担保

海关按照国家规定对加工贸易实行担保制度。需要办理担保手续的，经营企业按照规定提供担保后，再向海关申办加工贸易手（账）册。

有下列情形之一的，海关应当在经营企业提供相当于应缴税款金额的保证金或者银行、非银行金融机构保函后办理加工贸易手（账）册设立手续：涉嫌走私，已经被海关立案侦查，案件尚未审结的；由于管理混乱被海关要求整改，在整改期内的。

有下列情形之一的，海关可以要求经营企业在办理加工贸易手（账）册设立手续时提供相当于应缴税款金额的保证金或者银行、非银行金融机构保函后办理加工贸易手（账）册设立手续：租赁厂房或者设备的；首次开展加工贸易业务的；加工贸易手（账）册延期两次（含两次）以上的；涉嫌违规，已经被海关立案侦查，案件尚未审结的。

6. 其他规定

经营企业办理加工贸易手（账）册设立手续时，申报内容、提交单证与事实不符的，海关应当按照下列规定处理：货物尚未进口的，海关注销其加工贸易手（账）册；货物已进口的，一是海关责令企业将货物退运出境，二是经营企业也可以向海关申请提供相当于应缴税款金额的保证金或者银行、非银行金融机构保函，继续履行合同。

加工贸易手（账）册设立内容发生变更的，经营企业应当在加工贸易手（账）册有效期内办理变更手续。需要报原审批机关批准的，还应当报原审批机关批准，另有规定的除外。

职场训练8.2

　　某服装进出口公司（加工贸易一般认证企业）于某年12月与美国某公司签订了一份来料加工合同，合同规定由美方免费提供全棉印花布料（该料件属加工贸易限制类商品），我方根据美方要求加工5 000件女式内衣，我方收取加工费。合同签订后，该服装进出口公司应怎样办理报关手续？

（二）加工贸易货物管理

1. 进出口申报

　　加工贸易项进口货物渠道：①从境外直接进口；②从海关特殊监管区、保税监管场所进口；③通过深加工结转方式购买另一家加工贸易企业生产的成品或半成品。

　　加工贸易项出口货物渠道：①直接将货物出口至境外；②将货物出口至海关特殊监管区、保税监管场所；③通过深加工结转方式销售给另一家加工贸易企业。

知识链接

保税核注清单

　　保税核注清单是金关二期保税底账核注的专用凭证，是办理加工贸易及保税监管业务的相关单证。需要注意的是，企业申报进出口时，必须录入并申报相应保税核注清单。

　　启用保税核注清单的进出口流程：①加工贸易企业在办理货物进出境，进出海关特殊监管区域、保税监管场所，以及开展加工贸易企业间保税货物流转业务（如深加工结转）的，相关企业先按照系统设定的格式和填制的要求，向海关报送保税核注清单数据信息，再根据实际业务需要办理报关手续；②企业办理加工贸易货物余料结转、加工贸易货物销毁（处置后未获得收入）、加工贸易不作价设备结转手续的，可不再办理报关单申报手续；③企业报送保税核注清单后需要办理报关单申报手续的，保税报关单申报数据由保税核注清单数据归并生成。

2. 加工贸易货物管理

　　加工贸易货物的管理方式与加工贸易货物的去向相关。加工贸易货物管理方式参见表8.5。

表8.5　加工贸易货物管理方式

货物去向	定义	管理方式
深加工结转	加工贸易企业将保税进口料件加工的产品转至另一加工贸易企业进一步加工后复出口的经营活动	每月底前对上月深加工结转核注清单及报关单进行集中申报。集中申报不得超过手（账）册有效期，手（账）册管理需跨核销周期申报的，可在下一个核销周期完成集中申报
外发加工	经营企业委托承揽者对加工贸易货物进行加工，并在规定期限内将加工后的产品最终复出口的行为	企业应如实填写并向海关申报外发加工申报表，对于需要全工序外发的，应在申报表中勾选"全工序外发"，并按规定提供担保后，才可以开展外发加工业务
内销	加工贸易企业因故不能按照规定加工复出口，而需要将全部或者部分保税料件、制成品在境内销售或者转用于生产内销产品的行为	内销货物除按照规定货物种类分别按照原进口料件或者报验状态依法征税以外，还须缴纳缓税利息；属于国家贸易管制的还应向海关提交进口许可证件
余料结转	加工贸易企业申请将余料结转到另一个加工贸易合同中使用	注意：余料使用单位仅限同一经营单位、同样进口料件和同一加工贸易方式。企业办理余料结转的应在规定的时间内向海关申报保税核注清单，办理余料结转手续

（三）加工贸易手（账）册核销

加工贸易手（账）册核销是指加工贸易经营企业加工复出口或者办理内销等海关手续后，凭规定单证向海关报核，海关按照规定进行核查以后办理解除监管手续的行为。

海关对加工贸易手（账）册核销的管理要求在《海关加工贸易货物监管办法》及相关公告中有明确规定。其主要内容如下。

1. 原则要求

加工贸易项下进口料件实行保税监管的，加工成品出口后，海关根据单耗关系与实际加工复出口的数量予以核销。

加工贸易货物的核销，应采用纸质单证、电子数据的形式。

对于加工工艺需要使用非保税料件的，加工贸易经营企业应当向海关如实申报使用非保税料件的比例、品种、规格、型号、数量。加工贸易经营企业按规定向海关申报非保税料件的，海关核销时应当在出口成品总耗用量中予以核扣。

2. 报核时限

加工贸易经营企业应当在规定的期限内将进口料件加工复出口，并且自加工贸易手（账）册项下最后一批成品出口或者加工贸易手（账）册到期之日起 30 日内向海关报核。加工贸易经营企业对外签订的合同提前终止的，应当自合同终止之日起 30 日内向海关报核。特殊情况需要延长报核时限的，经直属海关关长或者授权的隶属海关关长批准可延长 30 日。

3. 报核申报内容

加工贸易经营企业报核时应当向海关如实申报进口料件、出口成品、边角料、剩余料件、残次品、副产品以及单耗等情况，并且按照规定提交相关单证。

加工贸易经营企业按照规定向海关报核，单证齐全、有效的，海关应当受理报核。

4. 其他要求

（1）加工贸易手（账）册的设立和核销单证自加工贸易手（账）册核销结案之日起留存 3 年。

（2）加工贸易企业出现分立、合并、破产、解散或者其他停止正常生产经营活动情形的，应当及时向海关报告，并办结海关手续。

（3）加工贸易货物被人民法院或者有关行政执法部门封存的，加工贸易企业应当自货物被封存之日起，在 5 个工作日内向海关报告。

（4）加工贸易经营企业已经办理担保的，海关在核销结案后按照规定解除担保。

海关审核加工贸易经营企业报核数据及相关单证后，如通过审核，将对比加工贸易手（账）册核销结案。核销结案后，海关将签发加工贸易结案通知书。

第三节　保税物流货物报关

一、保税物流货物概述

保税物流货物是指经海关批准未办理纳税手续进境，在境内储存后复运出境的货物，也称作保税仓储货物。已办结海关出口手续尚未离境，经海关批准存放在海关专用监管场所或特殊监管区域的货物，也带有保税物流货物的性质。《海关法》第三十二条规定："经营保税货物的储存、加工、装配、展示、运输、寄售业务和经营免税商店，应当符合海关监管要求，经海关批准，并办理注册手续。"

保税物流货物的通关管理主要包括两个方面：一个是许可证管理，另一个是通关管理。

（一）保税物流货物的特征

相对于其他进出口货物，保税物流货物有以下三个特征。

（1）进境时暂缓缴纳进口关税及进口环节海关代征税，复运出境免税，内销应当缴纳进口关税和进口环节海关代征税，不征收缓税利息。

（2）除国家另有规定外，进出境时免交验进出口许可证件。

（3）进境海关现场放行不是结关，进境后必须进入海关保税监管场所或特殊监管区域，运离这些场所或区域时必须办理结关手续。

（二）保税物流货物的范围

保税物流货物的范围如下。

（1）进境经海关批准进入海关保税监管场所或特殊监管区域，保税储存后转口境外的货物。

（2）已经办理出口报关手续尚未离境，经海关批准进入海关保税监管场所或特殊区域储存的货物。

（3）经海关批准进入海关保税监管场所或特殊监管区域保税储存的加工贸易货物，供应国际航行船舶和航空器的油料、物料和维修用零部件，供维修外国产品所进口寄售的零配件，外商的进境暂存货物。

（4）经海关批准进入海关保税监管场所或特殊监管区域保税的其他未办结海关手续的进境货物。

（三）保税物流货物的海关监管

海关对保税物流货物的监管方式为"双线监管+账册管理"。"双线监管"是指保税物流货物需要进出境报关（一线），也需要进出区报关（二线），并需要遵守相应的海关监管规定。"账册管理"要求保税物流货物必须设立账册，并将报关数据写入账册。账册是保税物流货物进出转存的底账。海关对保税物流货物的监管主要有以下五个方面。

1. 设立审批

保税物流货物必须存放在经过法定程序审批设立的海关保税监管场所或特殊监管区域。未经法定程序审批同意设立的任何场所或者区域都不得存放保税物流货物。

海关保税监管场所是经海关批准设立并由海关实施保税监管的场所，包括保税仓库、出口监管仓库、保税物流中心（A型）、保税物流中心（B型）等四类，需要注意的是，保税监管场所只能开展保税物流业务。海关特殊监管区域是经国务院批准设立并由海关实行封闭监管的特定区域，包括保税区、出口加工区、综合保税区、跨境工业园区等四类。

注意：海关特殊监管区域既可以开展保税物流业务，又可以开展保税加工业务。

2. 准入保税

保税物流货物的报关在任何一种监管模式下都没有备案程序，而是通过准予进入来实现批准保税的。这样，准予进入便成为海关保税物流货物监管目标之一。这个监管目标通过对专用场所或者特殊区域的监管来实现。

3. 纳税暂缓

凡是进境进入保税监管场所或海关特殊监管区域的保税物流货物在进境时都可以暂不办理进口纳税手续，等到运离保税监管场所或海关特殊监管区域时才办理纳税手续，或者予以征税，或者予以免税。在这一点上，保税物流监管制度与保税加工监管制度是一致的，但是保税物流货物在运离保税监管场所或海关特殊监管区域征税时不需同时征收缓税利息，而保税加工货物（海关特殊监管区域内的加工贸易货物和边角料除外）内销征税时要征收缓税利息。

除易制毒化学品、监控化学品、消耗臭氧层物质等特殊商品外，其他保税物流货物免予交验进口许可证；复运出境时，无须办理出口纳税手续，除特殊商品外，免予交验出口许可证。

4. 监管延伸

对保税物流货物的监管延伸，表现为监管地点延伸和监管时间延伸。

监管地点延伸是指对已办结海关出口手续但尚未离境的货物的监管，从出口申报地海关现场延伸到保税监管场所或者海关特殊监管区域。保税物流货物监管延伸的时间参见表 8.6。

表 8.6　保税物流货物监管延伸的时间

货物去向	监管延伸时间
保税仓库	存放保税物流货物的时间是 1 年，可以申请延长，延长的时间最长为 1 年
保税物流中心	（A 型）存放保税物流货物的时间是 1 年，可以申请延长，延长的时间最长为 1 年
	（B 型）存放保税物流货物的时间是 2 年，可以申请延长，延长的时间最长为 1 年
综合保税区存放保税物流货物的时间没有限制	

5. 运离结关

除了保税物流货物的所有人及其代理人应向海关办理报核外，经营保税物流的单位也应当定期以电子数据、纸质单证向海关申报保税物流货物的进、出、存、销等情况。除外发加工和暂准运离（维修、测试、展览等）的货物需要被继续监管以外，运离保税监管场所或者海关特殊监管区域，都必须根据货物的实际流向办结海关手续。办结海关手续后，该批货物就不再是"运离"的保税监管场所或者海关特殊监管区域范围的保税物流货物。

保税物流货物监管程序由货物进境、保税储存、货物出境等环节组成，一般经过进境（申报、查验、放行），保税储存、出境，保税流转，或转为一般进口、保税加工、特定减免税等环节，办结相关手续后，才完成全部监管过程。

二、保税物流货物报关程序

（一）保税仓库

保税仓库是指经海关批准设立的专门存放保税货物及其他未办结海关手续货物的仓库。海关对保税仓库的管理可查询海关总署令第 263 号附件 1——《海关对保税仓库及所存货物的管理规定》。

1. 保税仓库存储货物的监管

保税仓库存储货物属于海关监管物，未经海关批准并按规定办理有关手续，任何人不得出售、转让、抵押、质押、留置、移作他用或者进行其他处置。货物在仓库储存期间发生损毁或者灭失的，除不可抗力原因外，保税仓库应当依法向海关缴纳损毁、灭失货物的税款，并承担相应的法律责任。保税仓库存储货物的海关监管参见表 8.7。

表 8.7 保税仓库存储货物的海关监管

操作状况	具体货物
可存入保税仓库的货物	①加工贸易进口货物；②转口货物；③供应国际航行船舶和航空器的油料、物料和维修用零部件；④供维修外国产品所进口寄售的零配件；⑤外商暂存货物；⑥未办结海关手续的一般贸易货物；⑦经海关批准的其他未办结海关手续的货物
不可存入保税仓库的货物	①国家禁止进境货物；②未经批准的影响公共安全、公共卫生或健康、公共道德或秩序的国家限制进境货物以及其他不得存入保税仓库的货物

2. 海关对保税仓库的管理规定

（1）保税仓库不得转租、转借给他人经营，不得下设分库。

（2）保税仓库经营企业应当如实填写有关单证、仓库账册，真实记录并全面反映其业务活动和财务状况，编制仓库月度收、付、存情况表，并定期报送主管海关。

（3）保税仓库变更名称、地址、仓储面积（容积）等事项的，保税仓库经营企业应当提前向主管海关提出变更申请，并办理变更手续。

（4）保税仓库终止保税仓储业务的，由保税仓库经营企业提出书面申请，经主管海关受理报直属海关审批后，交回保税仓库注册登记证书，并办理注销手续。

3. 保税仓库货物报关

保税仓库所存保税货物，应于每月前 5 日内向海关办理核销手续，并将上月转存货物的收、付、存等情况列表报送当地海关核销。保税货物出库批量少、批次频繁时，经海关批准，可以定期集中办理报关手续。

（1）进仓报关。货物在保税仓库所在地进境时，除国家另有规定外，免领进口许可证件，由收货人或其代理人办理进口报关手续，海关进境现场放行后存入保税仓库。货物在保税仓库所在地以外其他口岸入境时，经海关批准，收货人或其代理人可以按照转关运输的程序办理报关手续，也可以直接在口岸海关办理报关手续。

（2）出仓报关。保税仓库货物出库可能出现进口报关和出口报关两种情况。根据货物出库情况，保税仓库可以逐一报关，也可以集中报关。出仓报关的具体规定如下：①保税仓库货物出库用于加工贸易的，按加工贸易货物的报关程序办理进口报关手续。②保税仓库货物出库用于可以享受特定减免税的特定地区、特定企业、特定用途的，按特定减免税货物的报关程序办理进口报关手续。③保税仓库货物出库进入国内市场或用于境内其他方面的，按一般进口货物的报关程序办理进口报关手续。④保税仓库货物为转口或退运到境外而出库的，按一般出口货物的报关程序办理出口报关手续，免缴出口关税，免交验出口许可证件。

注意： 保税仓库货物已经办结海关手续的，收发货人应在办结相关手续之日起 20 日内提离仓库。特殊情况下，经海关同意可以延期提离，延期后累计提离时限最长不得超过 3 个月。

保税仓库货物的报关参见表 8.8。

表 8.8　保税仓库货物的报关

进仓	按照 进口报关	在保税仓库所在地入境	办理进口报关手续
		在保税仓库所在地之外的口岸入境	按照进口货物转关程序报关或直接在入境口岸报关
		入仓用于加工贸易	按照加工贸易货物报关程序报关
		入仓用于特定减免税	按照特定减免税报关程序报关
		入仓用于国内市场销售	按照一般进口货物报关程序报关
出仓	按照 出口报关	用于出口	按照一般出口货物报关程序报关
		用于退运出口	按照一般出口货物报关程序报关

（二）保税物流中心

保税物流中心是经海关批准，由中国境内企业经营并从事保税仓储物流业务的海关监管场所。保税物流中心的功能是保税仓库和出口监管仓库功能的叠加，保税物流中心既可以存放进口货物，也可以存放出口货物，还可以开展多项增值服务。海关对保税物流中心的管理可查询《海关对保税物流中心（A 型）的暂行管理办法》（海关总署令第 129 号）和《海关对保税物流中心（B 型）的暂行管理办法》（海关总署令第 130 号）。

1. 保税物流中心货物的监管

保税物流中心货物是海关监管货物，保税物流中心货物的海关监管参见表 8.9。

表 8.9　保税物流中心货物的海关监管

操作状况	海关监管
可存放的货物	①国内出口货物；②转口货物和国际中转货物；③外商暂存货物；④加工贸易进出口货物；⑤供应国际航行船舶和航空器的物料、维修用零部件；⑥供维修外国产品所进口寄售的零配件；⑦未办结海关手续的一般贸易进口货物；⑧经海关批准的其他未办结海关手续的货物
可开展的业务	①保税存储进出口货物及其他未办结海关手续的货物；②对所存货物开展流通性简单加工和增值服务；③全球采购和国际分拨、配送；④转口贸易和国际中转业务；⑤经海关批准的其他国际物流业务
不得开展的业务	①商业零售；②生产和加工制造；③维修、翻新和拆解；④存储国家禁止进出口货物，以及危害公共安全、公共卫生或者健康、公共道德或者秩序的国家限制进出口货物；⑤存储法律、行政法规明确规定不能享受保税政策的货物；⑥其他与物流中心无关的业务

2. 海关对保税物流中心经营企业的管理规定

（1）不得在物流中心内直接从事保税、仓储物流的经营活动。

（2）物流中心内只能设立仓库、堆场和海关监管工作区，不得建立商业性消费设施。

（3）不得转租、转借他人经营，不得下设分中心。

（4）应该按照有关规定办理物流中心的延期、变更和注销手续。

（5）应当建立符合海关监管要求的计算机管理系统，并与海关联网，形成完整、真实的货物进、出、转、存电子数据，保证海关对有关业务数据的查询、统计、采集、交换和核查。

3. 保税物流中心货物的报关

保税物流中心货物的报关分为保税物流中心与境外之间进出货物的报关和保税物流中心与境内之间进出货物的报关。保税物流中心进出货物的报关操作参见表 8.10。

表 8.10 保税物流中心进出货物的报关操作

货物进出状况	报关操作
中心与境外之间进出货物	在物流中心主管海关办理相关手续（物流中心与口岸不在同一主管海关的，经上级海关批准，可以在口岸海关办理），除实行出口配额管理和中国参加或者缔结的国际条约及国家另有明确规定的以外，物流中心与境外之间进出的货物不实行进口配额、许可证管理。 货物从境外进入物流中心，属于规定存放范围内的货物予以保税；属于保税物流中心企业进口自用的办公用品、交通运输工具、生活消费品等，以及物流中心开展综合物流服务所需进口的机器、装卸设备、管理设备等，按照进口货物的有关规定和税收政策办理相关手续
中心与境内之间进出货物	货物运往所在关区外或者跨越关区提取保税物流中心内的货物，可以在物流中心主管海关办理进出中心的报关手续（也可以按照境内监管货物转关运输的方式办理）。企业根据需要，经主管海关批准，可以分批进出货物，月度集中报关，但集中报关不得跨年度办理。 货物出中心再进入关境内的其他地区视同进口，按照货物进入境内的实际流向和实际状态办理进口报关手续；属于许可证管理的商品，企业还应向海关出具有效的许可证件。 货物从境内进入保税物流中心视同出口，办理出口报关手续。如需缴纳出口关税的，企业应当按照规定纳税；属于许可证管理的商品，还应当向海关出具有效的出口许可证件

（三）综合保税区

综合保税区是经国务院批准设立的内陆地区的具有保税港区功能的海关特殊监管区域。海关对综合保税区实行封闭式管理，除安全保卫人员外，区内不得居住人员。

1. 综合保税区内货物的监管

综合保税区内货物可以自由流转。但区内企业转让、转移货物的，双方企业应当及时向海关报送转让、转移货物的品名、数量、金额等电子数据信息。综合保税区内货物的海关监管参见表 8.11。

表 8.11 综合保税区内货物的海关监管

货物状况	报关操作
外发加工	外发加工期限不得超过合同有效期，加工完毕的货物应当按期运回综合保税区。 外发加工产生的边角料、残次品、副产品不运回综合保税区的，海关将按照货物实际状态征税；残次品、副产品属于关税配额、许可证件管理的，区内企业或者区外收发货人应当取得关税配额、许可证件
货物损毁、灭失	因不可抗力和保管不善等非不可抗力因素造成货物损毁灭失的，区内企业应当及时报告海关，海关将根据不同的情况做相应的处理
申请放弃的货物	经海关及有关主管部门核准后，由海关依法提取变卖，变卖收入按照国家有关规定处理，但法律法规规定不得放弃的除外
除法律法规另有规定外，区内货物不设存储期限	

2. 综合保税区货物进出的监管

综合保税区货物进出的监管分为综合保税区与境外之间进出货物的监管（"一线"进出）和综合保税区与区外之间进出货物的监管（"二线"进出）。综合保税区货物进出的海关监管参见表 8.12。

表 8.12　综合保税区货物进出的海关监管

货物进出状况	海关监管
"一线"进出	除法律法规另有规定外，国家禁止进口、出口的货物、物品不得在综合保税区与境外之间进出。 进出的货物实行保税（但减免税货物、征税货物和国家相关法律、行政法规另有规定的除外），不实行关税配额、许可证件管理（但法律法规、我国缔结或者参加的国际条约、协定另有规定的除外）。 进出的货物，应按照海关规定填写进出境货物备案清单并办理相关手续。 境外进区的货物及其外包装、集装箱，应当由海关依法在进境口岸实施检疫[因口岸条件限制等原因，海关可以在区内符合条件的场所（场地）实施检疫]。 区内运往境外的货物及其外包装、集装箱，应当由海关依法实施检疫。 综合保税区与境外之间进出的交通运输工具，由海关按照进出境交通运输工具有关规定实施检疫
"二线"进出	按规定向海关办理相关手续（属于关税配额、许可证件管理的，提供关税配额、许可证件以便海关验核），并按进出区时的实际状态依法缴纳关税和进口环节税。 出区内销的，按其对应进口料件缴纳关税，并补缴关税款缓税利息；进口环节税按出区时货物实际状态照章缴纳。 运往区外优惠贸易协定项下货物，符合相关原产地管理规定的，可以适用协定税率或者特惠税率。 区内企业在加工生产过程中使用保税料件产生的边角料、残次品、副产品以及加工生产、储存、运输等过程中产生的包装物料，运往区外销售的，按货物出区时的实际状态缴纳税款（残次品、副产品属于关税配额、许可证件管理的，应取得关税配额、许可证件以便海关验核）。 区内企业可以按照海关规定办理集中申报手续（除海关总署另有规定外，区内企业应当在每季度结束的次月 15 日前办理该季度货物集中申报手续，但不得晚于账册核销截止日期，且不得跨年度办理，集中申报适用海关接受集中申报之日实施的税率、汇率）。 综合保税区与其他海关特殊监管区域、保税监管场所之间往来的货物予以保税，另有规定的除外

3. 综合保税区内企业可开展的业务

区内企业及其分支机构应当取得市场主体资格，并依法向海关办理注册或者备案手续。海关对区内企业实行计算机联网管理，综合保税区内企业可开展的业务如下：①研发、加工、制造、再制造；②检测、维修；③货物存储；④物流分拨；⑤融资租赁；⑥跨境电商；⑦商品展示；⑧国际转口贸易；⑨国际中转；⑩港口作业；⑪期货保税交割；⑫国家规定可以在区内开展的其他业务。

4. 综合保税区货物报关

综合保税区内企业应当依照法律法规的规定规范财务管理，按照海关规定设立海关电子账册，电子账册的备案、变更、核销按照海关相关规定执行。（具体操作可查看海关总署公号 2023年第 158 号《关于进一步规范综合保税区电子账册管理有关事项的公告》）

海关对综合保税区内的加工贸易货物不实行单耗标准管理。对保税加工货物，海关使用加工贸易账册进行管理；对保税物流货物，海关使用保税物流账册进行管理。

本 章 小 结

保税货物是经海关批准未办理纳税手续进境，在境内储存、加工、装配后复运出境的货物。保税货物根据其功能或用途可以分为保税物流货物、保税加工货物和保税服务货物三种。

保税加工货物是经海关批准未办理纳税手续进境，在境内加工、装配后复运出境的货物。

保税加工货物通常被称为加工贸易保税货物。对保税加工货物实施加工贸易手（账）册管理是海关保税加工管理的重要措施。

　　保税物流货物是经海关批准未办理纳税手续进境，在境内储存后复运出境的货物，也称作保税仓储货物。海关对于保税物流货物的管理采用的是许可证管理和通关管理。

基础与能力训练

一、名词解释

　　1．保税制度　　2．保税储存　　3．保税加工　　4．保税物流货物

　　5．进料加工　　6．来料加工　　7．保税仓库　　8．综合保税区

二、简答题

　　1．保税货物的形式有哪些？

　　2．保税货物有哪些基本特征？

　　3．保税货物报关有哪些基本程序？

　　4．什么是保税加工货物？来料加工与进料加工有什么不同？

　　5．如何取得加工贸易手（账）册？

　　6．加工贸易手（账）册如何报核？

　　7．保税仓库货物应怎样完成进仓报关与出仓报关？

　　8．海关对综合保税区货物的监管有哪些要求？

三、实训项目

　　星火公司是一家专营进料加工集成电路块出口的外商投资企业，属于适用海关高级认证管理的企业。该公司于某年5月对外签订了主料硅片（非限制类商品）等原料的进口合同，按合同约定，公司30%的加工成品内销，70%的加工成品外销，原料于6月底交货。8月与外商订立了集成电路块出口合同，交货期为12月底。11月底产品全部出运。

　　试分析：

　　1．如果你是星火公司的报关人员，该怎样办理这笔进料加工业务的报关手续？

　　2．如果你是星火公司的代理报关人员，该怎样办理这笔进料加工业务的报关手续？

补充习题及实训

扫描二维码做更多练习，巩固本章所学知识。

第九章

特殊形式下进出口货物报关

【学习目标】

知识目标： 掌握减免税货物的海关监管要求；掌握暂时进出境货物的范围、通关特点及海关监管要求；熟悉转关运输货物的含义、海关监管的要求及报关程序；掌握跨境电商零售商品进出口相关概念、通关流程及税收政策；了解过境、转运、通运货物的不同点；熟悉过境、转运、通运货物的报关程序；熟悉无代价抵偿货物、退运与退关货物的含义、海关监管的要求及报关手续。

技能目标： 能完成减免税货物报关工作；能完成不同类别暂时进出境货物报关工作；能完成转关运输货物报关工作；能完成跨境电商货物报关工作；能完成过境货物、转运货物、通运货物、无代价抵偿货物、退运与退关货物的报关工作。

素养目标： 具有较强责任感和全局意识；全面掌握减免税货物、暂时进出境货物、转关运输货物、跨境电商零售商品、过境货物、转运货物、通运货物、无代价抵偿货物、退运与退关货物的报关规范；遵纪守法，具有良好的职业道德。

【引　　例】

危险废物，禁止过境！

（海关发布公众号 2023 年 5 月 29 日消息） 近日，乌鲁木齐海关所属霍尔果斯海关在对过境机检全箱标记异常的车辆进行开箱检查时，发现大量旧电路板、带电池的旧笔记本电脑、硬盘等电子器件及少量旧胶卷。货物包装破损，且部分为散装。产品锈蚀严重，污垢明显，部分货物明显扭曲变形，共计 19.04 吨。经鉴定，上述货物属于禁止过境的危险废物。

思考讨论：

1. 国家为什么要规定禁止过境的货物？
2. 什么是特定减免税货物？海关对特定减免税货物的监管方式是什么？
3. 什么是暂时进出境货物？海关用什么方式对暂时进出境货物进行监管？
4. 什么是转关运输货物？海关对转关运输货物的监管方式是什么？
5. 什么是跨境电商零售商品？海关对跨境电商零售商品的监管方式是什么？
6. 什么是过境、转运、通运货物？海关用什么方式对过境、转运、通运货物进行监管？

第一节　减免税货物报关

减免税货物进口的报关，从减免税的申请到海关核销后解除海关监管，报关的时限长于进出口一般货物的报关时限，由此就必然要对其制定一些特殊的报关规则。

一、减免税货物概述

1. 减免税货物定义

减免税货物是按照《海关法》《进出口关税条例》《进出口税则》和国务院发布的减免税规定实施的税收优惠，进出口时海关按照规定免征或减征税收的货物。

按照《海关法》规定，下列货物和物品可享受减免税：①无商业价值的广告品和货样；②外国政府、国际组织无偿赠送的物资；③在海关放行前遭受损坏或者损失的货物；④规定数额以内的物品；⑤法律规定减征、免征关税的其他货物、物品；⑥中华人民共和国缔结或者参加的国际条约规定减征、免征关税的货物、物品。

特定地区、特定企业或者有特定用途的进出口货物，可以减征或者免征关税。特定减税或者免税的范围和办法由国务院规定。

知识链接

特定减免税货物的"三特"

特定减免税货物，只能用于特定地区、特定企业或者特定用途，未经海关核准并补缴关税，不得移作他用。

"特定地区"是指我国关境内由行政法规规定的某一特别限定区域。享受减免税优惠的货物只能在限定区域内使用。例如，保税区、出口加工区、保税物流园区、保税港区、自贸试验区等特定区域生产性基础设施所需的机器、设备和基建物资等，区内企业进口自用的生产、管理设备等，区内管理机构自用合理数量的管理设备和办公用品等进口货物。

"特定企业"是指由《海关法》特别规定的企业，主要是指在我国境内设立的中外合资经营企业、中外合作经营企业和外商独资经营企业，这三类企业统称为外商投资企业。外商投资企业在投资总额内进口的生产、管理设备属于"特定企业"的进出口货物。

"特定用途"的进出口货物主要包括：科研机构和学校进口的专用科教用品，残疾人专用及残疾人组织和单位进口的货物，用于国家重点项目的进口货物，用于通信、港口、铁路、公路、机场建设的进口设备等。

2. 减免税货物的海关监管适用原则

减免税货物的海关监管适用原则主要包括：①减免税申请人应具备规定的资格；②进口货物的使用范围或用途符合规定的要求；③进口货物不属于国家规定的《进口不予免税的重大技术装备和产品目录》的范围。

减免税货物只有在特定条件或规定范围内使用才可减免进口关税和增值税，且原则上受各项进出境管制规定的约束。

二、减免税货物报关管理

1. 申请人符合海关规定

进出口货物减免税申请人包括：根据有关进出口税收优惠政策和相关法律、行政法规的规定，可以享受进出口税收优惠，并依照《进出口货物减免税管理办法》向海关申请办理减免税相关业务的具有独立法人资格的企事业单位、社会团体、民办非企业单位、基金会、国家机关；具体实施投资项目，获得投资项目单位授权并经按照规定确定为主管海关的投资项目所在地海关同意，可以向其申请办理减免税相关业务的投资项目单位所属非法人分支机构；经海关总署确认的其他组织。

2. 不豁免进口许可证

减免税货物是实际进口货物，按照国家有关进出境管理的法律、法规，凡属于进口需要交验许可证件的货物，除另有规定外，进口货物的收货人或其代理人应在进口货物申报期限内向海关提交进口许可证件。

3. 监管期限

在海关监管期限内及其后 3 年内，海关依照有关规定，对有关企业、单位进口和使用减免税货物情况实施稽查。除海关总署另有规定外，进口减免税货物的监管期限参见表 9.1。

表 9.1　进口减免税货物的监管期限

减免税货物种类	海关监管期限
船舶、飞机	自进口放行之日起 8 年
机动车辆	自进口放行之日起 6 年
其他货物	自进口放行之日起 3 年

4. 凭税款担保先予放行

有下列情形之一的，减免税申请人可以向海关申请办理有关货物凭税款担保先予放行手续：①有关进出口税收优惠政策或者其实施措施明确规定的；②主管海关已经受理减免税审核确认申请，尚未办理完毕的；③有关进出口税收优惠政策已经国务院批准，具体实施措施尚未明确，主管海关能够确认减免税申请人属于享受该政策范围的；④其他经海关总署核准的情形。

三、减免税货物报关程序

减免税货物的报关程序有以下四个步骤。

1. 进口前减免税审核确认

减免税申请人按照有关进出口税收优惠政策的规定申请减免税进出口相关货物，应当在货物申报进出口前，取得相关政策规定的享受进出口税收优惠政策资格的证明材料，并凭以下材料向主管海关申请办理减免税审核确认手续：①进出口货物征免税申请表；②事业单位法人证书或者国家机关设立文件、社会团体法人登记证书、民办非企业单位法人登记证书、基金会法人登记证书等证明材料；③进出口合同、发票以及相关货物的产品情况资料。

主管海关应当自受理减免税审核确认申请之日起 10 个工作日内，对减免税申请人主体资格、投资项目和进出口货物相关情况是否符合有关进出口税收优惠政策规定等情况进行审核，并出具进出口货物征税、减税或者免税的确认意见，制发"中华人民共和国海关进出口货物征免税确认通知书"（以下简称"征免税确认通知书"）。"征免税确认通知书"的有效期为 6 个月，如果情况特殊，可以向海关申请延长，延长期限最多为 6 个月。

"征免税确认通知书"实行"一证一批"的原则，即一份"征免税确认通知书"上的货物只能在一个进口口岸一次性进口。如果一批特定减免税货物需要分两个口岸进口，或者分两次进口，持证人应事先分别申领"征免税确认通知书"。

2. 货物进口报关

减免税货物运抵口岸后，收货人或其代理人应向入境地海关办理进口手续，填写进口货物报关单、交验相关单证，包括"征免税确认通知书"，海关按一般报关程序经有选择的查验且无误后，免税放行，由收货人或其代理人提货。减免税货物报关由进口申请、陪同查验、缴纳税费和提取货物四个作业环节构成。

知识链接

特定减免税货物报关

（1）特定减免税货物进口报关时，货物收货人或其代理人除了向海关提交报关单等必要的单据以外，还应向海关提交"征免税确认通知书"，海关在审单时从计算机调阅"征免税确认通知书"的电子数据，核对纸质的"征免税确认通知书"。

（2）特定减免税货物一般应提交进口许可证件，但对某些外商投资和某些许可证件种类，国家规定有特殊政策的，可以豁免进口许可证件。

（3）特定减免税货物享受减税或免税优惠，但一般要缴纳海关监管手续费，而对某些货物根据规定也可以免予征收。

（4）填报特定减免税货物进口报关单时，报关人员要特别注意报关单下"备案号"栏的填写。"备案号"栏内应填写"征免税确认通知书"上的 12 位编码，若将该编码写错，则不能通过计算机逻辑审核，且在提交纸质报关单时不能通过海关审单。

3. 在海关监管期限内接受监督和核查

减免税货物在海关监管年限内，申请人应当于每年 6 月 30 日（含当日）以前向主管海关提交"减免税货物使用状况报告书"，报告减免税货物使用状况。超过规定期限未提交的，海关按照有关规定将其列入信用信息异常名录。

在海关监管年限内，减免税申请人发生分立、合并、股东变更、改制等主体变更情形的，权利义务承受人应当自变更登记之日起 30 日内，向原减免税申请人的主管海关报告主体变更情况以及减免税货物的有关情况。

经原减免税申请人主管海关审核，需要补征税款的，权利义务承受人应当向原减免税申请人主管海关办理补税手续；可以继续享受减免税待遇的，权利义务承受人应当按照规定申请办理减免税货物结转等相关手续。

4. 解除监管

减免税货物海关监管年限届满的，自动解除监管。

海关监管年限内要求提前解除监管的，减免税申请人应当向主管海关提出申请，并办理补缴税款手续。进口时免予提交许可证件的减免税货物，按照国家有关规定需要补办许可证件的还应当补办有关许可证件。有关减免税货物自办结上述手续之日起，解除海关监管。

减免税申请人可以自减免税货物解除监管之日起 1 年内，向主管海关申领"海关进口减免税货物解除监管证明"。

职场训练 9.1

某外商投资企业分别于 5 年前和 1 年前免税进口了两批生产设备，现企业提出解除两批免税进口生产设备海关监管的要求。试分析对这两批免税进口生产设备的海关监管要求有哪些。

四、减免税货物报关应用

（一）科教用品的进口报关

科教用品免税进口只适用于以下四类单位：国务院各部委、直属机构和省、自治区、直辖市、计划单列市所属的专门从事科研开发的机构；教育部承认学历的大专以上全日制高等院校；财政部会同国务院有关部门批准的其他科研开发机构和学校；国家有关部门核定的技术中心、国家工程研究中心、国家重点实验室、国家工程技术研究中心等。

1. 科教用品进口的减免税申请

凡首次申办科教用品免税进口的科教单位，应持上级主管部门的批准文件向所在地海关办理资格认定手续，经海关审核符合法定条件的，发给《科教用品免税进口登记手册》。申请科教用品免税进口的单位在每次进口前，应填写"征免税确认通知书"，携带《科教用品免税进口登记手册》及有关单证向海关申请免税，海关审核后在《科教用品免税进口登记手册》上批注，并在"征免税确认通知书"上加盖印章后退还给原申请单位，作为货物免税进口的凭证。

2. 科教用品进口的报关手续

科教用品进境后，由收货人或其代理人向海关办理进口报关手续，按一般进口货物报关程序经海关查验后，免税放行。按照《海关法》的有关规定，免税进口的科教用品必须用于特定用途，不得出售、转让或移作他用，在用满规定期限后解除海关监管。

（二）残疾人专用品和专用设备的进口报关

1. 残疾人专用品的进口报关

残疾人专用品是指：肢残者用的支辅具、假肢及其零部件、假眼、假鼻、内脏托带、矫形器、矫形鞋、非机动步行器、代步工具、生活自助工具、特殊卫生用品；视力残疾者用的盲杖、导盲镜、助视镜、盲人阅读器；语言、听力残疾者用的语言训练器；智力残疾者用的行为训练器、生活能力训练用品。

上述残疾人专用品由进口货物的收货人或其代理人填写"征免税确认通知书"并报关，由海关审核并查验无误后予以免税放行。

2. 残疾人专用设备的进口报关

残疾人专用设备是指：残疾人康复及专用设备，包括病房监护设备、中心监护设备、生化分析仪和超声诊断仪；残疾人特殊教育设备和职业教育设备；残疾人职业能力评估测试设备；残疾人专用劳动设备和劳动保护设备；残疾人文化活动专用设备；假肢专用生产、装配、检测设备等。上述国内不能生产的残疾人专用设备，由民政部所属企业、事业单位，省、自治区、直辖市民政部门所属福利机构、假肢厂、军医院，以及中国残疾人联合会（简称中国残联）和省、自治区、直辖市所属残疾福利、康复机构，报经民政部、中国残联批准，并报海关总署审核同意后，凭批准文件向货物入境地海关报关，经查验无误后免税放行。进口残疾人专用品和专用设备的单位，不得将其擅自移作他用。

第二节　暂时进出境货物报关

按照《海关法》的一般原则，货物进出口，不论其原产地是外国还是本国，都应征收关税和其他税费。但货物暂时进出口制度是这种一般原则的例外，它通过有条件地准予免纳关税和其他税收来体现《海关法》所给予的便利和优惠，从而形成了一项单独的海关业务制度。

一、暂时进出境货物概述

暂时进出境货物是指为了特定的目的暂时进境或暂时出境，有条件免纳进出境税并豁免进出口许可证，在特定的期限内除因使用使货物产生正常的损耗外，按原状复运出境或进境，并办结海关手续的货物。

1. 暂时进出境货物的范围

目前，暂时进出境货物主要包括以下 13 类。

（1）在展览会、交易会、会议以及类似活动中展示或者使用的货物。

（2）文化、体育交流活动中使用的表演、比赛用品。

（3）进行新闻报道或者摄制电影、电视节目使用的仪器、设备以及用品。

（4）开展科研、教学、医疗活动使用的仪器、设备和用品。

（5）在上述第（1）项至第（4）项所列活动中使用的交通工具以及特种车辆。

（6）货样。

（7）慈善活动使用的仪器、设备以及用品。

（8）供安装、调试、检测、修理设备时使用的仪器以及工具。

（9）盛装货物的包装材料。

（10）旅游用自驾交通工具及其用品。

（11）工程施工中使用的设备、仪器以及用品。

（12）测试用产品、设备、车辆。

（13）海关总署规定的其他暂时进出境货物。

> **思考与讨论**
>
> 对暂时进出境的集装箱箱体有什么样的报关要求？

2. 暂时进出境货物的通关特点

暂时进出境货物的通关是一项单独的海关报关业务，它有以下几个特点。

（1）货物进出境是为了特定的目的。暂时进出境货物的进出境主要是为达到特定的目的，一旦预定的特定目的达到后，货物将复运出境或复运进境。未经海关同意并办理相关海关手续，使用单位不得将暂时进出境货物移作他用或转让。海关会不定期对暂时进出境货物进行检查，对此，使用单位应予接受和配合。

（2）暂时进出境货物应按原状复运出境或复运进境。暂时进出境货物报关的基本条件就是应按原状复运出境或复运进境。除因使用使货物产生正常的损耗（如陈旧、粗糙）外，一般来说，货物不能发生物理形态的变化。

（3）在提供担保后暂时免纳关税。暂时进出境货物收发货人或其代理人向海关提供担保后暂免缴纳税费。这是暂时进出境货物暂时免纳关税进出境的前提条件和必要保障。

（4）在规定的期限内使用后复运出境或复运进境。暂时进出境货物应当在 6 个月内复运出境或复运进境，因特殊情况需要延期的，收发货人或其代理人应向海关提出申请，经核准后方能延期，延期最多不超过 3 次，每次延期不超过 6 个月。国家重点工程、国家科研项目使用的暂时进出境货物及参加展期在 24 个月以上展览会的展览品，在 18 个月延长期届满后需要继续延期的，由主管直属海关报海关总署审批。

（5）免予提交进出口许可证。不是实际进出口，按照暂时进出境有关法律、行政法规办理进出境手续的货物，可免予交验进出口许可证；涉及公共道德、安全、卫生的暂时进出境货物应凭进出口许可证进出境。

（6）按货物实际使用情况办结海关手续。在规定期限内，货物使用单位须根据货物的不同使用情况向海关办理核销手续。

二、暂时进出境货物报关管理

1. 货物进出境前向海关办理暂时进出境核准手续

适用于暂时进出境监管的货物在进出境前，货物收发货人或其代理人须向主管海关提出暂时进出境的申请，直属海关或其授权的隶属海关按照海关行政许可程序受理和核准申请。海关对于非 ATA 单证册项下暂时进出境货物的暂时进出境申请批准同意的，制发"海关暂时进/出境申请批准决定书"；对于 ATA 单证册项下暂时进出境货物的暂时进出境申请批准同意的，应在 ATA 单证册上予以签注。

视野拓展
ATA 单证册简介

2. 货物进出境时向海关提供担保

适用于暂时进出境监管的货物进出境时，收发货人或其代理人须向海关提供担保，海关凭担保和相关单证材料放行。

根据我国加入的相关国际公约，ATA 单证册项下暂时进出境货物由担保机构予以担保。其中，中国国际商会签发的 ATA 单证册项下的暂时进出境货物，统一由其向海关总署提交总担保。根据我国相关法律、法规及规章，非 ATA 单证册项下暂时进出境货物的收发货人或其代理人应当向海关提交相当于进出口税款的保证金或者其他海关依法认可的担保。

3. 货物复运进出境或按最终的实际流向办理海关手续后销案结关

暂时进出境货物原则上须在规定的期限内复运出境或者复运进境。确需实际进出口的，暂时进出境货物收发货人或其代理人应当在货物复运出境、进境期限届满 30 日前向主管地海关申请，经主管地直属海关批准后，按照规定办理进出境手续。收发货人或其代理人按复运进出境或者实际流向办理海关手续后，凭相关材料向海关办理暂时进出境核销手续，货物结关。

三、暂时进出境货物报关程序

（一）使用 ATA 单证册报关的货物

使用 ATA 单证册报关的货物仅限于我国加入的《关于货物暂准进口的 ATA 单证册海关公约》（简称《ATA 公约》）中规定的货物。

1. **进境申报**

报关人员持 ATA 单证册向海关申报进境展览品时，应先将 ATA 单证册上的内容预录入海关与中国国际商会联网的 ATA 单证册电子核销系统，然后向展览会主管海关提交纸质 ATA 单证册、提货单等单证。进境时海关在白色进境单证上签注，并留存白色进境单证（正联），发还其存根联和 ATA 单证册其他各联给货物收货人或其代理人。

2. **出境申报**

报关人员持 ATA 单证册向海关申报出境展览品时，应向出境地海关提交国家主管部门的批准文件、纸质 ATA 单证册、装货单等单证。海关在绿色出境单证和黄色出境单证上签注，并留存黄色出境单证（正联），发还其存根联和 ATA 单证册其他各联给出境货物发货人或其代理人。

3. **过境申报**

报关人员持 ATA 单证册向海关申报，货物通过我国转运至第三国参加展览会的，不必填制过境货物报关单。海关在两份蓝色过境单证上分别签注后，留存蓝色过境单证（正联），发还其存根联和 ATA 单证册其他各联给运输工具承运人或其代理人。

4. **异地复运出境/进境申报**

使用 ATA 单证册报关的货物异地复运出境/进境申报时，报关人员应当持主管地海关签章的海关单证向复运出境/进境地海关办理手续。货物复运出境/进境后，主管地海关凭复运出境/进境地海关签章的海关单证办理核销结案手续。

5. **结关**

报关人员在规定期限内将进境展览品、出境展览品复运出境/进境的，海关在白色复出境单证或黄色复进境单证上分别签注后，留存单证（正联），发还其存根联和 ATA 单证册其他各联给报关人员，正式核销结关。

（二）不使用 ATA 单册报关的货物

暂时进出境货物进出境要经过海关的核准。暂时进出境货物进出境核准属于海关行政许可范围的，应当按照海关行政许可的程序办理。

1. **暂时进出境货物的进境申报**

暂时进境货物进境时，报关人员应当向海关提交主管部门允许货物为特定目的而暂时进境的批准文件、进口货物报关单、商业及货运单据等，向海关办理暂时进境申报手续。暂时进境货物在进境时，免予缴纳进口关税，但报关人员必须向海关提供担保。

2. **暂时进出境货物的出境申报**

暂时出境货物出境时，报关人员应当向海关提交主管部门允许货物为特定目的而暂时出境的批准文件、出口货物报关单、货运和商业单据等，向海关办理暂时出境申报手续。暂时出境货物，除易制毒化学品、监控化学品、消耗臭氧层物质和有关核出口、核两用品及相关技术的出口管制条例管制的商品以及其他国际公约管制的商品按正常出口提交有关许可证件外，不需交验许可证件。

3. **暂时进出境货物的结关**

暂时进境货物复运出境，或者转为正式进口，或者放弃出境后，暂时出境货物复运进境，或者转为正式出口后，收发货人应向主管海关提交经海关签注的进出口货物报关单或者处理放弃货物的有关单据以及其他有关单证，申请报核。海关经审核，情况正常的，退还其保证金或办理其他担保销案手续，予以结关。

暂时进出境货物因不可抗力的原因受损，无法原状复运出境、进境的，收发货人应当及时向主管海关报告，凭有关部门出具的证明材料办理复运出境、进境手续；因不可抗力的原因灭失或者失去使用价值的，经海关核实后可以视为货物已经复运出境、进境。因不可抗力以外的其他原因灭失或者受损的，收发货人应当按照货物进出境的有关规定办理海关手续。

职场训练 9.2

上海市公安局邀请境外一无线电设备生产厂商到上海展览馆展出其价值 100 万美元的无线电设备，并委托上海红天公司办理相关手续。该厂商在上海展出后又决定把其中价值 40 万美元的设备运到杭州展出。这些设备从杭州返回后，上海市公安局决定购买其中 20 万美元的设备。境外厂商为了感谢上海市公安局，赠送了 5 万美元的设备给上海市公安部门，其余设备复运出境。上海红天公司的报关人员应当办理哪些手续？

第三节　转关运输货物报关

转关运输货物包括：由进境地入境后，运往另一设关地点办理进口海关手续的货物；在启运地已办理出口海关手续运往出境地，由出境地海关放行的货物；由境内一设关地点转运到另一设关地点的应受海关监管的货物。

一、转关运输货物概述

转关运输货物属海关监管货物。承运转关运输货物的国内运输工具也受海关监管。一般进口商品经主管地海关和进境地海关同意并备案后均可办理转关手续。

属于海关限制转关物品清单范围的下列进出口货物不能办理转关运输手续：进口易制毒化学品、监控化学品、消耗臭氧层物质；进口汽车整车，包括成套散件和二类底盘；必须在口岸检验检疫的商品。

1. 转关运输货物的种类

转关运输货物种类参见表9.2。

表9.2　转关运输货物种类

种类	定义
进口转关货物	货物由进境地入境后，向海关申请运往另一个设关地点（指运地）办理进口海关手续的进口货物。 注意：进境地是指货物进入关境的口岸，指运地是指进口转关货物运抵的报关地点
出口转关货物	在境内某一设关地点（启运地）办理出口海关手续后运往出境地，由出境地海关监管放行的出口货物。 注意：出境地是指货物离开关境口岸的地点，启运地是指出口转关货物报关发运的地点
境内转关货物	从境内某一设关地点运往另一设关地点的海关监管货物

2. 转关运输货物的条件

进出口货物经收发货人或其代理人向海关提出申请，且满足下列条件者，可核准办理转关运输。

（1）多式联运货物，以及具有全程提（运）单需要在境内换装运输工具的进出口货物，其收发货人或代理人可以向海关申请办理多式联运手续，有关手续按照联程转关模式办理。

（2）易受温度、静电、粉尘等自然因素影响或者因其他特殊原因，不宜在口岸海关监管区实施查验的进出口货物，满足以下条件的，经主管地海关（进口为指运地海关，出口为启运地海关）批准后，可按照提前报关方式办理转关手续：①收发货人为高级认证企业的；②转关运输企业最近一年内没有因走私违法行为被海关处罚的；③转关启运地或指运地与货物实际进出境地不在同一直属关区内的；④货物实际进出境地已安装非侵入式查验设备的。

（3）邮件、快件、暂时进出境货物（含 ATA 单证册项下货物）、过境货物、中欧班列载运货物、市场采购方式出口货物、跨境电商零售商品、免税品，以及外交、常驻机构和人员公、自用物品，可按照现行相关规定向海关申请办理转关手续，开展转关运输。

除上述情况外，海关不接受转关申报。

3. 转关运输货物的海关监管

转关运输货物的海关监管主要包括以下内容。

（1）转关运输货物未经海关许可，不得开拆、改装、调换、提取、交付；对海关加封的运输工具和货物，申请人和承运人应当保持海关封志的完整，不得擅自开启或损坏。

（2）转关运输货物必须存放在经海关备案的仓库、场所。存放转关运输货物的仓库、场所的经营人应依法向海关负责，并按照规定办理收存、交付手续。

（3）海关需要派员押运转关运输货物时，申请人应当按规定向海关缴纳规费，并为执行监管任务提供方便。

（4）保税仓库间的货物转关运输，应经海关核准，申请人除应办理正常的货物进出保税仓库手续外，还应填写转关进境申报单，并在"指运地"栏内注明货物将要存入的保税仓库名称，无须填写进出口货物报关单。

（5）转关运输货物在国内储运中发生损坏、短少、灭失情况时，承运人、申请人和保税仓库负责人应当及时向有关海关报告。对所损坏、短少、灭失的货物，除因不可抗力外，承运人、申请人和保税仓库负责人应承担纳税责任。

二、转关运输货物报关程序

海关对企业向海关申报的转关申报单或者汽车载货清单采取的是以电子数据进行审核、放行、核销的转关作业方式。企业无须提交纸质转关申报单或者汽车载货清单、汽车载货登记簿、中国籍国际航行船舶进出境（港）海关监管簿、司机签证簿。但若海关需要验核相关纸质单证资料的，企业则应当按照要求提供。

1. 转关运输车辆要求

承运转关货物的厢式货车车厢或者集装箱箱门施加有完整商业封志的，企业应当在转关申报单或者汽车载货清单电子数据"关锁号"数据项中填入商业封志号，并在"关锁个数"数据项中填入商业封志个数。

承运转关货物的厢式货车车厢或者集装箱箱门施加有安全智能锁的，企业应当在转关申报单或者汽车载货清单电子数据"安全智能锁号"数据项中填入安全智能锁号。

2. 转关运输货物报关

通过转关形式申报进出口的货物，应在办妥转关手续后，再办理货物进出口申报手续。转关运输货物报关操作参见表9.3。

表9.3　转关运输货物报关操作

报关方式		具体操作
进口	提前报关	在进境地海关办理进口货物转关手续前，向指运地海关录入进口货物报关单电子数据，指运地海关提前受理电子申报，货物应在电子数据申报之日起的5日内，凭进口转关货物申报单编号、汽车载货登记簿或船舶监管簿、提货单向进境地海关办理转关手续，超期未办理转关手续的，指运地海关将撤销提前报关的电子数据
	直转报关	在进境地海关录入转关电子数据，凭进口转关货物申报单、汽车载货登记簿或船舶监管簿直接办理转关手续
	中转报关	办理进口通关手续后，运输工具代理人应当凭进口转关货物申报单、进口中转货物的按指运地目的港分列的舱单、联程运单（以空运方式进境的中转货物）向进境地海关办理转关手续
出口	提前报关	在货物运抵启运地海关监管作业场所前，向启运地海关填报录入出口货物报关单电子数据，启运地海关提前受理电子申报，货物应在电子数据申报之日起5日内，运抵启运地海关监管作业场所，凭出口转关货物申报单或者出境汽车载货清单办理转关和验放等手续，超期未办理的，启运地海关将撤销提前报关的电子数据
	直转报关	在货物运抵启运地海关监管作业场所后，向启运地海关填报录入电子数据，凭出口转关货物申报单或者出境汽车载货清单向出境地海关办理转关货物的出境手续
	中转报关	向启运地海关办理出口通关手续后，运输工具代理人应当凭出口转关货物申报单、按出境运输工具分列的舱单、汽车载货登记簿或者船舶监管簿向启运地海关办理转关手续

注意：录入进/出口货物报关单电子数据后，计算机会自动生成进/出口转关货物申报单

进口转关货物应当直接运输至收货人所在地，出口转关货物应当直接在发货人所在地启运。

职场训练9.3

江苏连云港 A 公司向香港 B 公司出口叉车，经海关批准，该批货物运抵连云港海关监管现场前，先向该海关录入出口货物报关单电子数据。货物运至海关监管现场后，办理有关手续转关至上海吴淞口岸装运出境。请问该批出口货物的转关运输应采用什么方式？海关对这批转关货物有哪些管理上的规定？

第四节　跨境电商零售商品报关

跨境电商就是指分属于不同关境的交易主体，以互联网为媒介，经电商平台达成交易、进行结算，并通过跨境物流营运者送达商品，完成交易的一种国际商业活动。

从政府监管角度可将跨境电商分为"批发"和"零售"两类。因为"批发"类跨境电商仍属于"传统贸易"，应按现有相关贸易政策进行监管，所以本书主要介绍"零售"跨境电商的进出口报关。

一、跨境电商零售概述

（一）跨境电商交易企业与服务平台

1. 从事跨境电商交易的相关企业

从事跨境电商交易的相关企业包括以下几种。

（1）跨境电商零售企业，是指利用电子商务形式，自境外向境内消费者零售进口商品的境外注册企业（不包括在海关特殊监管区域或保税物流中心内注册的企业），或者在境内利用电子商务形式，向境外消费者零售出口商品的企业，为商品的货权所有人。

（2）跨境电商平台企业，是指在境内办理工商登记，为交易双方（消费者和跨境电商企业）提供网页空间、虚拟经营场所、交易规则、信息发布等服务，设立供交易双方独立开展交易活动的信息网络系统的经营者。

（3）跨境电商支付企业，是指在境内办理工商登记，接受跨境电商平台企业或跨境电商企业境内代理人委托，为其提供跨境电商零售支付服务的银行、非银行支付机构。

（4）跨境电商物流企业，是指在境内办理工商登记，接受跨境电商平台企业、跨境电商零售企业或其代理人委托，为其提供跨境电商零售物流服务的企业。

（5）跨境电商企业境内代理人，是指开展跨境电商零售进口业务的境外注册企业所委托的境内代理企业，由其在海关办理注册登记，承担如实申报责任，依法接受相关部门监管，并承担民事责任。

2. 服务平台

服务平台，即跨境电商通关服务平台，是指由电子口岸搭建，可实现企业、海关以及相关管理部门之间数据交换与信息共享的平台。

（二）跨境电商零售业务类型

1. 进口

跨境电商零售进口有网购保税进口和直购进口两种业务类型。

网购保税进口，是指跨境电商企业先以"入区保税"模式整批进口跨境电商零售商品，存入海关特殊监管区域或保税物流中心（B型）内，再根据境内消费者的网购订单，办理订单商品的出区申报手续，并配送给消费者的跨境电商零售进口业务。

直购进口，是指跨境电商企业根据境内消费者的网购订单，直接从境外启运订单商品，从跨境电商零售进口监管场所申报进口，并配送给消费者的跨境电商零售进口业务。

2. 出口

跨境电商零售出口有一般出口和特殊区域出口两种业务类型。

一般出口，是指跨境电商企业根据境外消费者的网购订单，直接从境内启运订单商品，从跨境电商零售出口监管场所申报出口，并配送给消费者的跨境电商零售出口业务。

特殊区域出口，是指跨境电商企业以"入区退税"的模式将整批跨境电商零售商品存入海关特殊监管区域或保税物流中心（B型）内，再根据境外消费者的网购订单，办理订单商品的出口申报手续，并配送给消费者的跨境电商零售出口业务。

二、跨境电商零售商品报关规范

（一）跨境电商企业备案

境内跨境电商零售企业和境外电商企业境内代理人应当向所在地海关办理备案登记。备案的跨境电商零售企业纳入海关信用管理，海关根据信用等级实施差异化的通关管理措施。

向海关备案时须提交以下材料：①企业法人营业执照副本复印件；②企业情况登记表，具体包括统一社会信用代码、中文名称、工商注册地址、营业执照注册号，法定代表人（负责人）姓名、身份证件类型、身份证件号码、海关联系人、移动电话、固定电话，跨境电商网站网址等。企业按照前款规定提交复印件的，应当同时向海关交验原件。如需向海关办理报关业务，应当按照海关对报关单位备案登记管理的相关规定办理备案登记。

（二）跨境电商零售商品报关

海关应对跨境电商零售商品及其装载容器、包装物按照相关法律法规实施检疫，并根据相关规定实施必要的监管措施。除特殊情况外，海关跨境电商零售商品申报清单（简称"申报清单"）、进（出）口货物报关单应当采取通关无纸化作业方式进行申报。申报清单如示例 9.1 和示例 9.2 所示。

示例 9.1

中华人民共和国海关跨境贸易电子商务进出境货物申报清单

清单编号：××××-××××-1-×××××××

订单编号：	进/出口口岸代码：	进/出口日期：	申报日期：
报关企业名称：	报关企业代码：	启运国/运抵国（地区）：	指运港代码：
收发货人名称：	收发货人代码：	运费：	保费：
经营单位名称：	经营单位代码：	监管场所代码：	航班、航次号：
提（运）单编号：	运输方式：	运输工具名称：	包装种类代码：
许可证明号：	件数：	毛重（千克）：	净重：
备注：			

项号	海关商品备案编号	商品编号（税号）	商品名称规格型号	条形码	申报数量/法定数量	申报计量单位/法定计量单位	原产国（地区）/最终目的国（地区）代码	单价	总价	币制

录入员： 录入单位：	兹申明以上申报无讹并承担法律责任	海关审单批注及放行日期（签章）
报关员： 单位地址： 电话： 邮编：	申报单位（签章） 填制日期	审单 查验 放行

示例 9.2

中华人民共和国海关跨境贸易电子商务进出境物品申报清单

清单编号：××××-××××-1-××××××××

订单编号：			进/出境日期：		申报日期：	
进/出境口岸：	申报口岸：	运输方式：	运输工具名称：		包装种类：	
发件人：	发件人国别：	启运国/运抵国（地区）：				
收件人：	发件人城市：	件数：		重量（千克）：		
收件人国别：	收件人城市：	收件人身份信息：		收件人电话：		
备注：						

项号	税号	商品名称	规格型号	数量及单位	原产国（地区）	单价	总价	币制

录入员： 录入单位： 报关员： 单位地址： 电话： 邮编：	兹申明以上申报无讹并承担法律责任 申报单位（签章） 填制日期	海关审单批注及放行日期 （签章） 审单 查验 放行

备注：个人自行向海关申报时，"录入员""录入单位""报关员""单位地址""邮编""电话"无须填写。

跨境电商零售企业进出口商品前，应当分别通过国际贸易"单一窗口"或跨境电商通关服务平台向海关传输交易、支付、物流等电子信息，并对数据真实性承担相应责任。零售商品进出口时，应提交申报清单。

（三）跨境电商零售商品海关监管

1. 检验检疫

海关实施查验时，跨境电商企业或其代理人、跨境电商监管作业场所经营人、仓储企业应当按照有关规定提供便利，配合海关查验。对需在入境口岸实施检疫及检疫处理的进口商品，在完成检疫及检疫处理工作后，方可运至跨境电商监管作业场所。

2. 税收监管

（1）跨境电子商务零售进口商品按照国家关于跨境电子商务零售进口税收政策征收关税和进口环节增值税、消费税，完税价格为实际交易价格，包括商品零售价格、运费和保险费。

（2）跨境电子商务零售进口商品消费者（订购人）为纳税义务人。在海关注册登记的跨境电子商务平台企业、物流企业或申报企业作为税款的代收代缴义务人，代为履行纳税义务，并承担相应的补税义务及相关法律责任。

（3）代收代缴义务人应当如实、准确向海关申报跨境电子商务零售进口商品的商品名称、规格型号、税则号列、实际交易价格及相关费用等税收征管要素。跨境电子商务零售进口商品的申报币制为人民币。

（4）为审核确定跨境电子商务零售进口商品的归类、完税价格等，海关可以要求代收代缴义务人按照有关规定进行补充申报。

（5）海关对符合监管规定的跨境电子商务零售进口商品按时段汇总计征税款，代收代缴义务人应当依法向海关提交足额有效的税款担保。海关放行后 30 日内未发生退货或修、撤单的，代收代缴义务人在放行后第 31 日至第 45 日内向海关办理纳税手续。

3. 物流监管

（1）跨境电子商务零售商品监管作业场所必须符合海关相关规定。跨境电子商务监管作业场所经营人、仓储企业应当建立符合海关监管要求的计算机管理系统，并按照海关要求交换电子数据。

（2）跨境电子商务平台企业、跨境电子商务企业或其代理人、物流企业、跨境电子商务监管作业场所经营人、仓储企业发现涉嫌违规或走私行为的，应当及时主动告知海关。

跨境电子商务企业不得进出口涉及危害口岸公共卫生安全、生物安全、进出口食品和商品安全、侵犯知识产权的商品以及其他禁限商品，同时应当建立健全商品溯源机制并承担质量安全主体责任。

4. 退货监管

（1）零售模式下，跨境电子商务企业境内代理人或其委托的报关企业可向海关申请退货业务，代理人应保证退货商品为原跨境进出口商品，如实向海关申报，接受海关监管，并承担相应法律责任。对超过保质期或有效期、商品或包装损毁的不符合我国有关监管政策的零售进口商品以及海关责令退运的零售进口商品，海关将按照有关规定销毁或责令企业退运出境。

（2）退货企业应在申报清单放行之日起的 30 天内申请退货，在申报清单放行之日起的 45 天内将退货商品运抵原海关监管场所的，相应税款海关不予征收，并调整消费者个人年度交易累计金额。

第五节　其他进出口货物报关

一、过境、转运、通运货物报关

过境、转运和通运货物的共同特点是从境外启运，通过我国境内继续运往境外。这类货物仅在我国境内运输或短暂停留，不在境内销售、加工、使用以及贸易性储存。《海关法》第三十六条规定："过境、转运和通运货物，运输工具负责人应当向进境地海关如实申报，并应当在规定期限内运输出境。"从这个意义来说，这类货物也具有暂时进境的性质，但我国海关规定这三类货物不属暂时进出口通关制度的适用范围，适用特别通关制度。过境、转运、通运货物的异同参见表9.4。

（一）过境货物的报关

过境货物是指从国外启运，通过我国境内陆路运输，继续运往境外的货物。过境货物的过境期限为 6 个月，如有特殊原因，货主或其代理人可以向海关申请延期，经海关同意后，可延期 3 个月。过境货物超过规定期限 3 个月仍未过境的，海关依法提取变卖，变卖后的货款按有关规定处理。

表 9.4　过境、转运、通运货物的异同

类别	运 输 形 式	是否在我国境内换装运输工具	启运地	目的地
过境	通过我国境内陆路运输	不论是否换装运输工具	境外	境外
转运	不通过我国境内陆路运输	换装运输工具		
通运	随原航空器或船舶进出境	不换装运输工具		

1. 准许过境货物

准许过境货物：①与我国签有过境货物协定的国家的过境货物，或与我国签有铁路联运协定的国家收、发货的过境货物，按有关协定准予过境；②对于同我国未签有上述协定的国家的过境货物，应当经国家商务、运输主管部门批准，并向入境地海关备案后准予过境。

准许过境货物的装载过境运输工具，应当具有海关认可的加封条件或装置。海关认为必要时，可以对过境货物及其装载装置施加封志，未经海关许可，任何单位或个人不得开拆、提取、交付、发运、调换、抵押、转让或者更换标记。运输部门和经营人应当持主管部门的批准文件和市场监督管理部门核发的营业执照，向海关申请办理报关注册登记手续，并负责保护海关封志的完整，任何人不得擅自开启或损毁。

2. 禁止过境货物

禁止过境货物：①来自或者运往我国停止或者禁止贸易的国家或者地区的货物；②武器、弹药、爆炸物品以及军需品，但是通过军事途径运输的除外；③烈性毒药，麻醉品和鸦片、吗啡、海洛因、可卡因等毒品；④危险废物、放射性废物；⑤微生物、人体组织、生物制品、血液及其制品等特殊物品；⑥外来入侵物种；⑦象牙等濒危动植物及其制品，但是法律另有规定的除外；⑧《进出境动植物检疫法》规定的禁止进境物，但是法律另有规定的除外；⑨对中国政治、经济、文化、道德造成危害的；⑩国家规定禁止过境的其他货物。

对过境货物实施海关监管的目的：防止过境货物在我国境内运输过程中滞留境内，或将我国货物混入过境货物出境；防止禁止过境货物从我国过境。

警钟长鸣

国家禁止过境的货物不得过境

（海关发布公众号 2022 年 9 月 19 日消息）深圳海关所属邮局海关关员在对一件转运货物包裹进行查验时，发现商品包装有明显重新封装痕迹，随即进一步开包查验，发现袋内为绿色粉碎状植物制品，打开封装后味道浓烈刺鼻。经毒品试剂板快速检测，该批植物产品大麻反应呈阳性，净重 474 克。

提醒：大麻被列入《麻醉药品品种目录（2013 年版）》，属于我国管制的麻醉药品，长期食用容易成瘾，并对人体神经系统、消化系统等造成伤害。根据《麻醉药品和精神药品管理条例》，国家对麻醉药品药用原植物以及麻醉药品和精神药品实施管制。《刑法》第三百四十七条规定，走私、贩卖、运输、制造毒品，无论数量多少，都应当追究刑事责任，予以刑事处罚。

3. **过境货物的海关监管**

一般过境货物的海关监管主要有以下内容。①过境货物进境后因换装运输工具等原因需卸地储存时，应当经海关批准并在海关监管下存入经海关指定或同意的仓库或场所。②过境货物在进境以后、出境以前，应当按照运输主管部门规定的路线运输，运输主管部门没有规定的，由海关指定；运输动物过境的，应当按照海关规定的路线运输。③海关派员押运过境货物时，经营人或承运人应为其提供交通工具和监管的便利。

动植物过境的海关监管主要有以下内容：①动植物、动植物产品和其他检疫物过境期间未经海关批准不得卸离运输工具；②运输动物过境的，应当按照海关规定的路线运输；③过境动物以及其他经评估为生物安全高风险的过境货物，应当从指定的口岸进境。

民用爆炸品、医用麻醉品等过境运输，经海关总署的有关部门批准后，方可过境；有伪报货名和国别，借以运输我国禁止过境的货物以及其他违反我国法令的情形，货物将被海关依法扣留处理；海关在对过境货物的监管过程中，除发现有违法或者可疑情形外，一般在做外形查验后，即予以放行；海关查验过境货物时，经营人或承运人应当到场，负责搬移货物、开拆和重封货物的包装；过境货物在境内发生灭失和短少时（除不可抗力的原因外），经营人应当负责向出境地海关补办进口纳税手续。

4. **过境货物报关程序**

过境货物进境时，经营人应当向进境地海关如实申报，并递交过境货物报关单以及海关规定的其他单证，过境货物为动植物、动植物产品和其他检疫物的，应当提交输出国家或者地区政府动植物检疫机关出具的检疫证书；过境货物为动物的，还应当同时提交海关签发的动物过境许可证；过境货物为两用物项等国家限制过境货物的，应当提交有关许可证。

过境货物运抵进境地，经进境地海关审核同意，方可过境运输。依法需要检疫的，应当在检疫合格后过境运输。过境动物的尸体、排泄物、铺垫材料及其他废弃物，必须依法处理，不得擅自抛弃。过境货物运抵出境地，经出境地海关核销后，在海关监管下出境。

自运输工具申报进境之日起超过 3 个月未向海关申报的过境货物，视为进口货物并按照进口货物的报关方式处理。过境货物应自运输工具申报进境之日起 6 个月内运输出境；特殊情况下，经进境地海关同意可以延期 6 个月。过境货物超规定期限 3 个月未运输出境的，海关将提取依法变卖。

（二）转运货物的报关

转运货物是指由境外启运，通过我国境内设立海关的地点换装运输工具，不通过境内陆路运输，继续运往境外的货物。

1. **转运货物准予办理转运手续的条件**

进境运输工具载运的货物必须具备下列条件之一，方可办理转运手续：①持有转运或联运提货单的；②进口载货清单上注明是转运货物的；③持有普通提货单，但在启卸前向海关声明转运的；④启卸的进口货物，经运输工具经理人提供确实证件的；⑤因特殊情由申请转运，经海关批准的。

2. **转运货物的海关监管**

海关对于转运货物的监管主要包括以下几个方面：①转运货物在境内口岸存放期间，不得开拆、改换包装或进行加工；②必须在 3 个月内办理海关手续并转运出境，超过限期的，海关将按规定提取变卖；③海关对转运的外国货物有权检查，没有发现违法或可疑情形的，海关将只做外形查验。

3. 转运货物的报关程序

海关对转运货物实施监管，主要是防止货物在口岸换装过程中混卸进口或混装出口。为此，海关规定转运货物的报关程序如下。

（1）转运货物承运人的责任就是确保货物继续运往境外，载有转运货物的运输工具进境后，承运人应当在进口载货清单上载明转运货物的名称、数量、启运地和到达地，并向海关申报进境。

（2）转运货物换装运输工具时，申报经海关同意后，在海关指定的地点接受并配合海关的监装、监卸至货物装运出境为止。

（3）转运货物应当在规定时间内运送出境。

（三）通运货物的报关

通运货物是指从境外启运，不通过我国境内陆路运输，运进境后由原运输工具载运出境的货物。通运货物需要办理以下报关手续。

（1）运输工具进境时，运输工具的负责人应凭注明通运货物名称和数量的"船舶进口报告书"或国际民航机使用的"进口载货舱单"向进境地海关申报。

（2）进境地海关在接受申报后，在运输工具抵、离境时对申报的货物予以核查，并监管货物实际离境。

（3）运输工具因装卸货物需搬运或倒装时，应向海关申请并在海关的监管下进行。

二、无代价抵偿货物报关

（一）无代价抵偿货物概述

无代价抵偿货物是指进出口货物在征税或免税放行之后，发现货物残损、短少、品质不良或规格不符，而由原进出口货物的承运人、发货人或保险公司免费补偿或更换的与原货物相同或与合同相符的货物。

1. 无代价抵偿货物的特征

（1）无代价抵偿货物是执行合同的过程中发生的损害赔偿，即买卖双方在执行交易合同中，买方根据货物损害的事实状态向卖方请求偿付，而由卖方进行的赔偿。对于违反进口管理规定而索赔进口的，不能按无代价抵偿货物办理。

（2）海关已经放行，即被抵偿进口的货物已办理了进口手续，并已经按规定缴纳了关税或者享受减免税的优惠经海关放行之后发现损害而索赔进口。

（3）仅抵偿直接损失部分。根据国际惯例，除合同另有规定外，抵偿一般只限于成交商品所发生的直接损失（如残损、短少、品质不良等）以及合同规定的有关方面（如对迟交货物罚款等）。所发生的间接损失（如因设备问题所发生的延误投产所造成的损失）一般不包括在抵偿的范围内。

2．无代价抵偿货物的抵偿形式

（1）补缺，即补足短少部分。

（2）更换错发货物，即退运错发货物，换进应发货物。

（3）更换品质不良货物，即退运品质不良货物，改换质量合格的货物。

（4）因品质不良而削价的补偿。

（5）补偿备件，即对残损的补偿，由买方自行修理。

（6）修理，即因残损，原货物运到境外修理后再进口。

收发货人申报进出口的无代价抵偿货物，与退运出境或者退运进境的原货物不完全相同或者与合同规定不完全相符的，经收发货人说明理由，海关审核认为理由正当且税则号列未发生改变的，仍属于无代价抵偿货物范围。

收发货人申报进出口的免费补偿或者更换的货物，其税则号列与原进出口货物的税则号列不一致的，不属于无代价抵偿货物范围，属于一般进出口货物范围。

（二）无代价抵偿货物的报关程序

1．无代价抵偿货物的海关监管

（1）进出口无代价抵偿货物免予交验进出口许可证件。

（2）进口无代价抵偿货物，不征收进口关税和进口环节海关代征税；出口无代价抵偿货物，不征收出口关税。但是进出口与原货物或合同规定不完全相符的无代价抵偿货物，应当按规定计算与原进出口货物的税款差额：高出原征收税款数额的应当征收超出部分的税款；低于原征收税款的，原进出口货物的发货人、承运人或者保险公司同时补偿货款的，应当退还补偿货款部分的税款，未补偿货款的，不予退还。

（3）现场放行后，海关不再进行监管。

2．申报办理无代价抵偿货物进出口手续的期限

向海关申报进出口无代价抵偿货物应当在原进出口合同规定的索赔期内，而且自原货物进出口之日起不超过 3 年。

3．无代价抵偿货物报关时应提供的单证

无代价抵偿货物报关时除应当填制报关单和提供基本单证外，还应当提供特殊单证。无代价抵偿货物报关应提供的特殊单证参见表 9.5。

表 9.5　无代价抵偿货物报关应提供的特殊单证

货物去向	应提供的特殊单证
进口申报	①原进口货物报关单；②原进口货物退运出境的出口货物报关单，或者原进口货物交由海关处理的货物放弃处理证明，或者已经办理纳税手续的单证（短少抵偿的除外）；③原进口货物税款缴纳书或者进出口货物"征免税确认通知书"；④买卖双方签订的索赔协议。海关认为必要时，纳税义务人还应当提交具有资质的商品检验机构出具的原进口货物残损、短少、品质不良或者规格不符的检验证明书或者其他有关证明文件
出口申报	①出口货物报关单；②原出口货物退运进境的进口货物报关单或者已经办理纳税手续的单证（短少抵偿的除外）；③出口货物税款缴纳书；④买卖双方签订的索赔协议。海关认为必要时，纳税义务人还应当提交具有资质的商品检验机构出具的原出口货物残损、短少、品质不良或规格不符的检验证明书或者其他有关证明文件

4．无代价抵偿货物进出口报关

残损、品质不良或规格不符的无代价抵偿货物，进出口前应当先办理被更换的原进出口货物中残损、品质不良或规格不符货物的有关海关手续。无代价抵偿货物报关操作参见表9.6。

表 9.6　无代价抵偿货物报关操作

货物去向	报关操作
退运进/出境	原出口货物的发货人或其代理人应当办理被更换的原出口货物中残损、品质不良或规格不符货物的退运进境的报关手续。被更换的原出口货物退运进境时不征收进口关税和进口环节海关代征税。被更换的原进口货物退运出境时不征收出口关税
不退运出境而交由海关处理	被更换的原进口货物中残损、品质不良或规格不符货物不退运出境，原进口货物的收货人愿意放弃，交由海关处理的，海关应当依法处理并向收货人提供依据，凭以申报进口无代价抵偿货物
不退运进境，也不放弃交由海关处理	被更换的原出口货物中残损、品质不良或规格不符的货物不退运进境，原出口货物的发货人应当按照海关接受无代价抵偿货物申报出口之日适用的有关规定申报出口，并按照海关对原出口货物重新估定的价格计算的税额缴纳出口关税，属于许可证管理的商品还应当交验相应的许可证

三、退运货物报关

退运货物是指因货物品质不良或交货时间延误等原因被买方拒收退运，或因错发、错运造成的溢装、漏卸而退运的货物。退运货物包括一般退运货物和直接退运货物。

一般退运货物是指已办理申报手续且海关已放行出口或进口，因各种原因造成退运进口或退运出口的货物。

直接退运货物是指进口货物收发货人、原运输工具负责人或者其代理人在有关货物进境后，海关放行前，由于各种原因依法向海关申请将全部或者部分货物直接退运境外，或者海关根据国家有关规定责令直接退运的货物。

（一）一般退运货物的报关

1. 退运出口

进口货物海关放行后，因故退运出口报关时，原收货人或其代理人应填写货物报关单申报出境，并提供原进境时的进口货物报关单，以及商品检验证书，保险公司、承运人溢装、漏卸证明，与国外发货人索赔的业务函电等有关资料，经海关核实无误后，验放有关货物出境。因品质或者规格原因，进口货物自进口之日起 1 年内原状复运出境的，不征收出口关税；已征进口关税的货物，因品质或者规格原因，原状退货复运出境的，纳税义务人自缴纳税款之日起 1 年内，可以向海关书面申请并提供原缴税凭证及相关资料办理退税。

2. 已收汇的原出口货物退运进口

出口货物被境外退运进口的，若该批出口货物已收汇、核销，原出口货物的发货人在向海关申报进口时，应提供原出口货物报关单，并提供税务机关的"出口商品退运已补税证明"，保险公司证明或境外收货人退运的业务函电，承运人溢装、漏卸的证明等资料，办理退运报关手续，同时海关签发进口货物报关单，经海关核查属实，验放货物进境。

3. 未收汇的原出口货物退运进口

原出口货物退运进口时，若该批货物未收汇，原出口货物的发货人或其代理人在向海关办理退运进口报关手续时，应向海关提供原出口货物报关单、报关单退税联、境外收货人退运的函电等资料，经海关核实，签发进口货物报关单，验放货物进境。

4. 税收

因品质或者规格原因，进口货物自进口之日起 1 年内原状退运出境的，经海关核实，不征收出口关税；已经征收进口关税的，自缴纳进口税款之日起 1 年内退还。

（二）直接退运货物的报关

货物进境后、办结海关放行手续前，有下列情形之一的，当事人可以向货物所在地海关办理直接退运手续：①因为国家贸易管理政策调整，收货人无法提供相关证件的；②属于错发、误卸或者溢卸货物，能够提供发货人或者承运人书面证明文书的；③收发货人双方协商一致同意退运，能够提供双方同意退运的书面证明文书的；④有关贸易发生纠纷，能够提供已生效的法院判决书、仲裁机构仲裁决定书或者无争议的有效货物所有权凭证的；⑤货物残损或者检验检疫不合格，能够提供相关检验证明文书的。

申请办理直接退运手续的当事人应提交"进口货物直接退运表"，原报关单或者转关单和证明进口实际情况的合同、发票、装箱单、提运单或者载货清单等相关单证、证明文书等资料，向所在地海关申请批准。

当事人收到海关签发的"海关责令直接退运通知书"之日起 30 日内，应当按照海关要求办理进口货物直接退运的申报手续。

当事人办理进口货物直接退运申报手续的，除另有规定外，应当先行申报出口报关单，然后填写进口报关单办理直接退运申报手续，进口报关单应在"关联报关单"栏填报出口报关单号。由于承运人的责任造成货物错发、误卸或者溢卸的，当事人办理直接退运手续时可以免予填制报关单。

进口货物直接退运应当从原进境地口岸退运出境。由于运输原因需要改变运输方式或者由另一口岸退运出境的，应当经由原进境地海关审核同意后，以转关运输方式监管出境。

> **职场训练 9.4**
>
> 某加工贸易企业专业从事各种计算机显示器的研发、制造和销售业务，产品 70%外销。该企业出口的显示器保修期为 3 年，保修期间接受客户无理由退货。因此该企业每年均有少量的外销显示器由于各种原因从欧美国家和地区退回工厂维修。请问该企业应如何为退货的产品办理报关手续？

四、退关货物报关

退关是指向海关申报出口并获准放行的货物，因故未能装上运输工具，经发货人请求，退运境内不再出口。

退关货物的报关程序如下：①出口货物的发货人及其代理人应当在得知出口货物未装上运输工具，并决定不再出口之日起 3 日内向海关申请退关；②经海关核准且撤销出口申报后方能将货物运出海关监管场所；③已缴纳出口税的退关货物，可以在缴纳税款之日起 1 年内提出书面申请，向海关申请退税；④出口货物的发货人及代理人办理退关手续后，海关应对所有单证予以注销，并删除有关报关电子数据。

海关对出口退关货物的监管如下：出口货物的发货人及其代理人应在海关规定的期限内向海关办理申请退关手续；经海关核准且撤销出口申报后方能将货物运出海关监管场所；已缴纳

出口关税的退关货物，可在缴纳税款之日起1年内向海关申请退税。

本 章 小 结

减免税货物是按照《海关法》《进出口关税条例》《进出口税则》和国务院发布的减免税规定实施的税收优惠，进出口时海关按照规定免征或减征税收的货物。

暂时进出境货物是指为了特定的目的暂时进境或暂时出境，有条件免纳关税并豁免进出口许可证，在特定的期限内除因使用使货物产生正常的损耗外，按原状复运出境或进境，并办结海关手续的货物。

转关运输货物包括：由进境地入境后，运往另一设关地点办理进口海关手续的货物；在启运地已办理出口海关手续运往出境地，由出境地海关放行的货物；由境内一设关地点转运到另一设关地点的应受海关监管的货物。转关运输货物和承运转关运输货物的国内运输工具都要接受海关监管。转关运输货物包括进口转关货物、出口转关货物和境内转关货物三类。

跨境电商是指分属于不同关境的交易主体，以互联网为媒介，经电子商务平台达成交易、进行结算，并通过跨境物流营运者送达商品，完成交易的一种国际商业活动。

过境、转运和通运货物都是从境外启运，经过我国境内继续运往境外的货物。这类货物仅在我国境内运输或短暂停留，不在境内销售、加工、使用以及贸易性储存。

无代价抵偿货物是指进出口货物在征税或免税放行之后，发现货物残损、短少、品质不良或规格不符，而由原进出口货物的承运人、发货人或保险公司免费补偿或更换的与原货物相同或与合同相符的货物。

退运货物是指因货物品质不良或交货时间延误等原因被买方拒收退运，或因错发、错运造成的溢装、漏卸而退运的货物。

退关是指向海关申报出口并获准放行的货物，因故未能装上运输工具，经发货人请求，退运境内不再出口。

基础与能力训练

一、名词解释

1．ATA　　2．暂时进出境货物　　3．转关运输货物　　4．过境货物

5．转运货物　6．通运货物　　　7．无代价抵偿货物　　8．退运货物

二、简答题

1．什么是特定减免税货物的"三特"？

2．减免税进口货物与保税货物的异同点表现在哪些方面？

3．简述暂时进出境货物的通关特点。

4．什么是转关？转关运输货物的转关条件是什么？

5. 简述转关运输货物海关监管的内容。

6. 我国禁止过境的货物有哪些？

7. 转运货物的申报条件是什么？

8. 通运货物应如何报关？

三、实训项目

1. 凡在国外正规大学（学院）注册学习结（毕）业和进修（包括出国进修、合作研究），期限在 1 年以上回国工作的留学人员，经海关批准，可用现汇购买供个人自用的免税国产小汽车 1 辆。试写出回国人员购买自用免税国产小汽车的步骤。

2. 查阅相关资料，写出科教用品免税进口业务所指的科学研究机构和学校。

3. 昆明某日资企业系高级认证加工贸易企业，于某年 8 月接到日本某公司的订单，订购计算机摄像头。因生产需要，该企业有一部分料件从日本公司进行采购，金额为 8 000 美元。成品生产完成后销往日本。报关人员应如何完成该项进出口业务的报关？

补充习题及实训

扫描二维码做更多练习，
巩固本章所学知识。

第十章

进出口货物报关单及其填报

【学习目标】

知识目标：熟悉并掌握进出口货物报关单的基本格式、填报要求、填报方法。

技能目标：具有根据《海关进出口货物报关单填制规范》和已知的原始单据正确填报进出口货物报关单的能力。

素养目标：具有严谨细致的职业作风和诚信经营、如实申报的职业态度；有较强的团队精神和与他人合作的能力；具备利用"单一窗口"填报进出口货物报关单的职业能力。

【引　例】

广州警方破获线上销售假红酒大案

（据广州市公安局新闻办公室 2021 年 1 月 6 日通报）广州海珠警方先后在广州、深圳、中山、茂名以及上海嘉定、江苏泰州、云南昆明、广西南宁、浙江嘉兴捣毁 9 个生产销售假红酒窝点，抓获夏某等犯罪嫌疑人 30 名。经查，犯罪嫌疑人在自己的网店上以提供虚假报关单据以及商检报告等方式迷惑消费者并在线上销售假红酒，涉案价值近 1.3 亿元。

思考讨论：

1. 篡改、伪造报关单的"假进口"会对社会造成什么影响？

2. 海关对进出口货物报关单填报的基本要求是什么？

3. 报关人员在填报进出口货物报关单时需注意什么？

进出境货物的收发货人或其代理人向海关申报进出口货物时必须按海关要求填写并递交进出口货物报关单。报关单是进出境货物的收发货人或其代理人向海关报告其进出口货物情况的证明，是海关审查、放行货物的必要法律文书，是海关对进出口货物进行全面监控处理的主要依据，是海关统计的原始资料。申报人在填报报关单时，必须做到真实、准确、齐全、清楚，并对所填报的报关单的真实性和准确性承担法律责任。

第一节　报关单分类及填报要求

一、报关单分类

1. 按流向分类

按进出口货物的流向，报关单分为进口货物报关单（见图 10.1）和出口货物报关单（见图 10.2）。

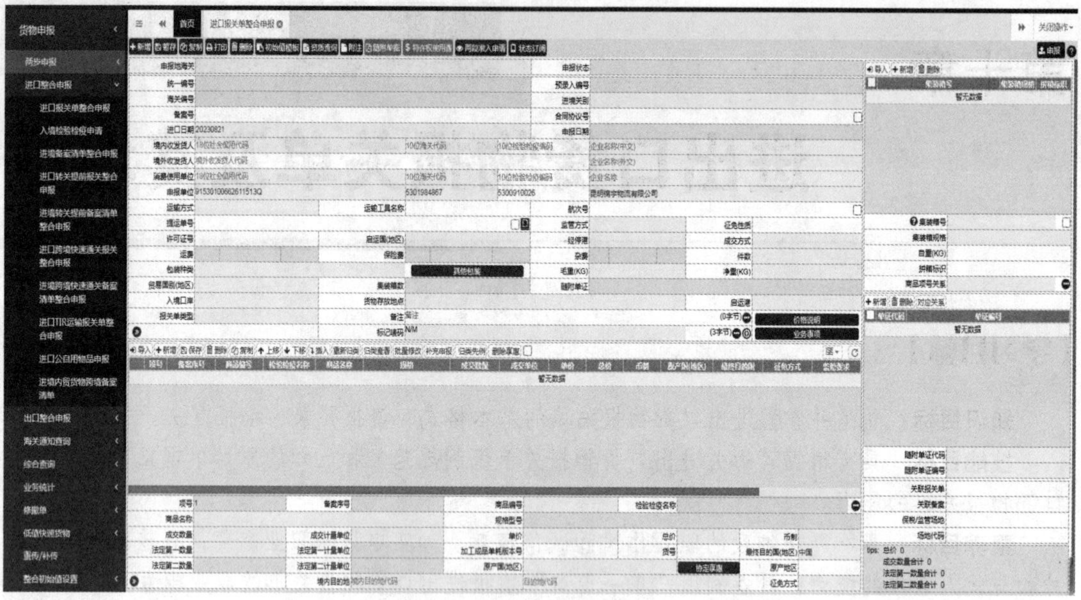

图 10.1 "单一窗口"进口整合申报界面—进口货物报关单

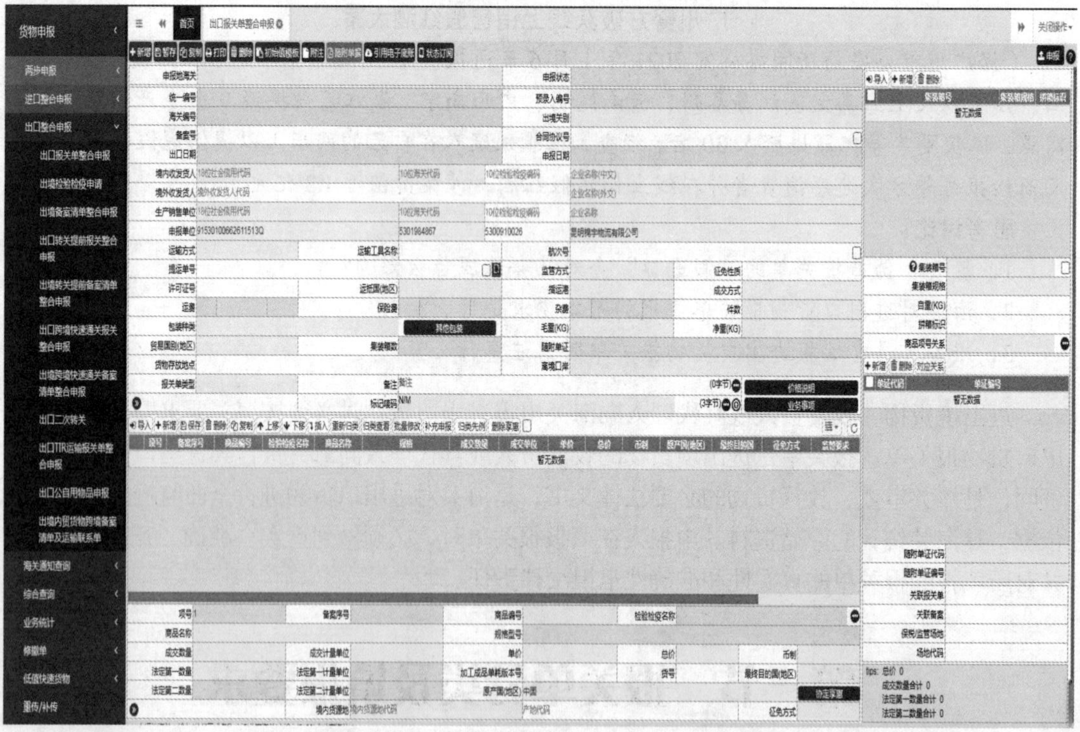

图 10.2 "单一窗口"进口整合申报界面—出口货物报关单

2. 按表现形式分类

按表现形式，报关单分为纸质报关单和电子数据报关单。

纸质报关单（参见实物展台）申报是指报关单位按照海关的规定填制纸质报关单，备齐随附单证，向海关当面递交的申报。报关单位在向未使用海关信息化管理系统作业的海关申报时可以采用纸质报关单申报。

电子数据报关单申报是指报关单位通过计算机系统按照《海关进出口货物报关单填制规范》的要求向海关传送报关单电子数据并备齐随附单证的申报。

实物展台
纸质版
进口货物报关单

海关规定：报关单位应当以电子数据报关单形式向海关申报，与随附单证一并递交的纸质报关单的内容应当与电子数据报关单一致；特殊情况下经海关同意，允许先采用纸质报关单形式申报，电子数据事后补报，补报的电子数据应当与纸质报关单内容一致。

海关总署令第 103 号《海关进出口货物申报管理规定》第五条规定，电子数据报关单和纸质报关单均具有法律效力。

实物展台
纸质版
出口货物报关单

3. 按使用性质分类

按使用性质，报关单分为进料加工进出口货物报关单、来料加工及补偿贸易进出口货物报关单和一般贸易及其他贸易进出口货物报关单。

二、报关单填报要求

进出口货物报关单既是海关对进出口货物进行监管、征税、统计以及开展稽查和调查的重要依据，又是加工贸易进出口货物核销以及出口退税和外汇管理的重要凭证，还是海关处理进出口货物走私、违规案件及税务、外汇管理部门查处骗税和套汇犯罪活动的重要书证。因此，申报人对报关单所填报内容的真实性和准确性要承担法律责任。海关对有违章、走私行为的申报人除依法处理外，还将根据违法行为的轻重，在一定时期内停止其报关业务、吊销其报关资格。

1. 基本要求

填报报关单时需遵循的基本要求是真实、准确、齐全、清楚。申报人在填写报关单时，应当依法向海关申报，并对申报内容的真实性、准确性、完整性和规范性承担相应的法律责任。

（1）分单填报。不同运输工具、不同航次、不同提运单、不同监管方式、不同备案号、不同征免性质的货物，应分别填报进出口货物报关单。

📚 知识链接

原产地证书与报关单填报

一份原产地证书，只能用于同一批次进口货物。含有原产地证书管理商品的一份报关单，只能对应一份原产地证书；同一批次货物中，实行原产地证书联网监管的，如涉及多份原产地证书或含非原产地证书商品，应该分单填报。享受不同协定税率和减免税优惠的商品，应该分单填报。

（2）分项或分栏填报。一份报关单申报的货物，须分项填报的情况主要有商品编码不同的、商品名称不同的、计量单位不同的、原产国（地区）/最终目的国（地区）不同的、币制不同的、征免性质不同的。

2. 具体要求

（1）填报必须真实。报关单填报必须真实，应做到三个相符：一是单证相符，即报关单中所列各项填报内容与合同、发票、装箱单、提单以及批文等相符；二是单货相符，即报关单中所列各项填报内容与实际进出口货物情况相符，不得出现伪报、瞒报或虚报等情形；三是单单相符，即报关单所填写的内容与舱单等随附单据相符。

🔔**警钟长鸣**

用虚假的 B2B 出口订单将贸易方式申报成跨境电商 B2B 直接出口

（杭州海关网 2023 年 8 月 9 日消息）2023 年 1 月 1 日至 2023 年 2 月 27 日期间，苏州某供应链管理有限公司为了获取非法利益，明知在出口申报时应如实提供资料向海关申报，仍用虚假的 B2B 出口订单将 151 票货物的贸易方式申报成跨境电商 B2B 直接出口，其行为构成了申报不实的违规行为，影响了海关统计准确性。根据《海关行政处罚实施条例》的规定，对当事人处罚款 151 000 元。

提醒：报关单位填制的报关单必须真实、有效，贸易方式申报不实，违反了《海关法》《海关行政处罚实施条例》。

（2）填报要完整、清楚。填报的内容要准确、齐全，字迹要清楚、整洁、端正；纸质报关单不得用铅笔或红色复写纸填写，若有更正，必须在更正项上加盖核对章。

（3）填报有误时须向海关提出更正。向海关申报的进出口货物报关单，事后由于各种原因而出现实际进出口货物与原来填报的内容不一致时，须立即向海关办理更正手续，填写报关单更正单，更改内容必须清楚。

（4）填报后不可随意修改。海关接受申报后，报关单及其内容不得修改或者撤销；确有正当理由的，须经海关同意方可修改或者撤销。

（5）运输工具配载有误的须向海关递交"出口货物报关单更改申请"。对于海关接受申报并放行的出口货物，由于运输工具配载等原因，全部或部分货物未能装载上原申报的运输工具的，发货人应向海关递交"出口货物报关单更改申请"。

三、报关单填报流程

1. 单证信息收集、审核

在填报报关单前，需要收集齐全相关的报关单证，并对相关报关单证的正确性、完整性、有效性进行审核，以确保各单证数据信息与实际情况相符。进出口报关最基本单证有发票、装箱单、合同、提运单（进口）或提运单信息（出口）、报关委托书。在确认监管方式和商品归类后可确认通关所需的监管证件。

🐾**职场训练 10.1**

某公司进口一批货物向海关申报进境时，报关人员应准备哪些单证？其中主要单证是什么？填报时要注意哪些要求？公司及报关人员是否承担法律责任？

（1）发票。发票是进出口报关的重要单证，也是进出口企业收付汇的重要单证之一。发票通常标明"发票"或"商业发票"字样，无统一格式，由出口企业自行拟定。发票中的信息一般有收/发货人、启运地及目的地、货物描述、数量及单位、单价、总价、币制、成交方式等，部分发票还会注明运费、保险费、杂费、集装箱号等。

（2）装箱单。装箱单是进出口报关的重要单证，也是进出口货物的装箱明细。装箱单一般标明"装箱单"字样，无统一格式，由出口企业自行拟定，基本栏目大致相同。装箱单中的信息一般有收/发货人、启运地及目的地、货物描述、数量及单位、件数、包装种类、毛重、净重、唛头等。

（3）合同。合同是买卖双方当事人就商品买卖所发生的权利和义务关系而签订的书面协议。合同无统一格式，由进出口企业自行拟定。合同中的信息一般有品名与品质、数量、包装、装运、检验、索赔、不可抗力、仲裁。

（4）提运单。提单、空运单、海运提单是进出口报关的重要单证，海运提单还是进出口货物的物权证明之一。提运单由船公司、航空公司等运输单位出具，提运单中的信息一般有收/发货人、通知人、运输工具、启运地、装货港、货物描述、件数、包装种类、毛重、唛头、体积、离境日期等。海运提单中的信息还有集装箱号、集装箱型、箱量信息及铅封印号。

（5）报关委托书。报关委托书是委托人委托报关企业办理货物进出口等通关事宜，明确双方责任和义务的书面证明，是进出口报关的重要单证。

2. 相关信息确认

（1）商品归类与监督方式信息确认。根据进出口商品信息，按照商品归类流程确定进出口商品的归类。根据进出口商品的归类确定商品的海关监督方式。

（2）进出口商品相关证件确认。根据商品编码、实际用途、成分、属性等信息：①确认进出口商品是我国允许进出口的商品；②确认进出口商品所需的相关进出口许可证件；③确认进出口商品涉及检验检疫监管后，确认检验检疫类别并根据检验检疫法规要求整理相关检疫信息和检疫单证。

（3）货物信息确认。为正确填报报关单中相关货物的信息，需要确认以下信息：①货物属性；②运费、保险费、杂费；③货物价格。

（4）与委托人沟通填报要求：①与委托人沟通在报关方面的特殊要求，包括申报关区、备案号等；②公式定价进口货物，若是首批货物进口或内销的，应完成公式定价合同备案，确定备案号；③暂时进出口货物进口的，确定在申报前已向海关递交了暂时进出口的审批手续，确定所适用暂时进出口类别；④需要向海关申请出入境检验检疫证书、品质证书等证明的，在申报前与委托人确定出证种类，并在检验检疫申报要素栏中进行勾选。

3. 报关单填报

根据报关单与随附单证的对应关系，确认报关内容的一致性和合理性，通过"单一窗口"完成进出口货物报关单的填报。

海关"单一窗口"报关单填报顺序：①点击"随附单据"按钮，上传与报关单填报相关的单证，完成单据上传；②按报关单填报规范填报报关单各栏目信息后，点击"申报"按钮，向海关发送电子数据。发送电子数据后，注意查询进出口报关单的通关状态，并根据进出口报关通关界面显示完成后续的相关操作。

知识链接

"单一窗口"

"单一窗口"是国家为广大进出口企业搭建的公共信息平台。参与国际贸易和运输的各方，通过单一的平台提交标准化的信息和单证，以满足相关法律、法规及管理的要求，实现所有进出口手续一站式办理，货物清关流程更加便捷、顺畅。

"单一窗口"系统集合了企业资质、许可证件、原产地证、舱单申报、货物申报、加工贸易、出口退税等进出口贸易中需要向官方机构审批、申报的功能。其中，进出口货物申报的功能包括货物申报、集中申报、报关代理委托、预约通关、减免税的申报系统。

"单一窗口"为企业提供了集约化、一站式的服务功能。企业足不出户，就可向海关、外汇、税务等部门一次性提交相关申请资料，一窗通办相关部门业务。

"单一窗口"帮助政府部门实现了口岸各部门间的信息共享和业务协同，实现了联网核查、无纸通关。

第二节　进出口货物报关单填报

一、报关单各项目填报

报关单各项内容填报不规范，一是会影响报关速度，二是会影响企业的配额和税率的计征，三是会影响企业的出口退税和收结汇核销。因此，按海关的规定和要求正确填报报关单是海关对企业和报关人员的基本要求，也是报关人员的基本义务。

1. 预录入编号

预录入编号是指预录入报关单的编号，一份报关单对应一个预录入编号，由系统自动生成。

2. 海关编号

海关编号是指海关接受申报时给予的报关单编号，应标示在报关单的每一联上。

预录入编号和海关编号均为 18 位数字（字母），其中第 1～4 位代码为接受申报海关的代码（《中国海关全国关区代码表》中相应的海关代码），第 5～8 位代码为海关接受申报的公历年份，第 9 位代码为进出口标志（"1"为进口，"0"为出口；集中申报清单中"I"为进口，"E"为出口），后 9 位代码为顺序编号。如：

5302	2023	1	029886456
罗湖海关	年份	进口	顺序编号

3. 境内收/发货人

境内收/发货人是指对外签订并执行进出口贸易合同的公司或个体工商户。

境内收/发货人处应填报在海关备案的对外签订并执行进出口贸易合同的中国境内法人、其他组织或个人的名称及编码。编码可选填 18 位统一社会信用代码，没有统一社会信用代码的，填报其在海关的备案编码或检验检疫的 10 位编码。

实战操作

境内收发货人填报中常用的代码

统一社会信用代码的第 1 位是登记管理部门代码，第 2 位是机构类别代码，第 3～8 位是登记机关行政区划代码，第 9～17 位是主体标识码（组织机构代码），第 18 位是校验码。

海关的备案编码由阿拉伯数字和 24 个英文大写字母（I 和 O 除外）组成。第 1～4 位数字为备案地行政区划代码。其中：第 1、2 位数字表示省、自治区、直辖市；第 3、4 位数字表示省辖市所在的市、地区、自治州、盟或县级行政区划代码；第 5 位数字为经济区划代码；第 6 位数字为进出口企业经济类型代码；第 7 位数字为企业注册用海关经营类别；第 8～10 位数字为企业注册流水账号。

"单一窗口"录入要求：18 位统一社会信用代码、10 位海关备案编码、10 位检验检疫编码、企业名称（中文），报关人员可以录入以上任一信息。

知识链接

特殊情况填报要求

（1）进出口货物合同的签订者和执行者非同一企业的，填报执行合同的企业。

（2）外商投资企业委托进出口企业进口投资设备、物品的，填报外商投资企业，并在标记唛码及备注栏注明"委托某进出口企业进口"，同时注明被委托企业的统一社会信用代码。

（3）有代理报关资格的报关企业代理进出口企业办理进出口报关手续时，填报委托的进出口企业。

（4）海关特殊监管区域收/发货人填报该货物的实际经营单位或海关特殊监管区域内经营企业。

（5）免税品经营单位经营出口退税国产商品的，填报免税品经营单位名称。

4. 进/出境关别

进/出境关别是指货物实际进出我国关境口岸的海关名称。根据货物实际进出关境的口岸海关名称，填报《中国海关全国关区代码表》中相应的口岸海关名称及代码。

进口转关运输货物应填报货物进境地海关名称及代码，出口转关运输货物应填报货物出境地海关名称及代码。按转关运输方式监管的跨关区深加工结转货物，出口报关单填报转出地海关名称及代码，进口报关单填报转入地海关名称及代码。在不同海关特殊监管区域或保税监管场所之间转运的货物，填报对方海关特殊监管区域或保税监管场所所在地海关名称及代码。其他无实际进出境的货物，填报接受申报的海关名称及代码。

"单一窗口"录入要求：录入关区代码或输入关区中文名称。

知识链接

进/出境关别填报注意事项

（1）应填写的是进出境口岸海关的名称而不是口岸的名称，一定要加"海关"二字。例如，一批货物于×××年 9 月 16 日抵达九洲港，报关人员向海关填报该批货物的进境关别应是"九洲海关"，而不是"九洲港"。

（2）进出境关别代码由 4 位数字组成，前 2 位采用海关统计的直属海关关别代码，后 2 位为隶属海关代码。直属海关和隶属海关的代码特征是：直属海关别代码后 2 位为 00，隶属海关代码后 2 位不是 00。

（3）《中国海关全国关区代码表》中只有直属海关关别和代码的，填报直属海关名称和代码，如在西宁海关办理货物进出口报关手续，应填报"西宁海关"（9700）；若有隶属海关关别和代码，则必须填报隶属海关名称和代码，如在珠海九洲海关办理货物进出口报关手续时，不得填报"拱北海关"（5700），而必须填报"九洲海关"（5750）。

（4）进口货物应填报货物进境的第一个口岸海关名称，出口货物应填报货物出境的最后一个口岸海关名称。

（5）无法确定进出口口岸以及无实际进出口的报关单，如保税结转和后续补税报关单，应填报接受申报的海关名称或代码。

5. 进/出口日期

进口日期是指运载所申报货物的运输工具申报进境的日期。

出口日期是指运载所申报货物的运输工具办结出境手续的日期。

"单一窗口"录入要求：报关单电子数据向海关发送后，海关系统将依据"运输工具名称""航次号""提运单号"等栏目的填报内容与舱单数据进行对比，更新报关单的进出口日期。

知识链接

进/出口日期填报注意事项

（1）本栏目为 8 位数，顺序为年（4 位）、月（2 位）、日（2 位）。

（2）进口日期以运载进口货物的运输工具申报进境日期为准。海关与运输企业实行舱单数据联网管理的，系统会自动生成。

（3）出口日期以运载出口货物的运输工具申报离境日期为准。海关与运输企业实行舱单数据联网管理的，系统会自动生成。

（4）集中申报的报关单，进/出口日期以海关接受报关单的日期为准。

（5）无实际进出境的报关单填报向海关办理申报手续的日期，以海关接受申报的日期为准。

6. 申报日期

申报日期是指海关接受进出口货物的收发货人或受其委托的报关企业申报的日期。

知识链接

申报日期填报的注意事项

以电子数据报关单方式申报的，申报日期为海关计算机系统接受申报数据时记录的日期；以纸质报关单方式申报的，申报日期为海关接受纸质报关单并对报关单进行登记处理的日期。例如，2023 年 12 月 18 日进口，次日填报报关单并向海关申报时，进口日期应填报为 2023.12.18，申报日期应填报为 2023.12.19。

申报日期是海关接受申报的日期，如果由于报关单填报不规范，海关不接受申报，那么申报日期应以海关最终受理申报的日期为准。除特殊情况外，进口货物申报日期不得早于进口日期，出口货物申报日期不得晚于出口日期。

实战操作

备案号标记代码

7. 备案号

"备案号"栏目用以填报进出口货物收发货人、消费使用单位、生产销售单位在海关办理加工贸易合同备案或征、减、免税备案审批等手续时，海关核发的《加工贸易手册》、"征免税确认通知书"或其他备案审批文件的编号。

"单一窗口"录入要求：录入电子化手册、账号、征免税证明等编号，录入系统将该备案号已在海关备案的数据更新在报关单"商品名称""商品编码""计量单位"等栏目中。

📚 知识链接

备案号填报注意事项

一份报关单只允许填报一个备案号（无备案审批文件的报关单，本栏目免填）。具体填报要求如下。

（1）加工贸易项下货物，除少量低值辅料按规定不使用《加工贸易手册》及以后续补税监管方式办理内销征税的外，其他货物均应填报《加工贸易手册》编号。

使用《异地直接报关分册》和《异地深加工结转出口分册》在异地口岸报关的，本栏目应填报分册号；《本地直接报关分册》和《本地深加工结转分册》限制在本地报关的，本栏目应填报总册号。

加工贸易成品凭"征免税确认通知书"转为减免税进口货物的，进口报关单填报"征免税确认通知书"编号，出口报关单填报《加工贸易手册》编号。

对加工贸易设备之间的结转，转入和转出企业分别填报进口报关单、出口报关单，在报关单"备案号"栏目中填报《加工贸易手册》编号。

（2）涉及征、减、免税备案审批的报关单，填报"征免税确认通知书"编号。

（3）减免税货物退运出口的，填报"海关进口减免税货物准予退运证明"的编号；减免税货物补税进口的，填报"减免税货物补税通知书"的编号；减免税货物进口或结转进口（转入）的，填报"征免税确认通知书"的编号；减免税货物出口或结转出口（转出）的，填报"海关出口减免税货物结转联系函"的编号。

（4）免税品经营单位经营出口退税国产商品的，免予填报。

8. 境外收/发货人

境外收货人通常是指出口贸易合同中的买方或合同指定的收货人，境外发货人通常是指进口贸易合同中的卖方。

境外收/发货人的名称一般填报英文名称，检验检疫要求填报其他外文名称的，在英文名称后填报，以半角括号分隔；对于 AEO 互认国家（地区）企业，编码填报 AEO 编码，填报"国别（地区）代码＋海关企业编码"，例如，新加坡 AEO 企业 SG123456789012（新加坡国别代码＋12位企业编码）；非 AEO 互认国家（地区）企业等其他情形，免予填报编码。

特殊情况下无境外收/发货人的，名称及编码填报"NO"。

"单一窗口"录入要求：分两栏录入，企业名称（外文）在"企业名称（外文）"中录入英文全称，境外收/发货人代码在"境外收/发货人代码"中录入国家（地区）代码+海关编码。

如果境外收/发货人不是 AEO 认证企业或其所在国未与中国海关AEO 互认，可以为空。

9. 运输方式

运输方式指货物实际进出境的运输方式和海关规定的特殊运输方式。货物实际进出境的运输方式，按进出境所使用的运输工具分类；特殊运输方式（货物无实际进出境），按货物在境内的流向分类。

"运输方式"栏目下应根据货物实际进出境的运输方式或货物在境内

👉 **实战操作**
实际运输方式代码及填报注意事项

运输工具名称及航次号填报注意事项

的流向，按照海关规定的《运输方式代码表》填报相应的运输方式。

货物实际运输方式是指用于载运实际进出关境货物的方式，主要有水路运输、铁路运输、公路运输、航空运输、邮件运输及其他运输。

特殊运输方式是指货物无实际进出境，而只是在境内的海关监管下，在不同企业或不同的区域流转或改变报关地点，主要涉及非保税区、监管仓库、保税区、保税仓库、出口加工等的货物和其他无实际进出境的货物。

"单一窗口"录入要求：在"运输方式"栏目录入运输方式名称及代码。

10. 运输工具名称及航次号

运输工具名称及航次号是指载运货物进出境的运输工具的名称或编号及航次号。本栏目下填报的内容应与运输部门向海关申报的舱单（载货清单）所列相应内容一致。纸质报关单上，"运输工具名称"与"航次号"合并填报在"运输工具名称及航次号"栏中。

"单一窗口"录入要求：分"运输工具名称"与"航次号"两个栏目录入，其所填报的内容应该与舱单系统中的进出境运输工具信息一致。

11. 提运单号

提运单号是指进出口货物提单或运单的编号。该编号必须与运输部门向海关提供的载货清单所列相应内容（包括数码、英文大小写、符号、空格等）一致。

一份报关单只允许填报一个提运单号，一票货物对应多个提运单时，应分单填报。

"单一窗口"录入要求：录入与舱单系统中一致的提运单号。

知识链接

提运单号填报注意事项

（1）直接在进出境地或采用区域通关一体化通关模式办理报关手续的，填报注意事项如下。

① 水路运输：填报进出口提单号；如有分提单的，填报进出口提单号 + "*" + 分提单号。

② 公路运输：启用公路舱单前，免予填报；启用公路舱单后，填报进出口总运单号。

③ 铁路运输：填报运单号。

④ 航空运输：填报总运单号 + "_" + 分运单号，无分运单的填报总运单号。

⑤ 邮件运输：填报邮运包裹单号。

（2）转关进口运输货物的报关单，填报注意事项如下。

① 水路运输：直转、中转货物填报提单号；提前报关免予填报。

② 铁路运输：直转、中转货物填报铁路运单号；提前报关免予填报。

③ 航空运输：直转、中转货物填报总运单号 + "_" + 分运单号；提前报关免予填报。

④ 其他运输方式：免予填报。

⑤ 以上运输方式进境货物，在省内用公路运输转关的，填报车牌号。

（3）转关出口运输货物的报关单，填报注意事项如下。

① 水路运输：中转货物填报提单号；非中转货物免予填报；省内汽车运输提前报关的转关货物，填报承运车辆的车牌号。

② 其他运输方式：免予填报；省内汽车运输提前报关的转关货物，填报承运车辆的车牌号。

（4）采用"集中申报"通关方式办理报关手续的，填报归并的集中申报清单的进出口起止日期［年（4

位）月（2位）日（2位）—年（4位）月（2位）日（2位）]，如"20220801—20220831"。

（5）无实际进出境货物的，本栏目免予填报。

12. 货物存放地点

"货物存放地点"栏目下填报货物进境后存放的场所或地点，包括海关监管作业场所、分拨仓库、定点加工厂、隔离检疫场、企业自有仓库等。本栏目为原报检栏目的"存放地点"。

进口报关单中，本栏目为必填项；出口报关单中，本栏目为选填项。

"单一窗口"录入要求：录入货物存放地的文本信息。

13. 消费使用单位/生产销售单位

消费使用单位是指已知的进口货物在境内的最终消费、使用单位，包括自行从境外进口货物的单位及委托进出口企业进口货物的单位。

生产销售单位是指出口货物在境内的生产或销售单位，包括自行出口货物的单位及委托进出口企业出口货物的单位。免税品经营单位经营出口退税国产商品的，填报该免税品经营单位统一管理的免税店名称。

"单一窗口"录入要求：该栏目分为三个，即18位统一社会信用代码、10位海关备案编码、10位检验检疫编码。报关人员录入以上任一信息，系统均可以识别并补全另外两项信息。

📖 知识链接

消费使用单位/生产销售单位填报注意事项

（1）填报18位统一社会信用代码。

（2）无18位统一社会信用代码的，填报"NO"。

（3）减免税货物报关单的消费使用单位/生产销售单位应与"征免税确认通知书"的"减免税申请人"一致；保税监管场所与境外之间的进出境货物，消费使用单位/生产销售单位填报保税监管场所的名称[保税物流中心（B型）填报物流中心内的企业名称]。

（4）进口货物在境内的最终消费或使用以及出口货物在境内的生产或销售的对象为自然人的，填报其身份证号、护照号、台胞证号等有效证件号码及姓名。

14. 监管方式

监管方式是以国际贸易中进出口货物的交易方式为基础，结合海关对进出口货物的征税、统计及监管条件综合设定的海关对进出口货物的管理方式。本栏目应根据实际对外贸易情况按海关规定的《监管方式代码表》填报相应的监管方式简称及代码。代码由4位数字构成，前2位数字是按照海关监管要求和计算机管理需要划分的分类代码，后2位数字是参照国际标准编制的贸易方式代码。一份报关单只允许填报一种监管方式。

"单一窗口"录入要求：录入监管方式简称及代码。

15. 征免性质

征免性质是指海关对进出口货物实施征、减、免税管理的性质类别。

"征免性质"栏目下应根据实际情况按海关规定的《征免性质代码表》填报相应的征免性质简称及代码，持有海关核发的"征免税确认通知书"

实战操作

常见监管方式代码
及填报注意事项

征免性质简称及
代码

的，应按照"征免税确认通知书"中批注的征免性质填报。一份报关单只允许填报一种征免性质。

"单一窗口"录入要求：依据《征免性质代码表》，录入征免性质简称及代码。

知识链接

报关单的监管方式与征免性质填报的逻辑关系参见表10.1。

表 10.1　报关单的监管方式与征免性质填报的逻辑关系

货物的贸易方式		监管方式	征免性质
一般贸易		一般贸易	一般征税
保税货物中的"来料加工"/"进料加工"		来料加工/进料加工	来料加工/进料加工
保税货物中的"来料/进料深加工结转"		来料/进料深加工结转	空
特定减免税通关（外商投资企业）	在投资额度内进口设备/物品	合资合作设备/外资物品	鼓励项目
	在投资额度外利用自有资金进口设备/物品	一般贸易	自有资金

16. 许可证号

"许可证号"栏目下填报以下许可证的编号：进（出）口许可证、两用物项和技术进（出）口许可证、两用物项和技术出口许可证（定向）、纺织品临时出口许可证。免税品经营单位经营出口退税国产商品的，免予填报。一份报关单只允许填报一个许可证号。

"单一窗口"录入要求：依据许可证编号直接录入。

知识链接

许可证号填报注意事项

（1）应申领进（出）口许可证的货物，必须在此栏目填报商务部及其授权发证机关签发的进（出）口货物许可证的编号，不得为空。

（2）一份报关单只允许填报一个许可证编号。许可证号为10位数字（字母），第1、2位数字代表年份，第3、4位代表发证机关（"AA"代表部级发证，"AB""AC"等代表特派员办事处发证，"01""02"等代表地方发证），后6位数字为顺序号。

17. 启运港

"启运港"栏目下填报进口货物在运抵我国关境前的第一个境外装运港。

根据实际情况，按海关规定的《港口代码表》填报相应的港口名称及代码，未在《港口代码表》列明的，填报相应的国家名称及代码。货物从海关特殊监管区域或保税监管场所运至境内区外的，填报《港口代码表》中相应海关特殊监管区域或保税监管场所的名称及代码，未在《港口代码表》中列明的，填报"未列出的特殊监管区"及代码。

其他无实际进境的货物，填报"中国境内"及代码。

"单一窗口"录入要求：本栏目下拉菜单中选择贸易国（地区），或参考《港口代码表》录入中文、英文字母代码。

18. 合同协议号

合同协议号是指在进出口贸易中，买卖双方或数方当事人根据国际贸易惯例或国家有关法律、法规，自愿按照一定条件买卖某种商品签订的合同（包括协议或订单）的编号。

"合同协议号"栏目下填报进出口货物合同（包括协议或订单）的编号。未发生商业性交易的免予填报。

"单一窗口"录入要求：依据合同协议号直接录入。

19. 贸易国（地区）

"贸易国（地区）"栏目下填报对外贸易中与境内企业签订贸易合同的外方所属的国家（地区）。进口的填报购自国，出口的填报售予国。未发生商业性交易的填报货物所有权拥有者所属的国家（地区）。本栏目应按海关规定的《国别（地区）代码表》填报相应的贸易国（地区）中文名称及代码。无实际进出境的，填报"中国"（代码142）。

"单一窗口"录入要求：在本栏目下拉菜单中选择贸易国（地区），或参考《国别（地区）代码表》录入中文、英文字母代码，如"USD 美国"。

20. 启运国（地区）/运抵国（地区）

"启运国（地区）"栏目下填报进口货物起始发出后直接运抵我国或者在运输中转国（地区）未发生任何商业性交易的情况下运抵我国的国家（地区）。

"运抵国（地区）"栏目下填报出口货物离开我国关境直接运抵或者在运输中转国（地区）未发生任何商业性交易的情况下最后运抵的国家（地区）。

"单一窗口"录入要求：在本栏目下拉菜单中选择启运国（地区）/运抵国（地区），或录入中文、英文字母代码，如"USD 美国"。

📖 知识链接

启运国（地区）/运抵国（地区）填报注意事项

（1）直接运抵的进出口货物，以进口货物的装货港所在国（地区）为启运国（地区），以出口货物的指运港所在国（地区）为运抵国（地区）。

（2）经过第三国（地区）转运的进出口货物，在中转国（地区）发生商业性交易，则以中转国（地区）作为启运/运抵国（地区）；在中转国（地区）未发生商业性交易，以进口货物的始发国（地区）作为启运国（地区），以出口货物发最终目的国（地区）为运抵国（地区）。

（3）非实际进出境的货物，直接运输方式为"0""1""7""8""W""X""Z""H"的，监管方式后两位为42~46、54~58的货物，本栏目填报"中国"（CHN）。

（4）本栏目应按海关规定的《国别（地区）代码表》填报相应的启运国（地区）或运抵国（地区）的中文名称及代码。

（5）能确定货物最终目的国（地区）的，按海关规定的《国别（地区）代码表》选择填报相应的启运国（地区）或运抵国（地区）的中文名称或代码。

21. 经停港/指运港

经停港是指进口货物在运抵我国关境前的最后一个境外装运港。

指运港是指出口货物运往境外的最终目的港；最终目的港不可预知的，可按尽可能预知的目的港填报。

经停港/指运港栏目下应根据实际情况按海关规定的《港口代码表》填报相应港口的中文名称及代码。经停港/指运港在《港口代码表》中无港口中文名称及代码的，可填报相应国家的中文名称或代码。无实际进出境的，本栏目填报"中国境内"（代码 142）。

"单一窗口"录入要求：可录入港口名称，也可录入中文，系统会自动匹配经停港/指运港信息，具体可在本栏目下拉菜单中选择经停港/指运港，或参考《港口代码表》录入中文、代码，如"KOR018 仁川（韩国）"。

22. 入境口岸/离境口岸

"入境口岸"栏目下填报进境货物从跨境运输工具卸离的第一个境内口岸的中文名称及代码；采取多式联运跨境运输的货物，填报多式联运货物最终卸离的境内口岸中文名称及代码；过境货物填报货物进入境内的第一个口岸的中文名称及代码；从海关特殊监管区域或保税监管场所进境的货物，填报海关特殊监管区域或保税监管场所的中文名称及代码。其他无实际进境货物的，填报货物所在地的城市名称及代码。

"离境口岸"栏目下填报装运出境货物的跨境运输工具离境的第一个境内口岸的中文名称及代码；采取多式联运跨境运输的货物，填报多式联运货物最初离境的境内口岸中文名称及代码；过境货物填报货物离境的第一个境内口岸的中文名称及代码；从海关特殊监管区域或保税监管场所离境的货物，填报海关特殊监管区域或保税监管场所的中文名称及代码。其他无实际出境货物的，填报货物所在地的城市名称及代码。

入境口岸/离境口岸的类型包括港口、码头、机场、机场货运通道、边境口岸、火车站、车辆装卸点、车检场、陆路港、坐落在口岸的海关特殊监管区域等。按海关规定的《国内口岸编码表》填报相应的境内口岸中文名称及代码。

"单一窗口"录入要求：在下拉菜单中选择应填报的入境口岸/离境口岸，或者参考《国内口岸编码表》录入中文、代码。

23. 包装种类

运输包装是指提运单所列货物件数单位对应的包装，其他包装包括货物的各类包装，以及植物性铺垫材料等。

包装种类是指运输过程中货物运输外包装的种类，如裸装、件货等。"包装种类"栏目应根据进出口货物的实际外包装种类，按海关规定的《包装种类代码表》填报相应的包装种类代码。包装种类代码参见表 10.2。

表 10.2　包装种类代码

代码	中文名称	代码	中文名称
00	散装	32	纸制或纤维板制桶
01	裸装	33	木制或竹藤等植物性材料制桶
04	球状罐类	39	其他材料制桶
06	包/袋	92	再生木托
22	纸制或纤维板制盒/箱	93	天然木托
23	木制或竹藤等植物性材料制盒/箱	98	植物性铺垫材料
29	其他材料制盒/箱	99	其他包装

"单一窗口"录入要求：分为包装种类和其他包装两部分。依据《包装种类代码表》，可在"包装种类"栏目录入代码，或在下拉菜单中选择包装种类。

进口货物若有其他包装，点击"其他包装"，在下拉菜单中选择包装种类；若没有其他包装，可以不填报"其他包装"栏目。

24. 件数

"件数"栏目下应填报有外包装的进出口货物的实际件数（按运输包装计）。

报关单件数填报数量要求与舱单件数相同。件数填报数量大于舱单数量时，海关系统会做退单处理，须修改后重新发送；件数填报数量小于舱单数量时，舱单核销将出现异常。

同一提运单下，需要多份报关单申报时，要求所有报关单的件数合计数量与舱单件数相同。

舱单件数为集装箱数量的，填报集装箱数量。舱单件数为托盘数量的，填报托盘数量。本栏目不得填报为"0"，裸装货物填报为"1"。

"单一窗口"录入要求：依据件数的数量直接录入。

25. 毛重

毛重是指货物及其包装材料的重量之和。计量单位为千克，不足1千克的填报为"1"。

"毛重"栏目不得为空。毛重填报数量大于舱单数量时，海关系统会做退单处理，毛重填报数量小于舱单数量时，舱单核销将出现异常。同一提运单下，需要多份报关单申报时，要求所有报关单的毛重合计数量与舱单数量相同。监管方式为特许权使用费后续征税的，毛重填报为"1"。

"单一窗口"录入要求：依据毛重的数值直接录入本栏目。该栏目整数部分最多录入14位数字，小数部分最多支持录入5位数字。

26. 净重

净重是指货物的毛重减去外包装材料后的重量，即商品本身的实际重量。部分商品的净重还包括直接接触商品的销售包装物料的重量（如罐头、化妆品、药品及类似品等）。净重的计量单位为千克，净重应大于或等于1千克，不足1千克的填报为"1"。本栏目填报进出口货物的实际净重，不得为空。以毛重作为净重计价的货物，可填毛重，如大宗散装或裸装货物。按照国际惯例，以公量重计价的货物，填报公量重。监管方式为特许权使用费后续征税的，净重填报为"1"。

"单一窗口"录入要求：依据净重的数值直接录入。该栏目整数部分最多录入14位数字，小数部分最多支持录入5位数字。

27. 成交方式

成交方式是指在进出口贸易中，进出口商品的价格构成和买卖双方各自应承担的责任、费用和风险，以及货物所有权转移的界限。成交方式包括两方面的内容：一是交货条件，二是成交价格的构成因素。成交方式代码与名称参见表10.3。

"单一窗口"录入要求：依据《成交方式代码表》中的代码填报，或在下拉菜单中选择录入。

表 10.3 成交方式代码与名称

成交方式代码	成交方式名称
1	CIF
2	CFR/CNF/C&F
3	FOB
4	C&I
5	市场价
6	垫仓
7	EXW

📚 **知识链接**

成交方式填报注意事项

（1）"成交方式"栏目下应根据实际成交价格条款按海关规定的《成交方式代码表》填报相应的成交方式代码。无实际进出境货物的，进口填报"CIF"，出口填报"FOB"。

（2）我国规定进口货物按 CIF 价统计，出口货物按 FOB 价统计。因此，凡进口成交价不是 CIF 价的，都必须按规定填写运费、保费或杂费，以便转换成 CIF 价统计；凡出口成交价不是 FOB 价的，都必须按照规定填写运费、保费或杂费，以便转换成 FOB 价统计。

（3）进口贸易中，FOB 价按公式"CIF＝FOB＋I＋F"转换成 CIF 价，在"运费"栏填写运费费率、单价或总价，在"保费"栏填写保险费费率或总价；CFR 价按公式"CIF＝CFR＋I"转换成 CIF 价，在"保费"栏填写保险费费率或总价。出口贸易中，CIF 价按公式"FOB＝CIF－I－F"转换成 FOB 价，在"运费"栏填写运费费率、单价或总价，在"保费"栏填写保险费费率或总价；CFR 价按公式"FOB＝CFR－F"转换成 FOB 价，在"运费"栏填写运费费率、单价或总价。

《国际贸易术语解释通则 2020》（简称《2020 通则》）11 种贸易术语与报关单"成交方式"栏的对应关系参见表 10.4。

表 10.4 《2020 通则》11 种贸易术语与报关单"成交方式"栏的对应关系

组别	E 组	F 组			C 组				D 组		
术语	EXW	FCA	FAS	FOB	CFR	CPT	CIF	CIP	DAP	DPU	DDP
成交方式	EXW	FOB			CFR			CIF			

28. 运费

运费是指进出口货物从始发地至目的地的国际运输所需要的各种费用。进口货物填报运抵我国境内输入地点起卸前的运输费用，出口货物填报运至我国境内输出地点装载后的运输费用。

当进口货物成交价格不包含前述运输费用或者当出口货物成交价格含有前述运输费用，即进口成交方式为 FOB、C&I、EXW 或出口成交方式为 CIF、CFR 的，应在本栏目填报运费。进口货物成交价格包含前述运输费用或者出口货物成交价格不包含前述运输费用的，本栏目免填。

"单一窗口"录入要求：确认运输申报方式后，使用《货币代码表》中的代码，录入运费。本栏目整数部分支持录入 19 位，小数点后最多支持录入 5 位。具体录入格式如下。

（1）申报运费费率：录入格式为"1/运费费率"。

（2）申报运费单价：录入格式为"2/运费单价/币制代码"。

（3）申报运费总价：录入格式为"3/运费总价/币制代码"。

📚 **知识链接**

运费填报注意事项

对于成交价格中不包含运费的进口货物或成交价格中含有运费的出口货物，应在"运费"栏目中填报该份报关单所含全部货物的国际运输费用。可按运费单价、总价或运费费率三种方式之一填报，同时注明运费标记，并按海关规定的《货币代码表》填报相应的币种代码。运费填报要求参见表 10.5。

表 10.5　运费填报要求

运费标记	填报示例：以 FOB 成交的进口货物，运费如下
"1"表示运费费率	应计入完税价格的运费是货物价值的 5%，填报方式：1/5
"2"表示每吨货物的运费单价	应计入完税价格的运费单价是 100 美元/吨，填报方式：2/100/USD
"3"表示运费总价	应计入完税价格的运费是 100 000 美元，填报方式：3/100 000/ USD

运保费合并计算的，运保费填报在本栏目。运费标记填写在运费标记处，运费价格填写在运费价格处，运费币制填写在运费币制处。免税品经营单位经营出口退税国产商品的，免予填报。

29.　保费

对于成交价格中不包含保险费的进口货物或成交价格中含有保险费的出口货物，应在"保费"栏目中填报进口货物运抵我国境内输入地点起卸前的保险费用，出口货物运至我国境内输出地点装载后的保险费用。该栏目可按保费总价或保费费率两种方式之一填报，同时注明保费标记，并按海关规定的《货币代码表》填报相应的币种代码。

运保费合并计算的，运保费填报在"运费"栏目中，保费标记填写在保费标记处，保费总价填写在保费总价处，保费币制填写在保费币制处。

免税品经营单位经营出口退税国产商品的，免予填报。

"单一窗口"录入要求：确认保费申报方式后，使用《货币代码表》中代码，录入保费。该栏目整数部分最多录入 19 位，小数点后最多支持录入 5 位。具体录入格式如下。

运费、保费、杂费之间的填报关系

（1）按照保费费率申报，录入格式为"1/保险费费率"。

（2）按照保费总价申报，录入格式为"3/保险金额/币制代码"。

30.　杂费

杂费是指成交价格以外的，按照《进出口关税条例》相关规定应计入完税价格或应从完税价格中扣除的费用。

"单一窗口"录入要求：确认杂费申报方式后，使用《货币代码表》中的代码，录入杂费。

（1）杂费费率为正值，录入格式为"1/杂费费率"。

（2）杂费费率为负值，录入格式为"-1/杂费费率"。

（3）杂费费用总价为正值，录入格式为"3/杂费金额/币制代码"。

（4）杂费费用总价为负值，录入格式为"3/-杂费金额/币制代码"。

📚 知识链接

杂费填报注意事项

杂费可按杂费总价或杂费费率两种方式之一填报，同时注明杂费标记，并按海关规定的《货币代码表》填报相应的币种代码。应计入完税价格的杂费填报为正值或正率，应从完税价格中扣除的杂费填报为负值或负率。杂费标记填写在杂费标记处，杂费总价填写在杂费总价处，杂费币制填写在杂费币制处。

杂费标记："1"表示杂费费率，"3"表示杂费总价。

应计入完税价格的杂费填报为正值或正率，应从完税价格中扣除的杂费填报为负值或负率。无杂费时，本栏免填。

实战操作
监管证件代码及随附
单据填报注意事项

31. 随附单证及编号

随附单证及编号是指随进（出）口货物报关单一并向海关递交的单证或文件。合同、发票、装箱单、进出口许可证等必备的随附单证不在本栏目填报。

"随附单证及编号"栏目根据海关规定的《监管证件代码表》和《随附单据代码表》填报除《海关进出口货物报关单填制规范》规定的许可证件以外的其他进出口许可证件或监管证件、随附单据代码及编号。

本栏目分为"随附单证代码"和"随附单证编号"两栏。其中代码栏按海关规定的《监管证件代码表》和《随附单据代码表》选择填报相应证件代码，编号栏填报该证件的编号。

"单一窗口"录入要求：分"随附单证代码"和"随附单证编码"两栏录入。录入后须上传发票、装箱单、合同、提运单等单证。单证上传后，本栏目会显示上传的资料名称。

（1）随附单证代码。当进出口货物涉及海关监管证件时，系统将在"随附单证代码"中提示通关所需监管证件代码；当进出口货物涉及优惠原产地证、加工贸易通关需要的单证时，系统不会做出提示，报关人员需要在"随附单证代码"中录入代码或在下拉菜单中选择。

（2）随附单证编号。按照相关证件号码，直接录入。

32. 标记唛码及备注

标记唛码是运输标记的俗称，英文表示有 Marks、Marking、MKS、Marks & Nos.、Shipping Mks。它通常由一个简单的几何图形和一些字母、数字及简单的文字组成，包括收货人代号、合同号和发票号、目的地、最终目的国（地区）、原产国（地区）、目的港或中转港、件数号码等内容。一般的标记唛码如图 10.3 所示。

实战操作
标记唛码及备注填
报要求

Marks & Nos. 　（唛头）
HUMBURG（中转港：汉堡）
IN TRANSHIP TO ZURICH（目的港：苏黎世）
SWITZERLAND（目的国：瑞士）
C／NO .1—1533（件数：1533 件）
MADE IN CHINA（原产国：中国）

图 10.3　标记唛码（局部）

备注是指报关单的其他栏目不能填写完全以及需要额外说明的内容，或者其他需要备注、说明的事项。关联备案号、关联报关号应填写在"标记唛码及备注"栏。

"单一窗口"录入要求：分四部分录入，分别是标记唛码、备注、关联报关单及备案、集装箱项目。

（1）标记唛码。录入除图形以外的文字、数字，无标记唛码的录入"N/M"，最多录入 400 字节。

（2）备注。发生备注情况时，填报备注。如受外商企业委托代理进口投资设备、物品的企业名称，以及直接退运通知书编号、监管场所代码、暂时进出口货物相关内容、修理物品、预裁定决定书编号等。本栏目最多可录入 255 个字符。

（3）关联报关单及备案。保税间流转、加工贸易结转、直接退运、减免保税货物结转业务，需要填报关联报关单及备案。本栏目最多可录入 18 个字节。

（4）集装箱项目。申报使用集装箱装载进出口货物的情况时，必须填报；无使用集装箱装载进出口货物的情况时，无须填报。本项目录入分五栏。①集装箱号：录入集装箱两侧标示的全球唯一的编号。②集装箱规格：根据运单确认集装箱规格，按照《集装箱规格代码表》选报集装箱规格，或在下拉菜单中选择。③自重：录入集装箱箱体的重量（千克），本栏目为选填项。

④拼箱标识：进出口货物为集装箱拼箱货物时，在本栏目下拉菜单中选择"是"或"否"。⑤商品项号关系：确认每个集装箱和货物的对应关系，填报时在本栏目下拉菜单中选择单个集装箱对应的商品项号，同一个集装箱对应多个商品项号时，应根据实际情况多选填报。该项目在填完货物表体部分后填报。

33. 项号

项号是指同一票货物在报关单中的商品排列号以及在备案文件上的商品序号。

"项号"栏目分两行填报。第一行填报报关单中的商品顺序编号，第二行专用于填报加工贸易、减免税等已备案、审批的货物在《加工贸易手册》或"征免税确认通知书"等备案、审批单证中的顺序编号。

"单一窗口"录入要求：一般贸易项下的货物，系统按照录入顺序自动排序。

加工贸易进出口业务中，使用核注清单导入报关单后，系统会自动生成项号、商品编码、商品名称、规格、型号、数量、金额、原产地。

减免税货物在"备案号"栏中录入征免税证明编号后，系统会自动填入征免税证明的备案信息，包括备案序号、商品编码、商品名称、规格、型号、数量、金额。

34. 商品编号

商品编号是指按商品分类编码规则确定的进出口货物的商品编号。填报的商品编号由 10 位数字组成。前 8 位数字为《进出口税则》中确定的进出口货物的税则号列，同时也是《海关统计商品目录》中确定的商品编码，后 2 位数字为符合海关监管要求的附加编号。

"单一窗口"录入要求：一般贸易通关货物，系统会提示税则号列的商品编码的归类数据，为核对提供参考。

加工贸易、征免税证明表项下进出口货物，系统会根据备案号、保税核注清单信息，识别、更新已备案的商品编号。

35. 检验检疫名称（选填）

涉及检验检疫的进出口货物，须填报本栏目。报关人员可根据系统的提示信息，选择与报关商品相符的描述或与委托单位进行确认。

"单一窗口"录入要求：点击按钮，系统会提示已填报的商品编码相近的检验检疫编码列表，此时，选择与进出口货物相符的名称即可。

36. 商品名称、规格型号

商品名称是指所申报的进出口商品的规范的中文名称。规格型号是指反映商品性能、品质和规格的一系列指标，如品牌、等级、成分、含量、纯度、尺寸等。

商品名称、规格型号分两行填报。第一行填报进出口货物规范的中文商品名称，第二行填报该商品的规格型号。"化纤女背心"，100% POLYETER LADIES VEST，填写格式参见表 10.6。

"单一窗口"录入要求：分两部分填报，分别为商品名称、规格型号。

"商品名称"栏目录入文本内容，此栏目最多可录入 255 字符。

表 10.6　商品名称、规格型号填报格式

项号	商品名称
01	化纤女背心（第一行：商品名称） 100% POLYETER LADIES VEST（第二行：规格型号）

录入商品编号后，系统弹出"商品规范申报-商品申报要素"表，根据要求录入完成后，系统将申报要素更新为"规格型号"栏内容。

37. 数量及单位

数量及单位是指进出口货物的实际数量及计量单位。

"数量及单位"栏目下分三行填报。第一行应按进出口货物的法定第一计量单位填报数量及单位，法定计量单位以《海关统计商品目录》中的计量单位为准。凡列明有法定第二计量单位的，应在第二行按照法定第二计量单位填报数量及单位。无法定第二计量单位的，本栏目第二行为空。成交计量单位及数量应填报在第三行，成交计量单位与《海关统计商品目录》一致时，本栏目第三行为空。

"单一窗口"录入要求：按照系统提示顺序，依次录入成交数量、成交计量单位、法定第一数量、法定第二数量。

成交数量、法定第一数量、法定第二数量：录入计量单位对应的数量。本栏目最多可以录入 19 位数字，19 位中如有小数点，小数点后最多支持录入 4 位。

成交计量单位：可以在下拉菜单中选择货物实际成交所用的计量单位。加工贸易项下，录入"备案号""备案项号"后，"成交单位"栏会显示为《加工贸易手册》备案的计量单位。

38. 单价、总价、币制

单价是货物实际成交的商品单位价格的金额部分，每个单价只对应一个项号下的商品。"单价"栏目下应填报同一项号下进出口货物实际成交的单价。无实际成交价格的，本栏目填报货值。

总价是指进出口货物实际成交的商品总价。在报关单中总价和单价是相对应的，单价和其对应的数量相乘就等于总价。"总价"栏目下应填报同一项号下进出口货物实际成交的总价。无实际成交价格的，本栏目填报货值。

单价、总价都填报到小数点后 4 位，第 5 位及其后略去。

币制是指进出口货物实际成交价格的币种。"币制"栏目下应根据实际成交情况按海关规定的《货币代码表》填报相应的货币名称或代码。如《货币代码表》中无实际成交币种，需将实际成交币种按照申报的外汇折算率折算成《货币代码表》中列明的货币填报。

"单一窗口"录入要求：录入"成交数量""成交单位"后，可先录入总价，系统会自动核算出单价。本栏目最多可以录入 19 位数字，19 位中小数点后最多支持录入 4 位。

39. 原产国（地区）

原产国（地区）是指进口货物的生产、开采或加工制造国家（地区）。

"原产国（地区）"栏目应依据《进出口货物原产地条例》《关于非优惠原产地规则中实质性改变标准的规定》以及海关总署关于各项优惠贸易协定原产地管理规章规定的原产地确定标准填报。同一批进口货物的原产地不同的，应分别填报原产国（地区）。进口货物原产国（地区）无法确定的，填报"国别不详"（代码 701）。

"原产国（地区）"栏目下应按海关规定的《国别（地区）代码表》填报相应的国家（地区）名称及代码。

"单一窗口"录入要求：依据《国别（地区）代码表》，在"原产国（地区）"栏目录入相应国家（地区）名称及代码，或在下拉菜单中选择适用优惠贸易协定的进口货物，原产国（地区）的填报应与原产地证书和原产地声明一致。

进出口货物涉及协定享惠申报的，在录入商品项信息时，点击"协定享惠"后按照系统提示录入：原产地证编号、优惠贸易协定代码、优惠贸易协定项下原产地、原产地证商品项号、原产地证明类型。其中优惠贸易协定代码可在下拉菜单中选择录入。

商品涉及协定享惠的，需要在每个享惠的商品项中录入以上协定享惠信息。未实现原产地证电子信息交换的优惠贸易协定，需要在申报前使用优惠贸易协定原产地要素申报系统录入原产地证明电子信息。

((▲))警钟长鸣

伪报原产地进口

（昆明海关网 2023 年 10 月 10 日消息）2022 年 10 月 2 日，当事人委托某报关公司以一般贸易的方式申报 2 票进口鲜榴莲，报关单项下申报原产国泰国，净重 32 720 千克，货值人民币 130.88 万元。经查，当事人在委托报关公司报关时，提交了虚假的鲜榴莲原产地证书，影响国家税款征收。本案案值人民币 159.411 84 万元，漏缴税款人民币 28.531 84 万元。当事人与报关公司的申报不实，影响国家税款的征收，构成违反海关监管规定的行为。依照《海关法》《海关行政处罚实施条例》的规定，对当事人处罚款人民币 8.56 万元，对报关公司处暂停从事报关活动 1 个月。

提醒：委托人委托报关企业办理报关手续的，应当向报关企业提供所委托报关事项的真实情况；报关企业接受委托人的委托办理报关手续的，应当对委托人所提供情况的真实性进行合理审查。

40. 最终目的国（地区）

最终目的国（地区）是指已知的出口货物的最终实际消费、使用或进一步加工制造的国家（地区）。例如，A 进出口公司与德国 B 公司签订一份出口合同，货物从上海装船，途经我国香港运往德国。在签订合同时，A 进出口公司得知德国 B 公司还要将货物从德国运往英国，则该批货物的最终目的国应为英国，而不是德国。

"单一窗口"录入要求：依据《国别（地区）代码表》，在"原产国（地区）/最终目的国（地区）"栏目录入相应国家（地区）名称及代码或在下拉菜单中选择。

📚 知识链接

原产国（地区）/最终目的国（地区）填报注意事项

"最终目的国（地区）"栏目填报已知的出口货物的最终实际消费、使用或进一步加工制造的国家（地区）。不经过第三国（地区）转运的直接运输货物，以运抵国（地区）为最终目的国（地区）；经过第三国（地区）转运的货物，以最后运往国（地区）为最终目的国（地区）。同一批出口货物的最终目的国（地区）不同的，应分别填报最终目的国（地区）。出口货物不能确定最终目的国（地区）时，以尽可能预知的最后运往国（地区）为最终目的国（地区）。

该栏目应按海关规定的《国别（地区）代码表》填报相应的国家（地区）名称及代码。

41. 境内目的地/境内货源地

"境内目的地"栏目下填报已知的进口货物在国内的消费、使用地或最终运抵地，其中最终运抵地为最终使用单位的所在地。最终使用单位难以确定的，填报货物进口时预知的最终收货单位所在地。

"境内货源地"栏目下填报出口货物在国内的产地或原始发货地。出口货物产地难以确定的，填报最早发运该出口货物的单位所在地。

海关特殊监管区域、保税物流中心（B型）与境外之间的进境货物，境内目的地/境内货源地处填报该海关特殊监管区域、保税物流中心（B型）所对应的国内地区。

境内目的地/境内货源地处应按海关规定的《国内地区代码表》填报相应的国内地区名称及代码。境内目的地还需根据《行政区划代码表》填报其对应的县级行政区名称及代码，无下属区县级行政区的，可选择填报地市级行政区。

"单一窗口"录入要求：分两栏填报，分别为境内目的地、境内货源地。

（1）境内目的地。进口货物须同时在"境内目的地代码"和"目的地代码"两个栏目录入相应的国内地区和县级行政区名称及代码。

（2）境内货源地。出口货物须同时在"境内货源地代码"和"产地代码"两个栏目录入相应的国内地区和县级行政区名称及代码。

境内目的地/境内货源地代码由5位数字组成，目的地/产地代码由6位数字组成。

42. 征免

征免是指海关对进出口货物进行征税、减税、免税或特案处理的实际操作方式。

"征免"栏目下应按照海关核发的"进口货物征免税确认通知书"或有关政策规定，对报关单所列每项商品选择填报海关规定的《征减免税方式代码表》中相应的减免税方式填报。加工贸易报关单应根据《加工贸易手册》中备案的征免规定填报，《加工贸易手册》中备案的征免规定为"保金"或"保函"的，应填报"全免"。常见的征免方式代码参见表10.7。

"单一窗口"录入要求：依据《征减免税方式代码表》录入代码或在下拉菜单中选择，系统会更新为征免税方式的名称。

表10.7　征免方式代码

代码	名称	代码	名称
1	照章征税	5	征免性质
2	折半征税	6	保证金
3	全免	7	保函
4	特案	8	折半补税

43. 原产地区

本栏目填报入境货物在原产国（地区）内的生产区域。

本栏目是选填栏目。报关人员可依照《原产地区代码表》填报或在下拉菜单中选择。原产地区代码由6位数字组成，前3位数字为国别代码，后3位数字为地区代码。

"单一窗口"录入要求：依照《原产地区代码表》填报或在下拉菜单中选择。原产地区代码由6位数字组成，前3位为国别代码，后3位为地区代码。

44. 价格说明

价格说明共五个栏目：特殊关系确认、价格影响确认、与货物有关的特许权使用费支付确认、公式定价确认、暂定价格确认。

（1）特殊关系确认。

根据《海关审定进出口货物完税价格办法》第十六条的规定确认进出口行为中买卖双方是否存在特殊关系，有下列情形之一的，应当认为买卖双方存在特殊关系，在"特殊关系确认"

栏目下填报"是"，反之则填报"否"。

填报"是"的情形包括：①买卖双方为同一家族成员的；②买卖双方互为商业上的高级职员或者董事的；③一方直接或者间接地受另一方控制的；④买卖双方都直接或者间接地受第三方控制的；⑤买卖双方共同直接或者间接地控制第三方的；⑥一方直接或者间接地拥有、控制或者持有对方5%以上（含5%）公开发行的有表决权的股票或者股份的；⑦一方是另一方的雇员、高级职员或者董事的；⑧买卖双方是同一合伙成员的。

买卖双方在经营上相互有联系，一方是另一方的独家代理、独家经销或者独家受让人的，如果符合上述的情形，也应当视为存在特殊关系。

出口货物免予填报该栏目，加工贸易及保税监管货物（内销保税货物除外）也免予填报该栏目。

"单一窗口"录入要求：点击"价格说明"，系统弹出信息的确认界面，根据与委托单位确认的结果，在"特殊关系确认"栏中录入"是"或"否"。

（2）价格影响确认。

根据《海关审定进出口货物完税价格办法》第十七条的规定确认进出口行为中买卖双方存在的特殊关系是否影响成交价格，纳税义务人如不能证明其成交价格与同时或者大约同时发生的下列任何一款价格相近的，应当视为特殊关系未对进出口货物的成交价格产生影响，在"价格影响确认"栏目下填报"否"，反之则填报"是"。

填报"否"的情形包括：①向境内无特殊关系的买方出售的相同或者类似进出口货物的成交价格；②按照《海关审定进出口货物完税价格办法》倒扣价格估价方法的规定所确定的相同或者类似进出口货物的完税价格；③按照《海关审定进出口货物完税价格办法》计算价格估价方法的规定所确定的相同或者类似进出口货物的完税价格。

出口货物免予填报该栏目，加工贸易及保税监管货物（内销保税货物除外）也免予填报该栏目。

"单一窗口"录入要求：点击"价格说明"，系统弹出信息的确认界面，根据与委托单位确认的结果，在"价格影响确认"栏中录入"是"或"否"。

（3）与货物有关的特许权使用费支付确认。

根据《海关审定进出口货物完税价格办法》第十一条和第十三条的规定确认进出口行为中买方是否存在向卖方或者有关方直接或者间接支付特许权使用费的情形。

特许权使用费是指进出口货物的买方为取得知识产权权利人及权利人有效授权人关于专利权、商标权、专有技术、著作权、分销权或者销售权的许可或者转让而支付的费用。如果进出口行为中买方存在向卖方或者有关方直接或者间接支付特许权使用费的，在"支付特许权使用费确认"处应填报"是"，反之则填报"否"。出口货物免予填报该栏目，加工贸易及保税监管货物（内销保税货物除外）也免予填报该栏目。

"单一窗口"录入要求：点击"价格说明"，系统弹出信息的确认界面，根据与委托单位确认的结果，在"支付特许权使用费确认"处录入"是"或"否"。

（4）公式定价确认。

公式定价是指在向中国境内销售货物所签订的合同中，买卖双方未以具体明确的数字约定货物价格，而是以约定的定价公式确定货物结算价格的定价方式。符合公式定价定义的进口货物填报本栏目。计算价格仅受成分含量、进口数量影响，进口时无论是否确定结算价格均填报"是"。出口货物、加工贸易及保税监管货物（内销保税货物除外）免予填报。

"公式定价确认"栏目未填报或填报"否"的，均视为非公式定价进口货物。

"单一窗口"录入要求：点击"价格说明"，系统弹出信息的确认界面，根据与委托单位确认的结果，在"公式定价"栏中录入"是"或"否"。

（5）暂定价格确认

"公式定价确认"填报"是"的，需继续填报"暂定价格确认"栏目；"公式定价确认"填报"否"的，无须填报本栏目。公式定价货物进口时结算价格未确定的，填报"是"；公式定价货物进口时结算价格已确定的，填报"否"。

"单一窗口"录入要求：点击"价格说明"，系统弹出信息的确认界面，根据与委托单位确认的结果，在"暂定价格确认"栏中录入"是"或"否"。

45. 业务事项

业务事项包括六个选项：税单无纸化、自主报税、自报自缴、担保验放、跨境电商海外仓、特殊通道。本栏目根据进出口业务属性勾选即可。

46. 申报单位

自理报关的，填报进出口企业的名称及编码；委托代理报关的，填报报关企业名称及编码（统一社会信用代码）。报关人员填报在海关备案的姓名、编码、电话，并加盖申报单位印章。

47. 海关批注及签章

"海关批注及签章"栏目供海关作业时签注。

📚 知识链接

报关单填报注意事项

《海关进出口货物报关单填制规范》中的尖括号（＜＞）、逗号（，）、连接符（-）、冒号（：）等标点符号及数字，填报时都必须使用非中文状态下的半角字符。

相关用语的含义如下。

报关单录入凭单：申报单位按报关单的格式填写的凭单，用作报关单预录入的依据。该凭单的编号规则由申报单位自行决定。

报关单证明联：海关在核实货物实际进出境后按报关单格式提供的，用作进出口货物收发货人向税务主管部门、外汇管理部门办理退税和外汇核销手续的证明文件。

二、检验检疫主动触发申报栏目填报

当进出口货物属于《法检目录》货物和其他按照有关法律、法规须实施检验检疫的货物（如成套设备、CCC 认证商品、危险化学品、来自疫区或带木质包装的货物等）时，"单一窗口"或"互联网+海关"申报系统会自动触发需要填报的检验检疫申报栏目。

1. 检验检疫受理机关（有条件必填项）

根据海关规定的《检验检疫机关代码表》中的相应检验检疫机关的名称及代码，填报提交报关单和随附单据的检验检疫机关。

2. **企业资质类别及编号（有条件必填项）**

选择填报货物的生产商/进出口商/代理商必须取得的资质类别，有多个资质的须全部填写。

知识链接

进口货物有多个资质的填报要求

（1）进口食品、食品原料类货物填写：进口食品境外出口商代理商备案、进口食品进口商备案。

（2）进口水产品填写：进口食品境外出口商代理商备案、进口食品进口商备案、进口水产品储存冷库备案。

（3）进口肉类产品填写：进口肉类储存冷库备案、进口食品境外出口商代理商备案、进口食品进口商备案、进口肉类收货人备案。

（4）进口化妆品填写：进口化妆品收货人备案。

（5）进口水果填写：进口水果境外果园/包装厂注册登记。

（6）进口非食用动物产品填写：进口非食用动物产品生产、加工、存放企业注册登记。

（7）进口饲料及饲料添加剂填写：饲料进口企业备案、进口饲料及饲料添加剂生产企业注册登记。

（8）其他填写：进境植物繁殖材料隔离检疫申请、进出境动物指定隔离场使用申请、进境栽培介质使用单位注册、进境动物遗传物质进口代理及使用单位备案、进境动物及动物产品国外生产单位注册、进境粮食加工储存单位注册、境外医疗器械捐赠机构登记、进出境集装箱场站登记、进口棉花境外供货商登记注册、出口食品包装生产企业备案和进口食品包装进口商备案。

3. **领证机关（有条件必填项）**

根据海关规定的《检验检疫机关代码表》中的相应检验检疫机关的名称及代码，填报领取单证的检验检疫机关。

4. **口岸检验检疫机关（有条件必填项）**

根据海关规定的《检验检疫机关代码表》中的相应检验检疫机关的名称及代码，填报口岸检验检疫机关。入境填报入境第一口岸所在地检验检疫机关。运往陆港或入境转关货物，选择陆港或指运地对应的检验检疫机关。出境填报货物离境口岸的检验检疫机关，运往陆港或出境转关货物，选择陆港或启运地对应的检验检疫机关。

5. **启运日期（有条件必填项）**

装载入境货物的运输工具离开启运口岸的日期。本栏目需填8位数字，顺序为年（4位）、月（2位）、日（2位）。

6. **B/L号（有条件必填项）**

填报入境货物的承运人开出的提单/运单号的总单号或直单号。该项目不得为空，如空时系统自动提取提单/运单号返填。

7. **目的地检验检疫机关（有条件必填项）**

根据海关规定的《检验检疫机关代码表》中的相应检验检疫机关的名称及代码，需要在目的地实施检验检疫的，填报对应的《检验检疫机关代码表》相应的海关名称或代码。

8. 关联号码及理由（选填项）

若货物不涉及检验检疫，免予填报。进出口货物报关单有关联报关单时，在本栏目中填报关联报关单号码，并在下拉菜单中选择关联报关单的关联理由。

9. 使用单位联系人及使用单位联系电话（选填项）

本栏目为选填项。填报进境涉检货物销售、使用单位联系人的名字和电话。

10. 原箱运输（选填项）

本栏目为选填项。申报使用集装箱的涉检货物，根据是否原集装箱运输，勾选"是"或"否"。

11. 特殊业务标识（选填项）

本栏目为选填项。属于国际赛事、特殊进出军工物资、国际援助物资、国际会议、直通放行、外交礼遇、转关等特殊业务的，报关人员根据实际情况勾选。

12. 所需单证（选填项）

本栏目为选填项。进出口企业申请出具检验检疫单证时，根据相关需要，在"所需单证"项下的"检验检疫签证申报要素"中，勾选申请出具的检验检疫单证类型。

13. 检验检疫签证申报要素

报关人员在确认境内收发货人名称（外文）、境外收发货人名称（中文）、境外收发货人地址、卸毕日期和商品英文名称后，根据现行相关规定和实际需要，勾选申请单证类型，确认申请单证正本数和申请单证副本数后保存数据。

14. 检验检疫货物规格

申请检验检疫商品时，在"检验检疫货物规格"项下，填报"成分/原料/组分""产品有效期""产品保质期""境外生产企业""货物规格""货物型号""货物品牌""生产日期""生产批次""生产单位代码"等栏目。

知识链接

检验检疫货物规格的填报要求

（1）"成分/原料/组分"栏：填报货物含有的成分、货物原料或化学品组分。

（2）"产品有效期"栏：有质量保证期的填写质量保证的截止日期。

（3）"产品保质期"栏：有质量保证期的填写质量保证的天数，天数按照生产日期计算。

（4）"境外生产企业"栏：填写入境货物的国外生产厂商名称，默认为境外发货人。

（5）"货物规格"栏：填写货物的规格。

（6）"货物型号"栏：填写货物的所有型号，多个型号的，以"；"分隔。

（7）"货物品牌"栏：填写货物的品牌名称，品牌以合同或装箱单为准，需要录入中英文品牌的，录入方式为"中文品牌/英文品牌"。

（8）"生产日期"栏：填写货物的生产加工日期。

（9）"生产批次"栏：填写本批货物的生产批次，多个批次的，以"；"分隔。

15. 产品资质（必填项）

对国家实施进出口许可/审批/备案等管理的进出境货物，填写本项货物必须取得的许可/审批/备案名称、编号，需要核销的须填写核销货物序号、核销数量、核销数量单位。需注意：同一商品涉及多个许可、审批和备案证件类别、号码的，须全部录入。

16. 货物属性（必填项）

根据进出口货物的商品编码和货物的实际情况，报关人员按照海关规定的《货物属性代码表》，在本栏目下拉菜单中勾选货物属性的对应代码，有多种属性的要同时选择。

职场训练 10.2

天津新月服装进出口公司（12099×××××）向韩国出口商订购了一批服装面料，并交由天津秀文服装有限公司（12019349××）用于加工童装。韩国出口商的供货商将该批货物于20×4年3月15日发运，载货运输工具于20×4年3月18日向天津新港海关（代码为0202）申报进境。次日，天津路畅物流有限公司持登记手册、自动进口许可证（编号：20×4-2020-FZ-300125）等单证向海关申报。该批货物法定计量单位为千克，海运费为1 450美元，保险费费率为5‰，该批货物在《加工贸易手册》中位于第12项并随附海运提单、商业发票、装箱单。

根据示例10.1至示例10.3资料信息，在示例10.4中填报进口货物报关单的各个栏目。

示例 10.1

商业发票

Issuer KOREA CHEMICAL CO., LTD	COMMERCIAL INVOICE	
To TIANJIN XINYUE GARMENTS IMPORT & EXPORT CO., LTD		
	No. KC060303	Date MAR 01,20×4
Transport Details	S/C No. 06KCEXP016	L/C No.
	Terms of Payment	

Marks and Numbers	Number and Kind of Package Descriptions of Goods	Quantity	Unit Price	Amount
N/M	ELASTANE 40 DENIER TYPE 149B MERGE 171 245kg TUBE	7 590kg	CFR XINGANG CHINA USD18/kg	USD136620.00
			Total:	
USD136620.00				
Say Total:				

示例 10.2

装箱单

Issuer KOREA CHEMICAL CO., LTD		PACKING LIST					
To TIANJIN XINYUE GARMENTS IMPORT & EXPORT CO., LTD		Invoice No. KC060303				Date MAR 01,20×4	
		Terms of Payment					
Marks and Numbers	Number and Kind of Package Descriptions of Goods	Quantity	Package	G.W.	N.W.	Meas	
N/M	ELASTANE 40 DENIER TYPE 149B MERGE 171 245kg TUBE	70BALES	7PALLETS	8 510kg	7 590kg		
Total：							
Say Total：							

示例 10.3

海运提单

Mitsui O.S.K. Lines, Ltd

Shipper KOREA CHEMICAL CO., LTD 1395-9, SEOCHO-DONG, SEOCHO-KU, SEOUL, KOREA			Booking No.	B/L No. APLBSXG0096	
Consignee(Not negotiable unless consigned 'to order') TO ORDER			COMBINED TRANSPORT BILL OF LANDING		
Notify Party TIANJIN XINYUE GARMENTS IMPORT & EXPORT CO., LTD RM919 TEDA BUILDING, TIANJIN, CHINA					
Vessel M/VBEIDAIHE VOY.0615W		Port of Loading BUSAN, KOREA			
Port of Discharge XINGANG, CHINA		Place of Delivery	Final Destination for the Merchant's reference		
Marks & Nos.	Number and Kind of Containers or Package	Kind of Package; Description of Goods	G.W.	Measurement	
N/M	3 containers	ELASTANE 40 DENIER TYPE 149B MERGE 171 245kg TUBE	8 510kg	m³	
Total No. of Container or Other Package or Units Received by the Carrier(in words) THREE CONTAINERS					
No. of Originals THREE		Place and Date of B/L Issue：	Totals & Pay at：		

Mitsui O.S.K. lines, Ltd. as Carrier

示例 10.4

中华人民共和国海关进口货物报关单

预录入编号：　　　　　　　　　　海关编号：

境内收货人（　）	进境关别（　）		进口日期	申报日期	备案号
境外发货人（　）	运输方式（　）		运输工具名称及航次号	提运单号	
消费使用单位（　）	监管方式		征免性质（　）	许可证号	
合同协议号	贸易国（地区）（　）		启运国（地区）（　）	经停港（　）	
包装种类（　）	件数	毛重（千克）	净重（千克）　成交方式（　）	运费	保费　杂费

随附单证及编号

标记唛码及备注

项号　商品编号　商品名称及规格型号　数量及单位　单价/总价/币制　原产国（地区）　最终目的国（地区）　境内目的地　征免

特殊关系确认：　　　价格影响确认：　　　支付特许权使用费确认：　　　自报自缴：

报关人员　报关人员证号　电话　兹声明对以上内容承担如实申报、依法纳税之法律责任	海关批注及签章
申报单位　（　　　　　）	申报单位（签章）

17. 用途（必填项）

根据进出境货物的使用范围或目的，按照海关规定的《货物用途代码表》在本栏目下拉菜单中选择填报。

18. 危险货物信息（必填项）

危险货物信息申报项目为项目组。申报商品编号涉及危险品时为必填。危险货物按照系统提示填写 UN 编码、危险货物名称、危包类别及包装规格。

本 章 小 结

进出口货物报关单是进出境货物的收发货人或其代理人向海关报告其进出口货物情况的证明，是海关审查、放行货物的必要法律文书，是海关对进出口货物进行全面监控处理的主要依据，是海关统计的原始资料。申报人对所填报的进出口货物报关单的真实性和准确性须承担法律责任，进出口货物报关单的填报要做到真实、准确、齐全、清楚。

基础与能力训练

一、简答题

1. 简述进出口货物报关单的分类。
2. 简述进出口货物报关单的内容。
3. 进口货物报关单填报有什么基本要求？
4. 出口货物报关单填报有什么具体要求？

二、出口货物报关单填制

根据示例 10.5 和示例 10.6 所提供的原始单据，按照《海关进出口货物报关单填制规范》的要求，选出最合适的答案。

1. "备案号"栏。（　　　）

　　A．1080321484554　　　　　　　　　B．C52554825254

　　C．2007WAT46793　　　　　　　　　D．HUKT557380

2. "运输方式"栏。（　　　）

　　A．水路运输　　　B．航空运输　　　C．航海运输　　　D．铁路运输

3. "运输工具名称及航次号"栏。（　　　）

　　A．不填　　　　　　　　　　　　　　B．CHANGJIANG /045 / MARCH 5, 2007

　　C．CHANGJIANG /045　　　　　　　　D．CHANGJIANG 045

4. "提运单号"栏。（　　　）

　　A．277973874GG　　B．2007WST46793　　C．1080321484554　　D．HUTKT557380

5．"监管方式"栏。（　　）

　　A．进料对口　　　　B．进料加工　　　　C．来料加工　　　　D．一般贸易

6．"征免性质"栏。（　　）

　　A．一般征税　　　　B．进料对口　　　　C．进料加工　　　　D．来料加工

7．"运抵国（地区）"栏。（　　）

　　A．德国　　　　　　B．印度尼西亚　　　C．新加坡　　　　　D．上海

8．"指运港"栏。（　　）

　　A．上海　　　　　　B．汉堡　　　　　　C．新加坡　　　　　D．德国

9．"成交方式"栏。（　　）

　　A．CIF　　　　　　B．CIP　　　　　　C．FOB　　　　　　D．DES

10．"运费"栏。（　　）

　　A．USD3000　　　B．不填　　　　　　C．3 000　　　　　　D．3.5‰

11．"合同协议号"栏。（　　）

　　A．HUKT557380　　　　　　　　　　B．2007WAT46793

　　C．1080321484554　　　　　　　　　D．不填

12．"包装种类"栏。（　　）

　　A．纸箱　　　　　　B．集装箱　　　　　C．裸装　　　　　　D．木箱

13．集装箱的号码。（　　）

　　A．YMLUNK1276378929*2（2）　　B．YMLUNK1276378956/29/20/2076

　　C．YMLUNK1276378956/1276378929　D．YMLUNK1276378929/20/2076

14．"随附单证及编号"栏。（　　）

　　A．装箱单　　　　　B．发票　　　　　　C．发票、装箱单　　D．不填

15．"标记唛码及备注"栏。（　　）

　　A．YMLUNK1276378956/20/2076　　B．INDONESIAN SAW TIMBER

　　C．2007WAT46793/20/2076　　　　　D．YMLUNK1276378956

16．"商品名称"栏。（　　）

　　A．黄桐 INDONESIAN SAW TIMBER　B．黄桐 SAW TIMBER

　　C．黄桐　　　　　　　　　　　　　　D．不填

17．"原产国（地区）"栏。（　　）

　　A．德国　　　　　　B．新加坡　　　　　C．上海　　　　　　D．马来西亚

18．"总价"栏。（　　）

　　A．USD 20 872.95　　　　　　　　　B．USD 17 272.95

　　C．USD 20 324.77　　　　　　　　　D．USD 14 272.95

三、报关单填制错误查找

根据示例 10.7 和示例 10.8，指出示例 10.9 报关单中的填制错误（标号 A～K，共 5 处）。

示例 10.5

Customs Clearance Invoice

Shipper INTERNATIONAL TRADE TIGER CO. LTD HAMBURG GERMANY	Invoice No.277973874GG B/L No.HUTKT557380 Date：MARCH 8, 20×4
For Account & Risk of Messrs 北京红都贸易有限公司 （11012563225） Notify Party SAME AS ABOVE	Contract No.: 2007WAT46793 Ship Date: 03/15/20×4 Payment Terms: NET 20th PROX Inco Terms: Freight & Insurance Prepaid Country of origin: Singapore

Port of Loading KARACHI Via SHANGHAI	Final Destination BEIJING	Carrier CHANGJIANG/045	Sailing on or about MARCH 11, 20×4

Marks & Nos	Description of Goods	Quantity	Unit price	Amount（US $）
	黄桐 INDONESIAN SAW TIMBER	200 立方米	USD270.00	17 175.95

TOTAL：   200 立方米   USD17 175.95

手册号：   Freight：USD3 000.00

该货列手册第三项   Insurance：USD600

进口后全部用于加工返销

预录入号：1080321484554

示例 10.6

PACKING LIST/WEIGHT MEMO

Ship To： 北京红都贸易有限公司	PACKING LIST NO.DATE	MARKS & NO.
	MUHY23763 MARCH 5, 20×4	
	SHIPPED PER 　CHANG JIANG /045 　SAILING ON OR ABOUT 　MARCH 5, 20×4 FROM 　HAMBURG GERMANY TO 　BEIJING CHINA	

DESCRIPTION				
黄桐 INDONESIAN SAW TIMBER				
SIZE	UM OF P'KG	CONTENTS	N/WT	G/WT
	28 件	200 立方米	41 583 千克	43 982 千克

TOTAL：   28 件   200 立方米   41 583 千克   43 982 千克

2 CONTAINERS × 20'

NO.YMLUNK1276378929

　　YMLUNK1276378956

集装箱自重：2 076kg

示例 10.7

INVOICE

中韩合资

广州七只猴服饰有限公司（4401243285）

GUANGZHOU QIZHIHOU GARMENT CO., LTD　　　　　　　　NO.: QZH07A08

FOR ACCOUNT&RISK OF MESSRS:

WAN DO APPAREL CO., LTD

500-17, YANGCHUN-GU, SEOUL, KOREA　REMRKS：

NOTIFY PARTY：　　　　　该公司在来料加工合同 991113 项下出口

SAME AS ABOVE　　　　　男、女羽绒短上衣，分列手册（编号：B09009301018）

POPT OF LOADING：　　　CARRIER: 第 2、3 项，外汇核销单号：2000787691

GUANGZHOU CHINA　　　　　YUEHAI/432E

FINAL DESTINATION：　　　　TERMS OF PAYMENT：

INCHON KOREA　　　　　　　DOCUMENTS AGAINST ACCERTANCE

MARKS AND NUM OF PKGS DESCRIPTION Q'TY UNIT PRICE AMOUNT

TTL: 260CTNS　　　　　　　　FOB GUANGZHOU CHINA

　　　　LADY'SJUMPER1 300PCS@$11.　　USD14 300.

　　　　MAN'SJUMPER1 300PCS@$11.　　USD14 300.

TOTAL：　　　　　　　　　USD28 600.

　　　　　　　　　　　　SIGNED BY：

示例 10.8

PACKING LIST

中韩合资

广州七只猴服饰有限公司（4401243285）

GUANGZHOU QIZHIHOU GARMENT CO., LTD　　　INVOICE No.：QZH07A08

FOR ACCOUNT&RISK OF MESSRS:　　　　DATE:

WAN DO APPAREL CO., LTD

500-17, YANGCHUN-GU, SEOUL, KOREA　　　B/L No.:

NOTIFY PARTY：　　　　　　　　　GUANGZHOU43127

SAME AS ABOVE

POPT OF LOADING：　　　CARRIER：YUEHAI/432E

GUANGZHOU CHINA

FINAL DESTINATION：

INCHON KOREA

MARKS AND NUM OF PKGS DESCRIPTION Q'TY　NET WEIGHT　GROSS WEIGHT　MEASUREMENT

TTL: 260CTNS　　　　　　　2 600PCS　　　　3.80kg

1×20'CONTAINER NO.：

EASU9608490

WEIGHT：

　　　　　　　　　　LADY'SJUMPER 1 300PCS

　　　　　　　　　　MAN'SJUMPER 1 300PCS

　　　　　　　　　　计算单位：件/千克

　　　　TOTAL：260CTNS（2 600 PCS）

　　　　　SIGNED BY：

注：广州七只猴服饰有限公司经营单位代码：4401243285

该公司在来料加工合同 991113 项下出口男、女羽绒短上衣，分列手册（编号：B09009301018）第 2、3 项。

外汇核销单号：2000787691

计算单位：件/千克

示例 10.9

中华人民共和国海关出口货物报关单

预录入编号： 　　　　　　　　　海关编号：

境内发货人	出境关别	出口日期	申报日期	（A）备案号 B090009301018
境外收货人	运输方式	（B）运输工具名称及航次号 YUEHAI/432E	（C）提运单号 GUANGZHOU431227	

（D）生产销售单位 广州七只猴服装有限公司	（E）监管方式 进料加工	（F）征免性质 来料加工	许可证号	

（G）合同协议号 991113	贸易国（地区）	运抵国（地区）	指运港	离境口岸

（H）包装种类 纸箱	件数	毛重（千克）	净重（千克）	成交方式	运费	保费	杂费

随附单证及编号

标记唛码及备注

（I）项号商品编号（J）商品名称及规格型号　数量及单位　单价/总价/币制　原产国（地区）（K）最终目的国（地区）境内货源地　征免

01	羽绒短上衣	韩国
02		

特殊关系确认：　　价格影响确认：　　支付特许权使用费确认：　　自报自缴：

报关人员　报关人员证号　　电话 律责任 申报单位（　　　　）	兹声明对以上内容承担如实申报、依法纳税之法 申报单位（签章）	海关批注及签章

补充习题及实训

扫描二维码做更多练习，巩固本章所学知识。

附　　录

附录一　自测试卷及答案

请读者在答题前先准备好 2 小时（每份试卷约需 2 小时）的答题时间，扫描后即可答题。

A卷

B卷

附录二　更新勘误表和配套资料索取示意图

更新勘误及意见建议记录表

说明 1：本书配套教学资料存于人邮教育社区（www.ryjiaoyu.com），资料下载有教师身份、权限限制（身份、权限需网站后台审批，参见示意图）。

说明 2："用书教师"，是指学生订购本书的授课教师。

说明 3：本书配套教学资料将不定期更新、完善，新资料会随时上传至人邮教育社区本书相应的页面内。

说明 4：扫描二维码可查看本书现有"更新勘误记录表""意见建议记录表"。如发现本书或配套资料中有需要更新、完善之处，望及时反馈，我们将尽快处理！

咨询邮箱：13051901888@163.com

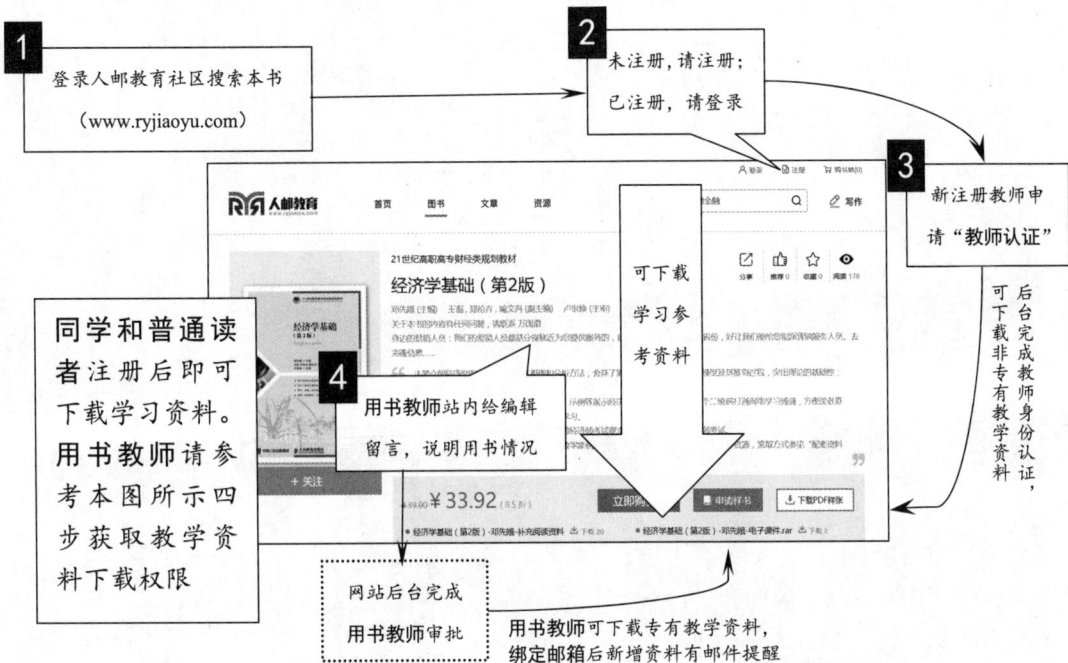

主要参考文献

[1] 中国报关协会，2023. 关务基本技能：2023 年版 [M]. 北京：中国海关出版社.

[2] 中国报关协会，2023. 关务基础知识：2023 年版 [M]. 北京：中国海关出版社.

[3] 中国报关协会，2023. 进出口商品编码查询手册：2023 年版 [M]. 北京：中国海关出版社.

[4] 关务水平测试大纲细则及真题解析编委会，2023. 关务水平测试大纲细则及真题解析：2023 年版[M]. 北京：中国海关出版社.